KS

Satoe Horii ·
Die gesetzlichen Umgehungen im islamischen Recht (ḥiyal)

ISLAMKUNDLICHE UNTERSUCHUNGEN · BAND 239

begründet
von
Klaus Schwarz

herausgegeben
von
Gerd Winkelhane

KLAUS SCHWARZ VERLAG · BERLIN

ISLAMKUNDLICHE UNTERSUCHUNGEN · BAND 239

Satoe Horii

Die gesetzlichen Umgehungen im islamischen Recht (ḥiyal)

Unter besonderer Berücksichtigung der Ǧannat al-aḥkām wa-ǧunnat al-ḫuṣṣām des Ḥanafīten Saᶜīd b. ᶜAlī as-Samarqandī (gest. 12. Jhdt.)

KLAUS SCHWARZ VERLAG · BERLIN · 2001

Die Deutsche Bibliothek – CIP-Einheitsaufnahme

Horii, Satoe:
Die gesetzlichen Umgehungen im islamischen Recht (ḥiyal) : Unter besonderer Berücksichtigung der Ǧannat al-aḥkām wa-ǧunnat al-ḫuṣṣām des Ḥanafīten Saʿīd b. ʿAlī as-Samarqandī (gest. 12. Jhdt.) / Satoe Horii. – Berlin : Schwarz, 2001
(Islamkundliche Untersuchungen ; Bd. 239)
Zugl.: Köln, Univ., Diss., 2000
ISBN 3-87997-292-3

Klaus Schwarz Verlag GmbH, Postfach 41 02 40, D-12112 Berlin
ISBN 3-87997-292-3
Druck: Offsetdruckerei Gerhard Weinert GmbH, D-12099 Berlin

ISSN 0939-1940
ISBN 3-87997-292-3

Inhaltsverzeichnis

Abkürzungen

ʿA *al-Fatāwā al-ʿĀramğīriyya*

Ğ Saʿīd b. as-Samarqandī, *Ğannat al-ḫuṣṣām wa-ğunnat al-aḥkām*

Ḫ al-Ḫaṣṣāf, *K. al-ḥiyal wa'l-maḫāriğ*

IB Ibn Baṭṭa, *Ğuzʾ fī'l-ḫulʿ wa-ibṭāl al-ḥiyal*

Ibn Saʿd Ibn Saʿd, *K. aṭ-ṭabaqāt al-kabīr*

IQ Ibn Qayyim al-Ğawziyya, *Iʿlām al-muwaqqiʿīn*

IT Ibn Taymiyya, *K. iqāmat ad-dalīl ʿalā ibṭāl at-taḥlīl* in: *al-Fatāwā al-kubrā*

Laknawī al-Laknawī, *K. Al-fawāʾid al-bahiyya fī tarāğim al-Ḥanafiyya*

Mizzī al-Mizzī, *Tahḏīb al-kamāl fī asmā' ar-riğāl*

Q al-Qazwīnī, *K.al-ḥiyal fī'l-fiqh*

Š al-Šaybānī, *K. al-maḫāriğ fī'l-ḥiyal*

Šaḏarāt Ibn al-ʿImād, *Šaḏarāt aḏ-ḏahab fī aḫbār min ḏahab*

Ṭabaqāt Ḥ Ibn Abī Yaʿlā, *Ṭabaqāt al-Ḥanābila*

Ṭabaqāt Š Tāğ ad-Dīn al-Subkī, *Ṭabaqāt aš-Šāfiʿiyya*

Taḥḏīb Ibn Ḥağar al-ʿAsqalānī, *Taḥḏīb at-taḥḏīb*

Vorwort

Die vorliegende Arbeit wurde am 7. Juni 2000 von der Philosophischen Fakultät der Universität zu Köln als Dissertation angenommen. An dieser Stelle danke ich vor allem meiner Doktormutter, Frau Prof. Dr. Monika Gronke (Orientalisches Seminar), die sich sowohl um inhaltliche wie auch stilistische Verbesserung meiner Arbeit stets bemüht hat, und meinem zweiten Begutachter, Herrn Prof. Dr. Hilmar Krüger (Institut für internationales und ausländisches Privatrecht der Universität zu Köln), der meine Arbeit kritisch gelesen hat und mit dessen aufschlußreichen Kommentaren ich mich auch weiterhin auseinandersetzen werde.

Ferner verdanke ich den Teilnehmern der Sommerakademie 1999 „Arbeitskreis Moderne und Islam“ mit dem Titel “Notions of Law and Order in Muslim Societies“ unter Leitung des Wissenschaftskollegs zu Berlin, insbesondere Herrn Prof. Dr. M. Khalid Masud und Herrn Prof. Dr. David S. Powers, wertvolle Ratschläge zur Behandlung des Themas. Stephan Knost, damals Doktorand der Universität zu Berlin, danke ich für die sprachliche Korrektur meiner Arbeit.

Schließlich fühle ich mich dem DAAD, der mein vierjähriges Studium in Deutschland finanziell unterstützt hat, zu großem Dank verpflichtet.

Einleitung

1. Forschungsgeschichtlicher Überblick: die Hauptproblematik

Um die Zielsetzung der vorliegenden Arbeit aufzuzeigen, möchte ich einen kurzen Überblick über die Forschungsgeschichte des Themas „Umgehung des Gesetzes (*ḥiyal* > *ḥīla*)", Ḥīla geben. Das Wort „Ḥīla" bzw. „Ḥiyal" werde ich meist unübersetzt lassen; ich möchte mit diesem Begriff neutral umgehen, zumal er in unserem Sprachgebrauch negativ konnotiert ist, wie im folgenden klargestellt wird.

Soweit ich unterrichtet bin, sind bis heute nur wenige Abhandlungen, die sich speziell diesem Thema widmen, erschienen. Es ist jedoch seit langem, bereits seit der Pionierforschung über islamisches Recht im 20. Jahrhundert bekannt, und in den letzten Jahren wird – wenn auch sporadisch – immer wieder auf Ḥīla als charakteristisches Merkmal des islamischen Rechts (*šarīʿa*) aufmerksam gemacht. Inhaltlich ist zu unterscheiden, ob man Ḥiyal theoretisch als Dekadenzerscheinung betrachtet, die vom Ideal des Rechts abweicht, oder ob man sie im historischen Zusammenhang, in der Entwicklung dieses Rechts lokalisiert. Die hier zu erwähnenden früheren Monographien sind durch die erste Perspektive geprägt.

Die Möglichkeiten im islamischen Recht, Gesetze zu umgehen, scheinen bereits zu Beginn des 20. Jahrhunderts zu einem aktuellen Thema der vergleichenden Forschung der Moderne und des Islams geworden zu sein, die sowohl Europäer als auch von diesen beeinflußte einheimische Intellektuelle interessierten. Die wahrscheinlich erste Monographie in dieser Richtung, *Essai sur la fraude à la loi en droit musulman*[1], stammt von M. Jean Baz, einem libanesischen Juristen, der sowohl in seiner Heimat als auch in Lyon französisches Recht studiert hatte. Dieses Werk behandelt die Beschäftigung moderner und muslimischer Gesetzgeber mit der „Umgehung des Gesetzes (*fraude à la loi*)" anhand aktueller Rechtsprechung in einigen Gebieten des ehemaligen osmanischen Reichs (Syrien, Libanon und Ägypten) sowie im französischen Nordafrika und untersucht mit Hilfe moderner Konzepte, Methoden und Techniken die Effektivität des islamischen Rechts, das durch drei historische Elemente — Immobilität, grundlegende Einflüsse des Gewohnheitsrechts und Kasuistik — charakterisiert wird. So werden einige Termini wie „Scheingeschäft", „Verletzung des Drittrechts" (*fraude aux tiers*, etwa Gläubigerschädigung) und „Rechtsmißbrauch" in der historischen Šarīʿa nachvollzogen, im modernen Kontext jedoch in bezug auf juristische Sanktionen gegen sie von der Gesetzesumgehung abgegrenzt. In Anlehnung an seine Lyoner

[1] Paris; Librairie du Recueil Sirey, 1938. Siehe die Einleitung von Paul Roubier, V.

Vorgänger, wie Mahmud Fathy, will der Autor einerseits den Rechtsmißbrauch als ein im Koran vorgesehenes und in der islamischen Jurisprudenz sogar im Vergleich zu westlichen Rechtssystemen höherentwickeltes Prinzip, das dem Konzept der Gesetzesumgehung nahesteht, darstellen.[2] Andererseits zieht er jedoch aus Beispielen moderner muslimischer Rechtssprechung den Schluß, daß der erstere zu einer Schadenersatzklage, die letztere zu einer Nichtigkeitsklage führen soll. Um diesen technischen Unterschied zu überprüfen, beschäftigt sich der Autor speziell mit den Institutionen, in denen die Gesetzesumgehung am häufigsten praktiziert wurde, nämlich mit dem Vorkaufsrecht (*šufʿa*) und der Stiftung (*waqf* oder *ḥabs*) aus dem Vermögensrecht sowie mit Ehe und Scheidung aus dem Familienrecht. Schließlich versucht er in bezug auf Gesetzesumgehung einen Rechtsvergleich zwischen islamischen und westlichen Staaten. Die akademische Tradition setzt sich bei dem in Lyon promovierten Juraprofessor ʿAbdassalām Ḏuhnī fort, der in seinem acht Jahre nach Baz erschienenen Werk über die Ḥiyal einen ähnlichen Rechtsvergleich unternimmt.[3] Es liegt in der Tendenz der jeweiligen Jurisprudenz, also daran, ob sie dem Objektivismus (der Erklärungstheorie) oder dem Subjektivismus (der Willenstheorie) Priorität einräumt und deren Reflexion in der Rechtsprechung, ob der Richter den formell legalen Akt objektiv für wirksam erklärt oder in Anbetracht der subjektiven Elemente dagegen anders vorgeht — ein Vergleichsparadigma, für das man, wenn man will, zahlreiche Vorläufer mit gleichem Problembewußtsein aus dem vormodernen Islam nennen kann (**I. 3. b.**). Nach Ibn Taymiyya zum Beispiel vertritt die Šarīʿa weder eines von beiden noch den Mittelweg. Das „*Droit musulman pur*“, also das klassische Recht des Islam, das noch keinen westlichen Einflüssen unterworfen ist, nimmt eine dritte, ihm eigene Position ein. Das wäre an sich wohl die richtige Antwort, wenn man in Anbetracht der vielfältigen Rechtstechniken, die in Einzelfällen die beiden Extreme ausgleichen, eine

---

[2] Baz, *Fraude à la loi*, 31-48. 35-36: "*Il est à remarquer que la théorie de l'abus des droits est fort connue en droit musulman, où elle a déjà fait l'objet d'études approfondies. Divers auteurs modernes ont montré le rôle considérable que joue la notion de l'abus du droit (sic.) en droit musulman, alors que la question de la fraude à la loi n'a pas encore fait l'objet de travaux aussi remarquables.... La théorie musulmane de l'abus des droits est fixées depuis longtemps dans le Coran, et par les commentateurs du Livre Sacré, alors que, l'un des auteurs modernes prétend, qu'en Occident la doctrine de l'abus des droits en est à sa phase d'élaboration.*“ 37: (Belege: Koran 4;16-17, 2;229-31, 2;184, 4;2, 4-5, 11). "*Quant au critère de l'abus des droits, le Droit musulman à ce point de vue a une physionomie on ne peut plus originale. Ces critères découlent d'un principe plus général les englobant tous: la destination sociale des droits individuels. C'est encore comme le dit Mahmud Fathy «le principe du juste milieu qui condamne l'excès de désintéressement aussi bien que l'excès de combativité dans l'exercice des droits. Le Coran envisage l'application de ce principe sous deux aspects, aussi bien à l'encontre de soi-même que vis-à-vis des tiers. C'est en présence de pareils développements inconnus du droit occidental que l'on a pu dire non sans raison que ce dernier en était à ses premiers balbutiements, alors que la Charia présentait une théorie de l'abus des droits très évoluée»*. Vgl. eine kritische Arbeit des Chehata, "La théorie de l'abus des droits chez les jurisconsultes musulmans“, *Revue International de Droit Comparé* (1957), 217-24.

[3] ʿAbdassalām Ḏuhnī Bek, *Al-ḥiyal: maḥẓūr minhā wa'l-mašrūʿ* (Kairo: 1946).

Generalisierung vermeiden will. Damit meint der Autor jedoch, daß dort die Ḥiyal im islamischen Recht im wesentlichen als ausgesprochene Evasion, also als eine außergewöhnliche Lösung, die vom Gesetz abweicht, betrachtet werden, was er als „*droit religieux par excellence*", als einen „für die Gesellschaft zu hohen Plan" bezeichnet. Dasselbe will auch Schacht, auf den ich im folgenden eingehen werde, im Vergleich mit der Funktion von Gesetzesumgehung im römischen Recht feststellen, wo sie vor allem die geltenden Gewohnheiten mit einem Mindestmaß an Innovation ins Gesetz eingebracht haben soll.[4]

Baz gelang sicherlich eine an sich interessante juristische Analyse einzelner Fälle aus der Übergangsperiode der Šarīʿa auf dem Weg zur Modernisierung, die uns Einblick ins damalige Rechtsanwendungssystem gewährt. Leider hat er daraus lediglich den Schluß gezogen, daß diese Rechtsmaterialien sehr wohl einer Analyse wert wären, diese jedoch hinter der den Orientalisten entnommenen Charakterisierung der Šarīʿa kaum Platz findet; die moderne Šarīʿa soll als solche ohne weiteres dem Maßstab des westlichen Rechtssystems entsprechen, zumal ihr dem letzteren völlig fremdes historisches Substrat einen strukturellen Defekt darstellt. Der Autor äußert seine Bestürzung über die Entwicklung dieses Rechts, für das die Modernisierung (und zwar nach französischem Muster) die einzige Rettung bedeuten sollte: "*La fraude à la loi qui ne fait l'objet d'aucune sanction dans le Droit musulman pur, bien au contraire, commence cependant à être décelée par la jurisprudence de certains Etats, appliquant encore la loi musulmane dans ses grandes lignes, mais fortement imprégnés de la culture et de la civilisation françaises. On ne peut qu'approuver cette jurisprudence, car à quoi bon formuler une norme juridique, si le juge appelé à contrôler son application, doit assister impassible à sa violation flagrante par l'emploi de procédés, certes, licites en soi, mais nettement contraires à lesprit de la loi et à sa destination sociale.*" [5]

Auch seine Bemerkung – speziell zum Vorkaufsrecht, für das er zahlreiche klassische Beispiele nennt (s. **I. 4.** Parallelverzeichnis 21 und 89), und zur Stiftung, die selbst eine großangelegte Umgehung vor allem des Erbrechts darstellt –, daß die Ḥiyal im islamischen Recht direkt von der Doktrin produziert wurden, ist an sich richtig.[6] Das wird aber anscheinend eher auf das seiner Ansicht nach zweite Merkmal der Šarīʿa, die Kasuistik, bezogen, mit der die Juristen die unveränderlichen Gottesvorschriften willkürlich abänderten, als auf die Entwicklung eines Juristenrechts. Die Ḥiyal wären dann eine Produktion, die außerhalb des Idealrechts steht. Zweitens werden die grundlegenden Einflüsse des Gewohnheitsrechts betont, das neben der Kasuistik die Immobilität der Šarīʿa, ihr wichtigstes Merkmal, ergänzen sollte. So konnte das Idealrecht in der Praxis von ihm wesentlich fremden Elementen gestützt werden.[7]

---

[4] Schacht, An Introduction to Islamic Law (Oxford; Clarendon Press, 1984), 79-80.
[5] Baz, *Fraude à la loi*, 396. Siehe auch 395.
[6] *Ibid*, 68, 100-02.
[7] Baz, *Fraude à la loi*, 1-18.

Es wäre nicht fair, an einer mehr als hundert Jahre alten Studie kleinliche Kritik zu üben. Durch mangelnde Einsicht in klassische Texte wurden die Ḥiyal dort nur teilweise, und zwar durch derart typische Beispiele für die *fraude à la loi* vertreten, daß die abwertenden Schlußfolgerungen, hinter denen jedoch das Gesamtbild der Ḥiyal in der Geschichte des islamischen Rechts unklar blieb, überzeugend klingen. Eine ausreichende Quellenstudie, die dies klären sollte, wurde erst von Joseph Schacht in seiner Abhandlung „Die arabische *hijal*-Literatur; ein Beitrag zur Erforschung der islāmischen Rechtspraxis“[8] betrieben, die auf den bereits von ihm herausgegebenen Fachbüchern über Ḥiyal basiert: 1. *K. maḫāriǧ al-ḥiyal* des Muḥammad b. al-Ḥasan aš-Šaybānī (189/805), 2. *K. al-ḥiyal wa'l-maḫāriǧ* des Abū Bakr Aḥmad b. ʿAmr al-Ḫaṣṣāf (261/874), 3. *K. al-ḥiyal* aus dem *K. al-mabsūṭ* des Abū Bakr Muḥammad b. Aḥmad Šams'l-a'imma as-Saraḫsī (448/1056), 4. *K. al-ḥiyal fi'l-fiqh* des Šāfiʿiten Maḥmūd b. al-Ḥasan al-Qazwīnī (440/1048-49 oder vor 460/1067-68). Alle außer dem letztgenannten stammen aus der ḥanafitischen Schule (Näheres über diese Quellen s. **I. 1**).

Es ist nicht zu bestreiten, daß wir dieser Leistung von Schacht, die sicherlich zu seinen größten Verdiensten zählt, heute noch vieles zu diesem Thema zu verdanken haben. Dennoch ist schon sein Ausgangspunkt als sehr problematisch zu bezeichnen: der idealistische Charakter des religiösen Rechts, das „sich mit dem Entstehen des Rechtsstudiums als solchem und des Standes der Fuqahā' in immer schärfer werdenden Gegensatz zur Praxis, zum täglichen Leben stellen mußte und immer weniger Einfluß darauf ausüben konnte“.[9] Angesichts der hohen Zielsetzung der Theorie in Hinblick auf fast alle Lebensinteressen, die mehr oder weniger mit religiösem Wert versehen sind, schwanken die Gläubigen zwischen sündhafter Mißachtung der Gottesvorschriften und Bedürfnissen unbeugsamer Frömmigkeit in ständigem Gewissenskonflikt. Daraus ergibt sich folgendes: „Der Islām besitzt aber Mittel, um ohne das geringste Nachgeben in den Grundsätzen diesen Widerstreit zwischen Theorie und Praxis zu überbrücken, einen annehmbaren *modus vivendi* mit den von ihm verurteilten Gewohnheiten zu finden.“[10] So wird, wie bei Baz, die Weiterentwicklung des Idealrechts durch Fremdeinflüsse betont. Die von ihm als „Rechtskniffe“ bezeichneten Ḥiyal sind für ihn ebenfalls, wie er an anderer Stelle deutlich macht, nichts anderes als ein *modus vivendi* zwischen Theorie und Praxis: “*the maximum that custom could concede, and the minimum (that is to say, formal acknowledgement) that the theory had to demand*“.[11] Dies bildete den Ausgangspunkt der Ḥiyal, nämlich: „Um dem Gläubigen die Befolgung der Vorschriften der *šarīʿa* möglichst zu erleichtern, um die Fälle offener Übertretung des Gesetzes auf Grund von Notwendigkeit möglichst einzuschränken, werden ... Geschäfte erdacht, die formal allen Anforderungen des Gesetzes entsprechen, in ihrem Resultat aber auf die Umgehung einer hinderlichen Vorschrift hinauslaufen; tatsächliche

---

[8] In *Der Islam*, 15 (1926), 211-232.

[9] Schacht, “*ḥijal*-Literatur“, *ibid.*, 211.

[10] *Ibid.*, 212.

[11] Schacht, *Introduction*, 80.

Scheingeschäfte, bei denen die Billigkeit häufig durch ein solches oft äußerst kompliziertes Verfahren in den Beziehungen zweier Kontrahenten zueinander hergestellt werden soll, während sie, wenn man lediglich die Bestimmung der *šarīʿa* auf das faktisch zwischen ihnen bestehende Verhältnis anwendete, nicht gewahrt bliebe.“ [12] Charakteristisch ist, daß Juristen selbst solche Ḥiyal entwickelten. So wurden diese – anders als die šāfiʿītischen Kreationen – bei den Ḥanafiten zu einem höchst praktischen Fachgebiet für Spezialisten, aus dem spezielle Literaturgattungen wie *wuqūf*, *waṣāyā*, *šurūṭ* usw. entstanden. Ferner gehört die Ḥiyal-Literatur wie die Juristen selbst der jeweiligen Schule an, und wechselseitige Entleihungen kamen vor allem wegen des *taqlīd* innerhalb einer Schule selten vor.[13] Dabei stehen die ḥanafitischen Autoren im Mittelpunkt, nicht nur wegen ihrer zahlenmäßigen Überlegenheit, sondern auch aufgrund ihrer juristischen Tradition, die den Ḥiyal als Grundlage diente - der freien Interpretation des Gesetzes ohne Basis der Klartexte (*raʾy*), für die insbesondere die kūfische Schule bekannt war. „... das *raʾy* ist wirklich aufs engste mit den *ḥijal* verknüpft, sodaß es kein Zufall ist, daß die Literatur, die sich mit Rechtskniffen beschäftigte, besonders von Ḥanafiten gepflegt wurde. Das *raʾy* erschien abū Ḥanīfas Zeitgenossen oft als müßige Spitzfindigkeit, und eben Kniffe sind es, die als Beispiele dafür dienen müssen.“[14] In diesem Sinne galt Abū Ḥanīfa (150/760) nicht nur für die Ḥanafiten, die selbstverständlich alles auf den Namenspatron ihrer Schule zurückführen wollten, sondern auch für seine Gegner als Begründer der Ḥiyal. Vor allem die vorislamischen Eideskniffe, in denen Redemanipulation mit geheimem Vorbehalt eine wichtige Rolle spielt, fielen bei den kūfischen Juristen auf fruchtbaren Boden. Die von ihnen überlieferten Argumente für derartige Kniffe wurden von den ḥanafitischen Autoren der Ḥiyal als Argument pro Ḥiyal tradiert, während von den im engeren Sinne „juristischen“ Kniffen einzig in einem von H̱aṣṣāf angeführten prophetischen Ḥadīṯ die Rede ist. Schacht vermutet, daß entweder Abū Ḥanīfa selbst oder möglicherweise schon der kūfische Jurist und Theologe Ibrāhīm an-Naḫaʿī (um 96/717) „den Begriff des Kniffes von den Eiden auf die anderen Kapitel des Gesetzes übertragen“ haben soll.[15] Während diese historisch tief eingewurzelten Schöpfungen der Ḥanafiten als im wesentlichen praktisch und juristisch eingeschätzt werden, sollen die šāfiʿītischen Ḥiyal (d. h. bei Qazwīnī) das Gegenteil darstellen.[16] Dieser Kontrast soll sich bereits in der literarischen Struktur wie auch in ihrem Inhalt spiegeln, also in der Weise, wie man die Ḥiyal behandelt und was man dort thematisiert. In der ḥanafitischen Ḥiyal-Literatur werden die Fälle nach Sachgruppen den Kapiteln zugeordnet, wie es für gewöhnlich in juristischen Texten üblich ist, während sie bei Qazwīnī vom religiösen Standpunkt aus in verbotene (*maḥzūr*), verwerfliche (*makrūh*) und

[12] Schacht, "*ḥijal*-Literatur“, 213.
[13] *Ibid.*, 216-17.
[14] *Ibid.*, 221.
[15] *Ibid.*, 221-24.
[16] *Ibid.*, 229.

erlaubte (in dem Sinne, daß es dafür keine Bewertung gibt, *mubāḥ*) Fälle kategorisiert werden. Inhaltlich geht es bei den Ḥanafiten um die „juristischen" Kniffe, bei den Šāfiʿīten jedoch öfter um die „faktischen", d. h. „die Handlungen, die zunächst ohne juristischen Inhalt, aber infolge der eigentümlichen Lage des Falls, in dem sie vorgenommen werden, die Anwendbarkeit irgendwelcher Rechtssatzungen irgendwie modifizieren",[17] ferner um „die richtige Beantwortung irgendwelcher schwieriger Fragen, was man geradezu als die Lösung von Rätseln (*alġāz*) bezeichnen könnte, besonders aus dem Gebiet des Erbrechts, oder um die richtige Vornahme von Rechtsgeschäften, bei denen ein Formfehler Unheil stiften kann", also insgesamt um hypothetische und spitzfindige Fragen, in denen wohl Einflüsse der *furūq*-Literatur festzustellen sind.[18] Dies wird schließlich auf die schicksalhafte Rivalität zwischen den Ḥanafiten und den Šāfiʿīten zurückgeführt, in der die letzteren als quasi Epigonen immer die ersteren einzuholen versuchten; die Tatsache, daß die šāfiʿītische Ḥiyal-Literatur nicht aus der Frühzeit stammt, wird dadurch erklärt, daß die Šāfiʿīten, die eigentlich, wie Šāfiʿī (204/820) selbst, Gegner der Ḥiyal gewesen waren, aus Neid auf Abū Ḥanīfa, dem seine Schüler ihre Kniffe als Ruhmestitel seines juristischen Scharfsinns zuschrieben, nun auch ihrem Imām so viel Ehren zukommen lassen wollten.[19] Somit wird zwischen den Ḥanafiten als den Schöpfern der Ḥiyal und den anderen Schulen als Nebendarstellern bzw. Gegnern eine klare Trennlinie gezogen, vor allem in bibliographischer Hinsicht. Was die Ḥanbaliten angeht, erwähnt Schacht Ibn Taymiyya (728/1328) und Ibn Qayyim al-Ǧawziyya (751/1350), die mit ihren Streitschriften als Kritiker der Ḥiyal gelten sollen, ohne jedoch inhaltlich auf sie einzugehen.[20] Da von den Mālikīten keine fachlichen Abhandlungen über Ḥiyal bekannt sind, scheinen sie im Rahmen der „*ḥijal*-Literatur" nicht auf. An einer anderen Stelle bemerkt Schacht, daß sie keinerlei Interesse an dem Thema zu haben scheinen und daß ihrer juristischen Ansicht nach die eine Ḥīla zustande kommen kann, die andere nicht.[21]

Eine Kritik an diesen Feststellungen findet sich bereits in Muḥammad b. Ibrāhīm, *Al-ḥiyal al-fiqhiyya fī'l-muʿāmalāt al-māliyya*.[22] Seine Studie basiert wie die seines Vorgängers Muḥammad ʿAbd al-Wahhāb Baḥīrī in *Al-ḥiyal fī'š-šarīʿa al-islāmiyya wa-šarḫ mā wurida fīhā min al-āyāt wa'l-aḥādīṯ*[23] stark auf Ibn Qayyim (**I. 3. c.**). Obwohl dort einige unvorsichtige Äußerungen und Feststellungen zu finden sind,[24] hat der Autor mit seiner Bemerkung zu Schachts „*ḥijal*-Literatur" recht, wenn er zwei Hauptprobleme in Frage stellt, nämlich die

---

[17] *Ibid.*, 230. Die Beispiele dafür sind Q II 9, IV 5, V 31, ferner für die rein physikalischen darunter, IV 13f., V 110. Schacht, Einleitung zu Q, 7.
[18] *Ibid.*, 231 und Anm. 1).
[19] Schacht, "*ḥijal-Literatur*", 221 und Anm. 3), 224-25.
[20] *Ibid.*, 225-26.
[21] Cf. Schacht, *Introduction*, 81.
[22] Kairo, ad-Dār al-ʿArabiyya li'l-Kitāb, 1983.
[23] Kairo: Maṭbaʿa as-Saʿāda, 1394/1974. Erwähnt auch bei Ḏuhnī, *Ḥiyal*, 105-06.
[24] Muḥammad b. Ibrāhīm, *ibid.*, z. B. 46-47, 54, 144 (zu Ḫ 3/1-6), 168 (zu Š 9/45).

letztgenannte kontrastive Charakterisierung der ḥanafitischen und der šāfiʿītischen Ḥiyal und die Idealrechtstheorie, die die Ḥiyal als *modus vivendi* zwischen Theorie und Praxis darstellt. Erstens ist die Tatsache, daß einige Ḥiyal lediglich „am grünen Tisch" der Juristen durchgespielt wurden, ohne daß in irgendeiner Weise an eine praktische Anwendung gedacht worden wäre, bei den Šāfiʿīten nicht unbedingt häufiger zu finden als bei den Ḥanafiten, die ihrerseits auch in hypothetischen Diskussionen die entsprechenden Beispiele entwickelten.[25] Problematisch ist ferner, daß es sich in dieser Bilanz lediglich um einen Teil der Ḥanafiten und einen einzigen Šāfiʿīten handelt.[26] Zweitens wird das dualistische Bild, dem zufolge beide Strukturen, das Recht und die Praxis, voneinander getrennt existierten, in Frage gestellt. In diesem Zusammenhang wird auf das Konzept der Ḥiyal bei den Ḥanafiten aufmerksam gemacht, die sie nach Bezeichnungen im Titel ihrer Abhandlungen als „Auswege" (*maḫāriǧ*)" bzw. als „erleichternde Regelung (*ruḫṣa*)" erachteten. Sie sind als solche in der Šarīʿa vorgesehen und stellen etwas anderes als die typische Gesetzesumgehung mit illegalem Zweck dar, von der Schacht ausschließlich spricht.[27] Die folgende Bemerkung des Muḥammad b. Ibrāhīm zeigt einen neuen Standpunkt: Ḥiyal bedeuten nicht, daß sich das Recht vor der Praxis beugte, sondern im Gegenteil, daß sich die Praxis auf das Recht einstellen mußte.[28]

Bahnbrechende Bemerkungen zu den Ḥiyal, die daran anschließen, finden sich bereits früher, wenn auch nicht in Monographien. Was die Idealrechtstheorie angeht, so ist sie eine schon seit langem überholte Ansicht. Nun kommt den Ḥiyal eine positive Bewertung zu, etwa wie bei Chehata als "*la preuve de la vitalité pratique du droit musulman*".[29] Einen weiteren Schritt in diese Richtung machte Wichard in seiner hervorragenden Analyse des frühen islamischen Vertragsrechts in wirtschaftlichen, historischen und sozialen Zusammenhängen. In Anlehnung an Chehata macht er deutlich: „‚Gesetz' und *ḥiyal* schlossen einander nicht aus, sondern wurden durch die Religion versöhnt, vor der sich jeder einzelne für sein Verhalten zu rechtfertigen hatte. Die *ḥiyal* waren nicht etwas außerhalb des Rechts (als ‚Praxis') Stehendes, sondern sein integraler Bestandteil, die Konsequenz des formalen Charakters, den das Recht bei den Irakern (aber auch bei Šāfiʿī) erhalten hatte. Damit sind die *ḥiyal* nicht Verfallserscheinungen, sondern im Gegenteil Ausdruck der Lebendigkeit von Recht und Religion, die gesellschaftliche Bedürfnisse aufnehmen und auf sie zu antworten versuchen."[30]

---

[25] *Ibid.*, 49-51.
[26] *Ibid.*, 54.
[27] *Ibid.*, 51-53.
[28] *Ibid.*, 52.
[29] Chehata, *Théorie générale de l'obligation en droit musulman hanéfite* (Paris: Éditions Sirey, 1969), 56.
[30] Wichard, *Zwischen Markt und Moschee: Wirtschaftliche Bedürfnisse und religiöse Anforderungen im frühen islamischen Vertragsrecht* (Paderborn, München, Wien, Zürich: Ferdinand Schöningh, 1995), 87.

2. Fragestellung und Zielsetzung der vorliegenden Arbeit

Ziel der vorliegenden Arbeit ist, die Ḥiyal als – wie Wichard oben anführt und wie ich nach Quellenstudien feststellen konnte – „integralen Bestandteil" des Rechts, besser der Jurisprudenz, zu untersuchen. In Wichards Ausführungen geht es um ein bestimmtes charakteristisches „System", das an der oben angeführten Stelle als Rechtsformalismus dargestellt wird: „Die anderen Rechtsschulen standen diesem Vorgehen eher kritisch gegenüber. Wir sahen schon oben, daß die Mālikīten auch Motive und Absichten der Vertragsschließenden in die rechtliche Beurteilung einbeziehen, um zu vermeiden, daß rechtliche und religiöse Wertung auseinanderfallen. Auch den Ḥanbaliten waren die *ḥiyal* ein Dorn im Auge."[31] So verhält es sich tatsächlich mit der klassischen Argumentation für oder gegen die Ḥiyal. Aber hatten die letzteren noch „bessere" Systeme, die alle Probleme auf eine völlig andere Weise als die Ḥanafiten lösen konnten? Wenn nicht, wie gingen sie damit um? Somit wird in dieser Arbeit Schachts Versuch fortgesetzt, die Ḥiyal als „Gegenstand von Interesse und Praxis" zu behandeln. Im folgenden werde ich näher darauf eingehen:

1. Im allgemeinen erhalten wir von Schacht den Eindruck, daß Ḥiyal etwas Besonderes, eine Angelegenheit für Spezialisten, vor allem ḥanafitischer Herkunft waren, obwohl er sie nicht als literarisches Thema, sondern als Gegenstand „des Interesses und der Übung" und juristischer Praxis behandeln will.[32] Sollte das der Fall sein, ist schwer vorstellbar, daß sich Juristen der anderen Schulen kaum für dieses Phänomen interessierten, das wohl in jeder Gesellschaft zu finden war. Es stellt sich die Frage, ob sie nicht doch darüber sprachen. Zu überlegen ist, in welcher Art und Weise Juristen über Ḥiyal diskutiert haben könnten, zumal selbst die Ḥanafiten, wenn sie in ihren unspezifischen Texten (*fiqh*-Büchern) zwar von denselben Methoden sprechen, die in ihrer Fachliteratur als Ḥiyal dargestellt werden, diese meist nicht als solche bezeichnen. Wir wissen ja vieles von der Wortkargheit vorklassischer Texte, in denen auf den ersten Blick oft schwer zu erkennen ist, was mit der Darstellung gemeint ist, worauf sie sich bezieht, welches Interesse dahinter steckt. Das mangelnde literarische Interesse für das Thema, das wir zum Beispiel bei den Mālikīten feststellen, läßt sich nicht etwa auf einen Mangel an ProblemBewußtsein zurückführen. Da Schacht sich jedoch von der dualistischen Idealrechtstheorie ausgehend vorstellt, daß die Juristen die von ihnen selbst stammenden offiziellen Fassungen des Rechts an einer anderen Stelle mit Hilfe dessen umgangen hätten, was sie dort nicht sagten, wird ihm zufolge zwischen dem „normalen" Recht und dessen „nicht normalen" Erscheinungen in der Praxis eine klare Trennlinie gezogen. Dies

[31] *Ibid.*, 81.
[32] Schacht, "*ḥijal*-Literatur", 222.

bedeutet, daß die Ḥiyal über die fachlichen Abhandlungen hinausgehend auf „normale" Texten zurückgeführt untersucht werden sollen, und zwar nicht nur die der Ḥanafiten, sondern auch die anderer Schulen.

2. Schacht definiert Ḥiyal im engsten Bedeutungsumfang als Umgehung bzw. Evasion des Gesetzes – ebenso wie die Gegner der Ḥiyal, die mit ihrer Kritik die verbotenen darunter meinten. Es war jedoch mehr als rechtfertigender Euphemismus, daß die Ḥanafiten Ḥiyal so umfassend als „Auswege(*maḫāriǧ*)" von Schwierigkeiten bezeichneten, daß sie in bestimmten Fällen diese Weite ihres Sinngehaltes mit anderen methodologischen Begriffen wie *ruḫsa* teilen. Für die Ḥanafiten besteht die Šarīʿa an sich aus den Mitteln, u. a. den juristischen Institutionen, mit deren Hilfe sich die Gläubigen von der schwer zu ertragenden Unzulänglichkeit ihres Alltags befreien können. Es ist daher nicht verwunderlich, daß nicht nur bei den Šāfiʿīten, sondern gerade bei den Ḥanafiten die einfache Anwendung eines bestimmten Rechtssatzes auf den richtigen Fall eine Ḥīla sein kann. Ḥīla kann in einem umstrittenen Rechtsfall auch die Wahl einer bestimmten Ansicht sein. So stehen die Ḥiyal mit zahlreichen Rechtsmaterialien der Jurisprudenz stets in Zusammenhang. Schacht selbst macht mit Recht auf die Vielfalt ihrer Relevanzbereiche aufmerksam. Von diesem Standpunkt aus sollen die Ḥiyal der Ḥanafiten mit konsequenter Systematik verfolgt werden.

3. Es ist nicht ganz richtig, daß Schacht literarische Anleihen der Ḥiyal aus Quellen anderer Schulen bestreitet; dies gilt lediglich für die ḥanafitische Literatur und Qazwīnī untereinander. Die ḥanbalitischen Autoren, die Schacht zwar erwähnt, jedoch nicht in Betracht zieht, weisen darauf hin, daß insbesondere Ḫaṣṣāfs Werk als maßgebliches Handbuch galt, das von den anderen Rechtsschulen erforscht worden sein mag. Dadurch hätte man nicht nur die allgemeingültigen Lösungen, die in jeder Rechtsschule gelten, finden können, sondern auch unterschiedliche Ansichten (*iḫtilāf*) über die jeweiligen Fälle, die auf das Zustandekommen oder Nichtzustandekommen einer Ḥīla entscheidenden Einfluß hatten, feststellen können. In der Tat erwähnen die Autoren sorgfältig jeden Meinungsunterschied und schlagen jeweils eine in jeder Hinsicht sichere Methode vor. Ḥiyal sollen nicht als Produkt eines geschlossenen Systems, sondern vielmehr als Materialien verstanden werden, die mehrere Systeme miteinander verknüpfen.

Somit will ich die Ḥiyal historisch und theoretisch auf die islamische Jurisprudenz beziehen, nicht auf ein bestimmtes System, beispielsweise das ḥanafitische. Dazu werden nicht nur die Ḥiyal-Literatur, sondern auch juristischen Texte aus der Frühzeit der Rechtsschulen analysiert, deren angebliche Autoren zwischen dem 2./8. und dem 4./10. Jh. tätig waren, um die Ḥiyal in Materialien der Entwicklungsperiode der Rechtsschulen zu lokalisieren, die in der genannten Zeitspanne vieles gemeinsam hatten.

Im ersten Teil werde ich zunächst auf die Quellen eingehen, wobei der Schwerpunkt auf das im Titel angegebene Werk des Saʿīd b. ʿAlī as-Samarqandīs, *Ǧanna*, und die ḥanbalītischen Streitschriften gelegt wird. Die *Ǧanna* weist darauf hin, wie sich die Ḥiyal in und mit der ḥanafitische Jurisprudenz entwickelten. Die ḥanbalītischen Streitschriften sind als solche von historischer Bedeutung, die auf Ibn Baṭṭa (387/997) zurückzuführen ist. Ibn Qayyims Schrift enthält jedoch viel mehr als eine Kritik, was er Abū Yaʿlā (485/1066) verdankt, der die ḥanafitischen Ḥiyal intensiv erforscht zu haben scheint. Bei Ibn Qayyim kann man die Ḥiyal in den Überlegungen der Juristen jedweder Schule, die sie in Zusammenhang mit Fallösungen entwickeln, nachvollziehen. Das Parallelenverzeichnis (P), in dem die von Ibn Qayyim angegebenen Beispiele auf die ḥanafitischen und wohl auch šāfiʿītischen Quellen zurückzuführen sind, wäre hilfreich, um die in der vorliegenden Arbeit zu erwähnenden Fälle in Zusammenhängen der Rechtsschulen zu überblicken.

Im zweiten Teil soll ein historischer Überblick darüber gegeben werden, wie die Ḥiyal innerhalb und außerhalb der ḥanafitischen Schule thematisiert wurden. Zunächst werden die Natur der Ḥiyal-Kritik, die die Ḥanafiten als Schöpfer der Ḥiyal deklarierte, und die Reaktion der letzteren im historischen Kontext dargestellt. In diesem Zusammenhang werde ich auf das Konzept der Ḥiyal bei den Ḥanafiten näher eingehen. Daneben werden die Beispiele überlieferungsgeschichtlich in den Frühwerken der Schule nachvollzogen, einerseits innerhalb der Schule der Hanafiten, also wie Ḥiyal als Materialien der ḥanafitischen Jurisprudenz — sie sind ja Schriften des Šaybānī — in „gewöhnlichen" Texten und in einer besonderen Form der Fachliteratur überliefert wurden. Andererseits kommt der *Mudawwana*, dem mālikītischen quasi zeitgenössischen Text, wegen ihrer zahlreichen Gemeinsamkeiten mit den ḥanafitischen Ḥiyal, die aus der parallelen Entwicklungsphase der regionalen Schulen stammen sollen, besondere Bedeutung zu. Das ist auch ein Beleg für das Problembewußtsein, das den Juristen gemeinsam war.

Im dritten Teil wird dies theoretisch, also hinsichtlich der Methoden – *istiḥsān*, *ruḫṣa* und *sadd aḏ-ḏarāʾiʿ* - , die sie auf die Fallösung anwenden, behandelt. Ferner wird ein Überblick darüber gegeben, wie Ḥiyal in der Praxis zur Anwendung kommen, was die Betroffenen davon erwarten und worauf sie bei ihrer Anwendung achten müssen. In diesem Zusammenhang werden einige ihrer wohl allgemein üblichen Strategien, wie z. B. Scheinstreitigkeiten, festgestellt; ebenso werden von diesem Standpunkt aus besonders die Tätigkeit der Rechtsgutachter (*muftī*) sowie die des Richters behandelt. Rechtsgutachter (*muftī*) und Richter gelten als Hüter des Rechts, die auf unterschiedliche Weise viel mit Ḥiyal zu tun haben. Festzustellen ist, daß die ersteren durch die Erteilung ihrer Gutachten (*iftā*) zu Entwicklung und Umlauf der Ḥiyal viel beigetragen haben sollen. Die letzteren sind vor allem Vertreter des formellen Rechts, aber sie spielen in der Ḥiyal-Literatur eine vielschichtige Rolle, so daß sie auch in bezug auf ihre Rechtsprechung, Prozeßleitung und ihre verschiedenartigen Verfügungen beachtet werden. Das Urteil ist nämlich das ultimative Ziel der meisten Ḥiyal, die das angestrebte Ergebnis gerichtlich sicherstellen wollen. In der Prozeßleitung soll sich der Richter vor den Ḥiyal der Parteien hüten. Seine Verfügungen, durch die er im Interesse des Betroffenen handelt, werden von den Autoren als Ḥiyal dargestellt.

I. Die Quellen

1. Allgemeines

In diesem Abschnitt soll die sogenannte „Ḥiyal-Literatur“ nur kurz dargestellt werden, denn bekanntlich wurde der allgemeine Quellenstand bereits von Schacht erhoben.[33] Diese Literatur umfaßt alle Materialien, die bestimmte Rechtsfälle unter dem Begriff „Ḥiyal“ gesondert behandeln, ganz gleich, ob es selbständige Werke oder Kapitel davon sind, ferner ob sie thematisch begrenzt sind oder nicht.

Bereits Schacht hat darauf hingewiesen, daß die für uns verfügbare Ḥiyal-Literatur mit Ausnahme der beiden ḥanbalītischen Streitschriften des Aḥmad b. Taymiyya (728/1328) sowie seines Schülers, Ibn Qayyim al-Ǧawziyya (751/1350), entweder ḥanafītischen oder šāfiʿītischen Ursprungs ist, wobei die erstere quantitativ überwiegt. In der vorliegenden Arbeit wird jedoch auch auf diese beiden ḥanbalītischen Autoren Wert gelegt und ihnen noch ein älterer Autor, Ibn Baṭṭa al-ʿUkbarī (387/997), hinzugefügt. Diese ḥanbalītischen Schriften sind, wie unten erwähnt, einerseits als historische Reihe der Ḥiyal-Kritik, die sich aus dem traditionalistischen Milieu entwickelte, andererseits aber auch, insbesondere die des Ibn Qayyim, als juristischer Beleg für Ḥiyal in und mit der islamischen Jurisprudenz zu betrachten.

Von den Ḥanafiten stehen uns die Schachtschen Ausgaben von Šaybānīs *K. al-maḫāriǧ fī'l-ḥiyal* (Š) und Ḫaṣṣāfs *K. al-ḥiyal wal-maḫāriǧ* (Ḫ) zur Verfügung, dazu ein kurzer fragmentarischer Kommentar von Saraḫsī in seinem mehrbändigen *K. al-mabsūṭ* (S). Für Ḫ gibt es bereits eine alte, fehlerhafte Kairoer Edition (Ḫ²),[34] die ich nur bei Bedarf in Betracht ziehe. Š gilt als Überlieferung eines nicht erhaltenen Werks des Abū Yūsuf(182/798), der somit als der erste Verfasser der Ḥiyal sowohl in seiner Schule wie wohl auch überhaupt zu betrachten ist.[35] Š selbst wird in einer Rezension nicht als selbständiges Werk, sondern als Teil seines auch als *Aṣl* bekannten *Mabsūṭ* überliefert.[36] In der Tat wird Š von den späteren Autoren als solcher betrachtet,[37] was die Frage nach Šaybānīs Autorschaft beantwortet (s. unten **II 1**). Aus *K. al-ḥiyal* in *al-Fatāwā al-ʿĀlamǧīriyya* oder *al-hindiyya* geht hervor, daß wir Abū Ḥafṣ al-Kabīr al-Buḫārī (217/832) und Abū Sulaymān al-Ǧūzaǧānī (nach 199/815), beide Schüler des Šaybānī und seine wichtigsten Überlieferer, deren Namen im folgenden noch zu

---

[33] Schacht, "*ḥiyal-Literatur*“, 216-221.

[34] *K. ul-Ḫaṣṣāf fī'l-ḥiyal*, Kairo, 1314/1896.

[35] *Ibid.*, 217.

[36] Schachts Einleitung zu Š 9.

[37] Als „*Ḥiyal* im *Aṣl*“ in den *Fatāwā ʿĀlamǧīriyya* (403, 406, 407, 408, 416, 421, 425, 426, 430, 433), als „*Mabsūṭ*“ in G 1/8.

erwähnen sind, ebenfalls die beiden Haupttypen der Überlieferung verdanken, deren je einen ŠS und *Aṣl* vertreten.[38] Ḫ besteht aus zwei Rezensionen, deren ältere und kürzere auf den ersten Blick große Ähnlichkeit mit Š aufweist; jedoch hält Schacht Ḫ im großen und ganzen eher für einen originellen Zeugen des Š als für dessen reine Überlieferung.[39] Jedenfalls wurden Š und Ḫ von späteren Autoren zusammen als Exemplare dieses Gebiets behandelt, wobei Ḫ selbst mehrmals kommentiert worden sein mag. Der wohl bekannteste Kommentar des Ḥalwānī (448/1056),[40] der auch später noch erwähnt wird, ist z. T. in *al-Fatāwā al-ʿĀramgīriyya* erhalten. Diese *Ḥiyal* in *al-Fatāwā al-ʿĀlamgīriyya* oder *al-hindiyya* (ʿA), ein Kompendium der anerkannten Lehrmeinungen der ḥanafitischen Schule unter Leitung des Šayḫ Niẓām (1090/1679) im Auftrag des Moguls Awrangzeb ʿAlamġir verfaßt,[41] basiert größtenteils auf ŠḪ und deren Bearbeitungen sowie den entsprechend ausgewählten Fällen aus mehreren späteren Lehrbüchern und *fatwā*-Sammlungen; aus den letzteren stammen die ŠḪ inhaltlich fremden Kapitel (Gebet, Fasten und Pilgerfahrt). Schacht erwähnt noch ein kurzes Kapitel über Ḥiyal in *Ašbāh wa-naẓāʾir* des Ibn Nuǧaym (970/1563), der jedoch zu ŠḪ nichts wesentlich Neues hinzufügt. Grob betrachtet, bilden die hier aufgezählten Quellen eine Einheit in ihrer Befolgung der Grundlinie der Schule, da es sich wie in allen anderen Bereichen hauptsächlich um die Ausarbeitung der grundlegenden Werke, also Werke des Šaybānī, handelt.

In der vorliegenden Arbeit wird noch eine der wichtigsten Quellen der Ǧ, nämlich *ʿUyūn al-masāʾil* des Abūʾl-Layṯ as-Samarqandī (ʿU), in Betracht gezogen, die ebenfalls ein Kapitel über die Ḥiyal beinhaltet.[42] Näheres über das Werk wird im folgenden erläutert.

Von den Šāfiʿiten stammt das ebenfalls von Schacht herausgegebene *K. al-hiyal fiʾl-fiqh* des Abū Ḥātim Maḥmūd b. al-Ḥasan al-Qazwīnī (440/1048-49 oder vor 460/1067-68) [43] (Q), das als solches einzigartig geblieben ist. Schacht vermutet eine starke Anlehnung des Q an zwei Vorgänger, Abū Bakr Muḥammad b. ʿAbdallāh aṣ-Ṣayrafī (330/941-42) und Abūl-Ḥasan Muḥammad b. Yaḥyā b. Surāqa al-ʿĀmirī al-Baṣrī (vor 410/1019-20), obwohl in Q kein Zitat daraus zu finden ist.[44] Jedenfalls läßt das Parallelenverzeichnis (unten **4**; weiter mit P)

---

[38] Einleitung zu Š 13.

[39] Zu den Nachweisen seine Einleitung zu Š 13-31. S. auch "*ḥiyal-Literatur*" 218-19.

[40] Erwähnt in *Ḥāǧǧ Ḫalīfa*, I 695.

[41] Zum offiziellen Charakter, der ʿA sowie andere viele *fatwā*-Sammlungen in Indien und Mittelasien kennzeichnet, und dem Begriff "*fatwā*" dort s. Masud, Messick, Powers, "Muftis, Fatwās, and Islamic Legal Interpretation", *Islamic Legal Interpretation: Muftis and their Fatwas*, hrsg. von Muḥammad Khalid Masud, Brinkley Messick, David S. Powers (Cambridge, Massachusetts, London: Harverd Univ. Press, 1996, 3-32), 14-15.

[42] Hrsg. von Ṣalaḥad-dīn an-Nāhī, Dirāsa islāmiyya Bd. II, Baġdād; Maṭbaʿa Asʿad, 1386/1967.

[43] Schacht, Einleitung zu Q, § 5.

[44] Seine Einleitung zu Q,3. Abū Bakr aṣ-Ṣayrafī, Schüler des Ibn Surayǧ (s. unten P 14), soll als „der beste Kenner von *uṣūl* nach Šāfiʿī" einen Kommentar zur *Risāla* verfaßt haben. Sein Buch über Ḥiyal ist erwähnt in *Ḥāǧǧ Ḫalfa*, I 695. *Ṭabaqāt Š*, III 186-7, Nr.152. Von Abū l-

vermuten, daß Ibn Qayyim Q an sich oder zumindest seine Quellen benutzte, und daß im ersteren Fall dieses Werk damals die šāfiʿitischen Ḥiyal vertreten haben mag. Im Vergleich zu den bereits erwähnten ḥanafitischen Quellen, in denen die Ḥiyal nach den gleichen Sachgruppen angeordnet sind wie in *fiqh*-Büchern, teilt Q sie nach ihrer šarīʿarechtlichen Bewertung in die verbotenen (II1-14), die bedenklichen (III1-4) und die erlaubten (IV1-87) Ḥiyal. Der umfangreichste Teil (V1-113) umfaßt alle drei Gruppen. Der letzte Teil (VI1-20) stellt einige heikle, rätselhafte Fragen, welche in den *furūq* oder *Ašbāh wa-naẓāʾir*[45] zu finden sind. Im allgemeinen sieht Schacht in diesem Werk keine Gemeinsamkeit mit den höchst „juristischen" Ḥiyal seiner ḥanafitischen Vorgänger, worauf seine Theorie des Antagonismus schließen läßt.[46]

Schacht erwähnt andererseits ein Kapitel über Ḥiyal in *Ṣaḥīḥ* des Šāfiʿiten Buḫārī (257/870)[47] als „eine zwar sehr wenig umfangreiche, in ihrer Bedeutung aber geradezu einzigartige Quelle für die älteren ḥanafitischen *ḥijal*" aus der Zeit des Ḫaṣṣāf, die wahrscheinlich auch bei Š bzw. Ḫ Anleihen (Š24/18-21; Ḫ83/18-20) machte.[48] Näheres über deren Inhalt will ich später erläutern (**II 1**).

2. Zur *Ǧanna* des Saʿīd b. ʿAlī as-Samarqandī

Dieses Werk eines unbekannten Autors ist ein wertvoller Text, der die bibliographische Lücke in der uns erhaltenen ḥanafitischen Ḥiyal-Literatur nach Ḫ abdecken soll, jedoch weniger wegen seiner Ähnlichkeit mit ihr, sondern vielmehr durch seine Eigentümlichkeit, die in Form und Inhalt auffällige Abweichungen davon aufweist. Dieser Text wird deutlich machen, wie die Ḥiyal in der Jurisprudenz thematisiert, weitergegeben und entwickelt wurden.

Die Zitate aus Ǧ werden numeriert, die entsprechenden Stellen des Originals sind im Appendix zu finden.

a. Die Handschrift

Der dieser Arbeit zugrunde liegende Text, *Ǧannat al-aḥkām wa-ǧunnat al-ḫuṣṣām* (etwa „Schirm der Justiz und Schutz der Prozeßparteien", ein für unser

Ḥasan al-Baṣrī ist die Abfassung einiger juristischer Werke berichtet. IV 211-14, Nr.353. Auch in *Ṭabaqāt Š* findet sich jedoch keine Angabe über *Ḥiyal* von den beiden Autoren.

[45] In den *furūq* (> s. *farq*, „Unterschiede") handelt es sich um die Fragen, die zwar ähnlich erscheinen, sich aber systematisch voneinander unterscheiden. In den *ašbāh* (> s. *šabah*, „Ähnlichkeit") *wa-naẓāʾir* (> s. *naẓīr*, „Gegenstück, Gegenwert") geht es um die systematische Analyse der Rechtsstruktur. Schacht, *Introduction*, 114.

[46] Schacht, Einleitung zu Q 3-8 sowie "*ḥijal-Literatur*", 224-25, 229-31.

[47] Matābiʿ ash-Shaʿb, 1378/1972, 9Bde in 3, IX 29-37.

[48] "*ḥijal-Literatur*", 219.

Thema vielsagender Titel) des Saʿīd b. ʿAlī as-Samarqandī, wurde nach einer der beiden bei *GAL*, Supplementband II, S.272 angegebenen Kairoer Handschriften (*fiqh Ḥanafī*, 24) bearbeitet. Das andere Exemplar, das laut *GAL* in der Bibliothek der Universität al-Azhar liegen soll, ist mir zur Zeit nicht zugänglich.

Der Text[49] umfaßt 113 Folioseiten, was auf der Rückseite des ersten Blattes im oberen Teil rechts der Mitte vermerkt ist. Dort findet sich auch ein Besitzervermerk, der lautet: „milk min? an-Niʿam al-Ḥāǧǧ Ibrāhīm Bāšā, wālī ḫubbihi, dāma ʿumruhu". Ferner wird ganz oben links vermerkt: *„wa-ḫuḏ? fī maslaki milki ʾl-ʿamīri (...) subḥānahu Muḥammad b. Maḥmūd"*.

Der Text ist einspaltig in genau 23 Zeilen angeordnet. Die Schrift ist leicht lesbar - abgesehen davon, daß die diakritischen Punkte nach links versetzt sind. Erst ab dem 7.Kapitel erscheinen am Rand in unregelmäßigen Abständen Untertitel zu den jeweiligen Abschnitten, offensichtlich von derselben Hand, als ob der Schreiber nebenbei zum Inhalt des Textes Notizen gemacht hätte.

Der Zustand des Textes ist im allgemeinen gut; lediglich Fol.1b Z.20-23 rechts und Fol.2a Z.18-21 weisen rechts der Mitte je einen Tintenfleck auf, so daß kleine Teile des Textes beschädigt sind.

b. Der Autor und seine Quellen

Der Autor des Werkes, Saʿīd b. ʿAlī as-Samarqandī, der in 1/1 unseres Textes namentlich genannt wird,[50] ist unbekannt, ebenso wie sein angeblicher Lehrer,[51] Abū Bakr (b.)[52] Muḥammad b. Ḥamza as-Samarqandī al-Madīnī. Immerhin kann die grobe Datierung bei GAL, nach der der Autor im 11. oder 12. Jh. gestorben sein soll, durch die im Text aufscheinenden Werktitel und Rechtsgelehrten mit großer Wahrscheinlichkeit auf das 12. Jh. festgelegt werden, denn die Zeitspanne, in der die letzteren tätig waren, erstreckt sich vom 2./8. bis zur zweiten Hälfte des 5./11. Jh. Ein Datum um 1200 dürfte höchstwahrscheinlich das Datum der Abfassung des Werkes bzw. ein Zeitpunkt *ante quem* für das Todesdatum des Autors sein.

Ferner kann man durch die vom Autor genannten Quellen und Autoritäten sein Werk näher lokalisieren, da er seinem anfänglichen Versprechen, im Prinzip für jeden erwähnten Rechtsfall dessen Quellen anzugeben, ziemlich treu bleibt — ein bei den klassischen Autoren eher seltener Fall:

---

[49] Beginnt mit der üblichen Formel: „Im Namen des barmherzigen und gnädigen Gottes, dem Herrn der Menschen in aller Welt. Segen und Heil über seinen Gesandten Muḥammad und seine ganze Sippe."

[50] 1/1: „Der Diener seines Herrn, der bei ihm vor Seiner Strafe Schutz sucht, Saʿīd b.ʿAlī as-Samarqandī — möge Gott ihm und demjenigen verzeihen, der beim Lesen seines Buches ihm die Verzeihung wünscht — sagte."

[51] 26/3c. Nach 1/9 ist jedoch „Madanī" zu lesen statt „Madīnī."

[52] Nach 1/9.

1/14 „Für jeden Fall, den ich dort zitiert habe, habe ich dessen Stelle in den Büchern erwähnt und ihn dem Autor des Buchs, in dem er erhalten ist, zugeschrieben, es sei denn, daß der Fall eindeutig ist, damit die Sache sicherer und zweifelsfreier wird, in der Hoffnung, im Jenseits reich belohnt und im Diesseits recht gelobt zu werden, und damit derjenige, der es ansieht und versteht, denjenigen [darauf] aufmerksam machen kann, den er der Mühe um die Suche nach Wohlfahrt der Menschen enthebt. Gott, der Erhabene, ist es, der Beistand und Genüge gewährt."

Unter den als grundlegende Lehrbücher der ḥanafitischen Jurisprudenz zu betrachtenden Werken stehen die Namen der bedeutendsten Schriften des Šaybānī (189/805) im Vordergrund, die als Standardwerke der Schule gelten: *al-Aṣl,*[53] *al-Ǧāmiʿ al-kabīr,*[54] *al-Ǧāmiʿ aṣ-ṣaġīr,*[55] *az-Ziyādāt,*[56] *as-Siyar al-kabīr*[57]. Daneben werden die Namen der Werke, welche von den ersten Überlieferern der drei Schulbegründer Abū Ḥanīfa, Abū Yūsuf und Šaybānī stammen sollen, genannt: *Imlāʾ,*[58] *Adab al-qāḍī* des al-Ḥasan b. Ziyād al-Luʾluʾī (204/819),[59] *Waqf* des Anṣārī (215/830),[60] *Waqf* des Hilāl b. Raʾy (245/859),[61] *Iḫtilāf Zufar wa-Yaʿqūb*[62]. Auffällig ist jedoch die Anlehnung an *nawādir*-Werke: Šaybānīs *an-Nawādir aṣ-ṣalāt,*[63] *Nawādir* des Abū Yūsuf,[64] des Luʾluʾī,[65] des Ibn Samāʿa (233/847),[66] des Ibn Rustum (245/859),[67] des Hišām,[68] des Muḥammad b. Muqātil ar-Rāzī, dessen

---

[53] 7/6; 8/1e; 9/39; 22/2d, 8, 22, 37; 23/7, 11; 24/14, 15, 24, 25; 32/4.
[54] 3/17; 7/2c, 2d; 9/39; 22/9b; 26/13c, 62; 27/2, 29/3b.
[55] 9/33; 22/9b, 12; 23/5; 34/8.
[56] 39/3.
[57] 26/7; 39/2,3.
[58] 10/8; 26/11b.
[59] 23/6. „Muǧarrad"(10/8b, 23/13; 24/25), der ohne Autorangabe auftaucht, kann auch sein gleichnamiges Werk sein. Über al-Ḥasan b. Ziyād al-Luʾluʾī al-Kūfī, einen der ersten großen Namen unter Abū Ḥanīfa, s. *Laknawī*, 60-61; *Flügel*, 284-85. Er erscheint ferner 7/20; 17/21; 21/6; 23/7b, 8; 24/9; 25/5,15; 26/50,59; 27/2 (b. Ziyād); 29/25,38; 31/3b; 33/6; 34/5.
[60] 39/8,11. Muḥammad b.ʿAbdallāh al-Anṣārī, Schüler des Zufar, war Qāḍī unter der Herrschaft des Hārūn. *Flügel*, 289.
[61] 39/11. H.b.Yaḥyā b. Musallam ar-Raʾy al-Baṣrī, Schüler des Abū Yusuf und des Zufar, soll auch ein *šurūṭ*-Werk verfaßt haben. *Laknawī*, 223.
[62] 26/30b. Der Autor ist unbekannt. *Ḥāǧǧ Ḫalīfa*, 1132.
[63] 3/4b.
[64] 8/1d; 37/3c.
[65] 23/4.
[66] 26/5. Muḥammad b. Samāʿa b.ʿAbdallāh b. Hilāl b. Wakīʿ Abū ʿAbdallāh at-Tamīmī hatte Abū Yūsuf, Šaybānī und dann al-Ḥasan b. Ziyād al-Luʾluʾī zum Lehrer. *Laknawī*,170-71; *Flügel*, 287. Weiters erscheint er 12/12, 14, 17; 22/9b; 26/12, 66; 29/5; 37/5.
[67] 8/4; 23/2,3,14. Ismaʿīl b. Rustum Abū Bakr al-Marwazī, Schüler des Šaybānī. *Laknawī*, 9-10; *Flügel*, 288. Auch 3/12; 26/59.

šurūṭ-Werk ebenfalls genannt ist[69]. Darunter befinden sich auch die von den nachfolgenden Generationen vielfach verwendeten beiden *muḫtaṣar*-Kompilationen des Karḫī (340/952) [70] sowie des Ṭaḥāwī (321/933) [71] und der Kommentar zu letzterem von al-Qāḍī al-Isbīǧābī (480/1087) [72]. Bei der Zusammenstellung dieses alten Materials im vorliegenden Text, das wohl schon zur Zeit des Autors z. T. nur in vereinzelten Überlieferungen erhalten war, benutzte dieser besonders *Aǧnās* des Abū l-ʿAbbās an-Nāṭifī (446/1054)[73]. Hier sind die wichtigsten Literaturgattungen festzustellen, in denen Ḥiyal entwickelt und überliefert werden. Daß die Ḥiyal ein integraler Bestandteil der Jurisprudenz waren, die sich aus diesen Materialien entwickelte, ist somit überlieferungsgeschichtlich festzustellen. In diesem Zusammenhang ist die folgende Bemerkung des Autors der Ǧ aufschlußreich:

> 1/6...die frühen Lehrmeister wie Abū Ḥanīfa, Abū Yūsuf, Muḥammad (= Šaybānī), Zufar und al-Ḥasan (= Luʾluʾī) machten in ihren Büchern die Fälle der „Auswege (*maḫāriǧ*)" bekannt, jedoch ohne daß sie diese in ihren Abfassungen als solche bezeichneten und klassifizierten, ebensowenig setzten sie diese zusammen.[74]

Den größten Anteil machen jedoch zwei Quellen aus, die nicht nur die auf die obengenannten grundlegenden Werke der Schule zurückzuführenden Stoffe weiter tradieren, sondern auch — und so müssen sie ihren Sinn bekommen haben — deren Ausarbeitung von den zeitlich sowie örtlich nahen Autoritäten in Form ihrer Rechtsgutachten (*fatwā*), die manchmal abweichende Auslegungen ähnlicher

---

[68] 8/3; 23/2; 26/6; 39/3, 6. H. b. ʿAbdallāh ar-Rāzī lernte bei Abū Yūsuf und Šaybānī. Außer *Nawādir* soll er das Werk *Ṣalāt al-qatar* verfaßt haben. *Laknawī*, 233. Auch 8/1c; 15/2b; 18/5; 21/9; 22/36; 25/38c; 26/1b, 68; 32/9; 35/6; 37/6.

[69] Es ist zu beachten, daß weder bei *Laknawī* noch bei *Flügel* sein Werk angegeben ist. Von Muḥammad b. Muqātil, Schüler des Šaybānī und Qaḍī in Ramla, ist nur wenig bekannt (s.*Laknawī*, 201; *Flügel*, 289), obgleich in unserem Text nicht wenige *fatāwā* von ihm erhalten sind (7/19b; 8/1f; 9/17; 17/15; 23/19; 24/9, 13; 26/32; 29/21; 30/3; 33/5; 34/4, 6).

[70] 6/3, 6; 26/2c. Cf. 8/1c; 23/7.

[71] 6/6; 11/3b; 17/3; 26/2, 8c; 29/3; 33/1h, 9.

[72] 7/23e; 18/8c, 8e; 22/23; 23/9, 10; 33/1e; 38/3. Aḥmad b.Manṣūr Abū Naṣr al-Isbīǧābī zog nach dem Studienabschluß in der Heimat studienhalber nach Samarqand und disputierte mit den dortigen Imamen. *Laknawī*, 42. „Isbīǧāb (Isfīǧāb)" ist ein großer Bezirk im türkischen Ostgrenzgebiet. Samʿānī, *Ansāb*, I 230.

[73] 7/6; 8/1c, 3; 10/8; 23/2, 4, 8, 14; 26/5, 7c; 37/3d; 39/7, 12. Aḥmad b. Muḥammad b.ʿAmr aṭ-Ṭabarī an-Nāṭifī erwarb sein *fiqh* von Abū ʿAbdallāh aǧ-Ǧurǧānī (398/1007-8) ← Aḥmad b. ʿAlī aǧ-Ǧaṣṣāṣ ar-Rāzī (370/981)←Kalḫī (340/952) ← Aḥmad b. al-Ḥusayn al-Bardaʿī (317/929) ←Abū l-Ḥamīd b. ʿAbd l-ʿAzīz al-Qaḍī Abū Ḥāzim (292/904) ← ʿĪsā b. Abbān (220/835) ← Šaybānī. *Laknawī*, 36; *Flügel*, 302. *Aǧnās* ist in einer Handschrift der Maktabat al-auqāf al-ʿIrāqiyya erhalten (Folge 5800, Nr. 3634). S. Ṣalāḥuddīn an-Nāhī, Einleitung zu seiner Edition des *ʿUyūn* und *Ḫizāna* des Abū l-Layṯ, 68.

[74] Cf. unten S 49.

Rechtsfälle aufweisen; die *Fatāwa*[75] und *ʿUyūn*[76] des Abū'l-Layṯ Naṣr b. Aḥmad b. Ibrāhīm as-Samarqandī (383/993) [77], der überall im Text nur „der Rechtskundige" genannt wird, erweisen sich als die bevorzugten Materialien unseres Autors. Somit enthält die *Ǧanna* zahlreiche Rechtsgutachten, die mehr oder weniger in eine praxisbezogene Form umgewandelt werden; hier dürfte man wohl, in Anlehnung an Hallaq, von "secondary fatwās" sprechen.[78] Seine starke Anlehnung an die *fātwā* stellt der Autor selbst klar (unten **d.**, S.20 zu Ǧ 1/12-13).

Es lohnt sich, die Namen derer, die als wesentliche Autoritäten des ganzen Textes gelten, aufzuzählen, sofern sie trotz mancher fehlerhafter bzw. zu sparsamer Angaben identifiziert werden können.

Abū'l-Layṯ, an den sich unser Autor in erster Linie anlehnt, erhielt seine Ausbildung durch den in Buchara mit dem Beinamen „Abū Ḥanīfa der Kleine" bekannten Imam Abū Ǧaʿfar al-Hinduwānī (362/973).[79]

Abū'l-Qāsim Aḥmad b. ʿIṣma aṣ-Ṣaffār al-Balḫī (336/947-8), meist einfach „Abū l-Qāsim" genannt, soll vieles von Hinduwānī entlehnt haben und selbst ein großer Imam in Balḫ gewesen sein, zu dem man kam, um bei ihm zu studieren.[80] Er soll über so viele Rechtsfälle, welche den Responsa des Šaybānī widersprachen, Rechtsgutachten abgegeben haben, daß man ihm einmal vorwarf: „Muḥammad (= Šaybānī) hat doch anders geantwortet!", worauf er antwortete: „Muḥammad ist ein Mann, und ich bin auch ein Mann!".[81]

Trotz der wenigen biographischen Fakten nimmt Naṣīr b.Yaḥyā al-Balḫī (268/881-882), der im Text oft falsch „Naṣr" genannt wird,[82] hier einen ebenso großen Platz ein wie sein Schüler Abū'l-Qāsim.[83] Mit seinem Zeitgenossen in Balḫ, Muḥammad b. Salama (278/891-892), der ebenfalls zu den Autoritäten

---

[75] 2/3; 3/4b, 4c; 4/4d; 5/1,1b; 7/9, 14, 19, 20, 23e, 32, 34; 8/1d, 4, 5, 7, 9c; 9/16, 18, 26, 27, 28, 30, 31b, 33, 34, 38; 15/3; 17/24; 18/7; 19/7; 22/14b, 38; 23/29; 24/10, 23; 25/20; 26/38, 39, 43b, 59, 63, 65; 29/1, 19; 35/15; 36/14; 38/1e; 39/35, 38.

[76] 3/10, 11, 12; 5/1b; 6/9; 9/31; 14/5c; 15/2b; 21/11; 23/7b; 24/10, 23; 26/24; 27/2b; 29/1, 5, 7; 32/9; 34/4; 37/6.

[77] *Flügel*, 30. Bei *Laknawī*, 220 sind verschiedene Angaben über sein Todesjahr zu finden. Über die *Fatāwā* und andere Werke von ihm s. *Ṣalāḥuddīn an-Nāhī*, 25-36.

[78] Hallaq, "From fatwās to furūʿ: Growth and change in Islamic substantive law", *Islamic Law and Society*, 1/1 (1994), 43.

[79] Muḥammad b.ʿAbdallāh b.M.b.ʿUmar . *Laknawī*, 179; *Flügel*, 299. In unserem Text: 4/4; 8/1f; 10/6, 9, 10, 11; 25/30, 32; 26/46, 51, 57, 61, 62; 27/9, 9b; 29/10; 31/2; 35/10; 36/5, 10; 37/7d; 39/14, 20.

[80] Laknawī, 26; *Flügel*, 299. Sein Todesjahr ist umstritten. Nach Qārī (*Laknawī*, 26) soll er 326/ 938-9 gestorben sein, als Abū Bakr Iskāf starb, während Abū l-Layṯ in seinem *Nawāzil* (*Laknawī*,160) den Tod des letzteren für 333/ 944-5 berichtet. Er wird genannt: 7/34; 8/2, 4, 5, 7; 12/8, 11, 13, 20; 17/14, 18; 23/21, 23, 24; 24/12, 17, 20, 22, 23,; 25/26, 30, 26/27, 29, 31, 37, 40, 44, 47, 53; 27/2c, 8, 11; 29/11, 34; 30/4; 33/8; 34/7; 35/4, 8, 12, 14; 36/6; 39/18, 23, 29.

[81] *Ṣalāḥuddīn an-Nāhī*, 23-24, 71.

[82] 7/33b; 15/3; 17/21; 27/9; 29/2e; 31/3b; 36/9.

[83] 12/7; 17/10; 23/24, 30; 24/11; 25/24; 26/49; 29/18; 32/2; 33/5, 7; 34/5, 9; 35/6; 38/1e.

unseres Textes gehört,[84] hatte er Abū Sulaymān al-Ǧūzağānī gemeinsam als Lehrer.[85]

Ibn Salamas Schüler Muḥammad b. Aḥmad Abū Bakr al-Iskāf al-Balhī (333/946), Zeitgenosse des Abū'l-Qāsim, tritt, oft nur als „Abū Bakr", ebenso häufig in den *Fatāwā* des Abū'l-Layṯ auf.[86] Sein Schüler, Abū Bakr Muḥammad b.Saʿīd al-Aʿmaš, war Lehrer des erstgenannten Hinduwānī.

Es ist nicht verwunderlich, daß der obengenannte Abū Sulaymān Mūsā b.Sulaymān al-Ǧūzağānī (nach 199/815) als Verbindungsglied zwischen unseren Hauptpersonen auftritt; einerseits soll er als bedeutender Schüler und Überlieferer des Šaybānī die Autorschaft seines Lehrers von Ḥiyal bestritten haben (1/8. „Abū" ist weggefallen), was weiter unten noch näher behandelt wird (**II. 1.**); andererseits wird auch berichtet, daß er selbst ein Ḥiyal-Werk verfaßt habe, wovon er sich seinem Wortlaut im vorhergehenden Bericht nach jedoch zu distanzieren scheint. Es taucht noch der Name seines Kommilitonen Abū Ḥafṣ al-Kabīr al-Buḫārī auf (26/31). Er soll dem Verfasser des *Ṣaḥīḥ*, Muḥammad b. Ismāʿīl al-Buḫārī, den er für unfähig hielt, die Tätigkeit eines Rechtsgutachters verboten haben und anläßlich eines engherzigen *fatwā* an seiner Vertreibung aus Buchara beteiligt gewesen sein; — eine Anekdote, mit der man wohl seinen Ruf und Einfluß in Buchara betonen wollte.[87] Abū Naṣr Muḥammad b. Sallām al-Balḫī (305/917-8), der zum Kreis des Abū Ḥafṣ al-Kabīr zählt, gehört zu den in den *Fatāwā* am häufigsten Zitierten.[88]

Auffällig sind in diesem Überblick die Gelehrten aus Balḫ. Aus dem Umfeld des Abū Yūsuf und des Šaybānī werden Abū Mutīʿ[89], Ḫalaf b. Ayyūb[90], Šaddād b. al-Hakīm[91], ʿIsām b. Yūsuf [92] und sein Bruder Ibrāhīm[93] erwähnt. Vereinzelt wird

[84] 6/5; 17/9; 25/17; 26/29; 27/9; 29/30; 33/5, 6; 35/15.

[85] *Laknawī*, 168, 221; *Flügel*, 292.

[86] 1/7; 7/14, 19, 23e, 26; 8/1d, 9c; 9/23, 24, 26, 27, 28; 12/19, 21; 15/2b; 17/4, 8, 20, 21, 22, 24, 25; 18/6; 19/7; 22/38; 23/28; 24/18; 25/16, 21, 25; 26/25, 27, 31, 33, 39, 46, 52, 65; 27/12; 29/9, 31, 34; 31/2; 34/5, 11; 35/1, 9, 11, 13; 36/3, 7,8, 11,13; 37/3e, 3f, 3g; 38/1c, 1e; 39/25, 26, 28, 32, 33, 38. Über ihn *Laknawī*, 160.

[87] *Laknawī*, 18-19. Abū ʿAbudallāh Aḥmad b. Ḥafṣ, bekannt als „Abū Ḥafṣ der Große". Sein Todesjahr ist unbekannt. Auch *Flügel*, 291.

[88] 7/2e; 9/35; 12/12, 13, 16, 22; 15/3; 17/21; 18/6; 25/22; 26/56; 27/9; 29/19, 21, 22; 33/4; 36/4; 39/31, 34, 35, 38. Sein Todesjahr berichtet Abū l-Layṯ in Nawāzil (*Laknawī*, 168).

[89] 4/4b; 29/22; 33/5. Al-Ḥakam b. ʿAbdallāh b. Muslima b. ʿAbdarraḥmān al-Qāḍı al-Balḫī, Überlieferer des Al-fikh al-Akbar des Abū Ḥanīfa, bekleidete das Amt des Qāḍī in Wāsiṭ und Kūfa. Er starb 177/793 oder 199/ 814-5 . *Laknawī*, 68-9; *Flügel*, 285-6.

[90] 3/12; 17/16; 30/5. Zeitgenosse des Zufar, Schüler des Abū Yūsuf, dann des Šaybānī, einer der großen Hadīṯ-Kenner in Balḫ (205/820-21 oder 215/830-31 oder 220/835). *Laknawī*, 71; *Flügel*, 290.

[91] 7/21, 32; 9/37; 17/12; 23/26; 29/24. Zeitgenosse des Zufar (210/825-26 oder 220/835 oder 230/844-45). *Laknawī*, 83; *Flügel*, 290.

[92] 31/3; 33/5. ʿI. b. Y. b. Maryam b. Qudāma Abū ʿIṣma al-Balḫī (220/835). *Laknawī*, *ibid.*, 116.

[93] 9/13; 17/17; 29/15; 37/4. Schüler des Abū Yūsuf und hervorragender Imam seiner Zeit (241/855-56 oder 239/853-54). Zwar überlieferte er von Sufyān aṯ-Ṯawrī usw., aber als

noch ein späterer Balḫī, Abū ʿAbdallāh al-Qalāsī genannt.[94] Doch im großen und ganzen geht es um den Lehrkreis in Transoxanien, der als einer der wichtigsten Zweige der Ḥanafiten der kūfischen Wurzel der Schule gegenüber eine regionale, mehr oder weniger eigenständige Jurisprudenz entwickelte.[95]

Es ergibt sich nun eine aufschlußreiche Kette der wichtigsten Rechtsgelehrten unseres Textes, die ausnahmslos in Transoxanien und auch zeitlich nicht weit voneinander entfernt tätig waren. Sie sieht etwa so aus:

Šaybānī → Abū Ḥafṣ al-Kabīr Abū Naṣr M. b. Sallām al-Balḫī
↓
Ǧūzaǧānī ———→ Naṣīr b. Yaḥyā al-Balḫī
↓
Ibn Salama
↓
Abū Bakr al-Iskāf al-Balḫī Abūʾl-Qāsim aṣ-Ṣaffār al-Balḫī
↓
Aʿmaš ———→ Abū Ǧaʿfar al-Hinduwānī al-Balḫī
↓
Abūʾl-Layṯ as-Samarqandī

Ferner ist in Ǧ von einer wesentlichen Anlehnung unseres Autors an die von Schacht herausgegebenen bekanntesten Ḥiyal-Werke, d. h. Abū Yūsuf → *Maḫāriǧ* des Šaybānī (Š), seine Ausarbeitung von Ḫaṣṣāf (Ḫ) und die dazugehörigen Kommentare von Saraḫsī (S), die bis in die *Ālamǧīriyya* mit wenigen Abweichungen übernommen wurden, nichts spürbar. Von Ḫaṣṣāf sind nur die *Iqāra* (17/11c) und der *Waqf* (39/11) namentlich genannt. Der einzige Bezug eines *K. al-maḫāriǧ*, in dem es um die übereinstimmende Überlieferung von Abū Ḥanīfa, Abū Yūsuf, Šaybānī, Zufar (b. al-Huḏayl al-ʿAnbārī, 158/774) und Luʾluʾī über das Ungläubigwerden durch eine bloße Äußerung der Blasphemie geht (26/5),[96] wird zumindest weder in Š noch in Ḫ noch in S von der Schachtschen Ausgabe bestätigt. Die Reihe der meist typisch kūfischen

Gewährsmann wurde er von einigen Hadīṯ-Kritikern wegen seiner angeblichen Zugehörigkeit zur *murǧiʾa* nicht für zuverlässig gehalten. *Laknawī*, 11-13.

[94] 18/6. Muḥammad b. Ḫuzayma al-Balḫī (314/926-27), einer der balḫischen Imame, denen ausgewählte Ansichten (*iḫtiyārāt*) in der Schule zuzuschreiben sind. *Laknawī*, 168.

[95] Darauf macht der Editor des *ʿUyūn* und des *Ḫizāna* in seiner Einleitung aufmerksam. *Ṣalāḥuddīn an-Nāhī*, 22-24.

[96] Dies bezieht sich auf P 3. Näheres s. unten **II 1.**

Überlieferungen, die dort am Anfang als Befürworter der Ḥiyal beigebracht werden, scheint in unserem Text nicht auf. Die einzige daraus übernommene Stelle ist die bei ŠḪS mit der altkūfischen Autorität Ibrāhīm an-Naḫaʿī verbundene Auslegungsregel des auferlegten Eides (s. unten **II 2.**), wobei aber in unserem Text — versehentlich oder ganz bewußt — sein berühmter Name im Isnād nicht erwähnt wird (29/1). Ebenfalls in bezug auf diesen Naḫaʿī, der im Mittelpunkt derartiger Überlieferungen steht, tradiert in 29/10 der obengenannte Hinduwānī eine fremde Version einer sowohl in Š 1/31 als auch in Ḫ 1/9, S1/42 erhaltenen Anekdote.[97] Ferner gibt es noch Überlieferungen, die vermuten lassen, daß unsere Texte aus verschiedenen Quellen stammen: In einem *fatwā* des Abū Bakr al-Iskāf (25/16) fehlen die Bezüge auf Abū Ḥanīfa und ʿAlī b. Abī Ṭālib.[98] Was 26/76 betrifft, wäre es für einen Ḥanafiten noch bedenklicher, den Namen des großen Meisters nicht zu erwähnen, wenn er den Fall aus den zahlreichen lobpreisenden Erzählungen (*manāqib*) entnommen hätte.[99] Umgekehrt wird 7/24

---

[97] Nach Š1/3: Yaʿqūb (Abū Yūsuf) ← ʿUqba b. Abī al-ʿĪzār (Ḫ ʿU. b.aḍ-Ḍayrān) : „Wir besuchten oft Ibrāhīm an-Nahaʿī während seiner Verborgenheit aus Furcht vor Ḥaǧǧāǧ b. Yūsuf, und wenn wir ihn verließen, sagte er zu uns immer: ‚Wenn ihr nach mir gefragt werdet und beschwören mußt, dann schwört bei Gott, daß ihr nicht wißt, wo ich bin, d. h. wir haben keine Ahnung davon, d. h. in welchem Ort er sich [genau] befindet, und meine etwa, in welchem Ort [zu Hause] ich stehe oder sitze oder schlafe; dann habt ihr schon die Wahrheit gesagt, daß ihr nicht wißt, wo ich nun stehe oder sitze oder schlafe'."
29/10: Abū Ǧaʿfar (=Hinduwānī) wurde nach einem Mann gefragt, der von seinem Schuldner die Zahlung forderte; dieser floh ins Haus eines Mannes, der dann den Herrn des Hauses schwören ließ, daß er nicht wisse, wo jener sei. Er sagte: „Wenn der Geschworene meint, daß er nicht weiß, an welchem Ort er ist, dann ist er nicht eidbrüchig." Er tradierte: Ibrāhīm an-Nahaʿī — Gott erbarme sich seiner — hielt sich verborgen vor Ḥaǧǧāǧ (b. Yūsuf), und kam zu ihm ein Sucher, so schlug er [auf dem Boden] einen Kreis und sagte, er sei nicht hier, d. h. im Kreis.

[98] Aber das kann auch dadurch begründet werden, daß man sein *fatwā* nicht unbedingt auf eine Grundlage, wenn auch vorhanden, bezieht, zumal Iskāf hier eine davon abweichende Meinung vertritt. Der Fall an sich ist weder in Š noch in Ḫ, zumindest nicht in den uns verfügbaren Ausgaben, erhalten. Es geht darum, ob und wann man die Vaterschaft eines Kindes von seiner Sklavin bestreiten kann. Abū Ḥanīfa (S 4/34) verbietet es vom Anschein der Sache her absolut — auch wenn sie für seine Angelegenheit oft unterwegs war, und abgesehen davon, ob der Herr pflegte, die Empfängnis zu verhüten —, unter Vorbehalt der Möglichkeit, sie mitsamt dem Kind zu verkaufen. Die fehlende Berücksichtigung der Empfängnisverhütung beruht auf einer Überlieferung von ʿAlī b. Abī Ṭālib (4/35-35a). Iskāf schließt dann die Möglichkeit der Bestreitung nicht aus, wenn die Sklavin widerspenstig herumzulaufen pflegte und der Herr es für höchstwahrscheinlich hält, daß das Kind nicht von ihm ist. Aber die praktizierte Empfängnisverhütung ist nach ihm ebenfalls kein Grund dafür.

[99] 26/76 (P 114): „Ein Mann sagte zu seiner Frau: ‚Wenn du heute Nacht nicht sprichst, dann bist du dreimal geschieden.' Da holte die Frau Atem und sprach nichts, so daß die Hälfte der Nacht verging, obwohl der Mann geschworen hatte, daß mit dem Morgenanbruch die Scheidung über sie komme: So besteht die Ḥīla in diesem Fall darin, die Muezzins um sein Haus, die Hirten und die Bauern dazu zu bringen, daß sie (zum Gebet) aufrufen und bei Nacht schon den Tag verkünden, denn würde die Frau hören, es sei schon Morgen, so würde sie dabei sprechen, worauf die Scheidung nicht mehr erfolge." Nach S 7/15b bat ein Mann, der sich in gleicher Situation befand, Abū Ḥanīfa um Hilfe. Ḫ33/5 und S 7/15a tradieren auch eine Variation, in der Abū Ḥanīfa dem Mann eine andere Methode wies.

Abū Yūsuf zugeschrieben, wovon Š, H̱, S schweigen.[100] Dies ist schließlich darauf zurückzuführen, daß die Parallelen zu Š, H̱, S in unserem Text nicht direkt übernommen wurden, sondern daß die beiden Werke des Abūʾl-Layṯ, nämlich *ʿU* und *Fatāwa*, dazwischen liegen. Demzufolge zeigen einige Fälle von den Parallelen bei Š, H̱, S abweichende Ergebnisse.[101]

c. Literaturgattungen in Ǧ und Überlieferung der Ḥiyal in der ḥanafitischen Jurisprudenz

Hier will ich nochmals auf die obengenannten Quellen von Ǧ aufmerksam machen, denn dabei handelt es sich um einige wichtige Literaturgattungen, in denen die Ḥiyal in der ḥanafitischen Jurisprudenz überliefert wurden. Daraus geht hervor, daß Ḥiyal nicht nur in der Fachliteratur behandelt und bei Bedarf nachgeschlagen wurden, sondern als „integraler Bestandteil" der Jurisprudenz gestaltet wurden und als solcher zu gelten haben.

Unter diesen Quellen finden sich solche Gattungen, die inhaltlich mit Ḥiyal im Zusammenhang stehen, wie *waqf* und *šurūṭ* (Vertragsformulare). Sie beziehen sich auf Bereiche, die, wie auch die Ḥiyal an sich, wegen ihrer praktischen Bedeutung in Fachbüchern thematisiert wurden. Die *šurūṭ*, auf formale Wirksamkeit und die dadurch ermöglichte Rechtssicherheit angewiesen, sind für die Ḥiyal besonders relevant. Der bedeutende Einfluß der *šurūṭ* auf die Ḥiyal-Literatur ist vor allem bei H̱aṣṣāf festzustellen, der selbst als Spezialist auf diesem Gebiet ein berühmtes *K. aš-šurūṭ* verfaßt haben soll.[102]

Neben dieser Fachliteratur sind die Grundmaterialien der Jurisprudenz zu erwähnen, die den wachsenden Komplex der Lehrmeinungen überliefern, wovon die Ḥiyal einen Teil bilden; die wichtigsten grundlegenden Werke des Šaybānī; *iẖtilāf-*, *nawādir-* und *fatāwā*-Werke. Unter den Šaybānī zugeschriebenen zahlreichen Werken stellen seine wichtigsten und grundlegendsten, die unter dem Namen „*ẓāhir ar-riwāya*" (wörtlich „offenkundige Überlieferung") bekannt sind (nach Laknawī das *Aṣl*, die *Ǧāmiʿ*s, *al-siyar al-kabīr* und *al-siyar aṣ-ṣaġīr*), die

[100] 7/23ff. (P 42, s. unten **II. 3. b.** 3) bezieht sich auf die zeitweilige Pflichtenthaltung vom Geschlechtsverkehr mit einer neu gekauften Sklavin bis zu ihrer Schwangerschaftsfeststellung; der Käufer muß bis zu ihrer ersten Menstruation nach dem Kauf auf den Geschlechtsverkehr mit ihr verzichten. 7/23 stellt eine Ḥīla dar: Vor dem Kauf verheiratet sie der Verkäufer mit jemandem, der keine freigeborene Ehefrau hat, dann verkauft und übergibt er sie an den Käufer, dann läßt sich der Mann von seiner Frau scheiden. Nach 7/23 soll Abū Yūsuf den Kalifen Hārūn ar-Rašīd über diese Ḥīla informiert haben. 7/24 ist ebenfalls als eine Ḥīla dargestellt, die Abū Yūsuf seinem Kalifen beigebracht haben soll; Näheres auch in *Ṭabaqāt Š*, II 204-5.

[101] P (s. unten **1.4**) 19, 23, 40, 41, 44, 65, 123

[102] Schacht, "*ḥijal*-Literatur", 214, 216-17. Cf. ʿA, 255 (H̱aṣṣāf als einer der *ahl aš-šurūṭ*). Das beste Beispiel für die für šurūṭ- typische Darstellungen findet sich in H̱ 19/55, 58.

authentische Quelle der ḥanafitischen Lehre dar, die Abū Ḥanīfa, Abū Yūsuf und Šaybānī selbst mitgestalten.[103]

Iḫtilāf beinhaltet in erster Linie die Unterschiede in den Ansichten dieser drei Schulbegründer; parallel dazu kommt es in ḥanafitischen Texten oft vor, daß ein „*iǧmā*" einfach Übereinstimmung dieser drei Schulmeister bedeutet. Die spezielle Behandlung von *iḫtilāf* ist darauf zurückzuführen, daß die Rechtsanwendung innerhalb der Schule nach der Autorität der Lehrmeinungen bestimmt wird. Daher ist ihre Kenntnis für Praktiker erforderlich und wird z. T. auch in *adab al-qāḍī*, beispielsweise dem des Ḫaṣṣāf, neben theoretischen Verhaltensregelungen und Qualifikationen des Richters behandelt. In gleicher Weise kommt *iḫtilāf* in der Ḥiyal-Literatur besondere Bedeutung zu, um das Zustandekommen einer Ḥīla in jeder Hinsicht sichern zu können. Die grundlegenden werde gelten als umfassende Basis, auf der alle möglichen Fälle geregelt werden sollen. Daß die Ḥiyal auch bereits in dieser Fülle von Rechtsmaterialien behandelt wurden, wird unten festgestellt (**II. 3. b.**).

Die ständige Weiterentwicklung der Jurisprudenz macht jedoch die Anlehnung an *nawādir* erforderlich, die nach der ḥanafitischen Rechtsanwendung nach *ẓāhir ar-riwāya* an zweiter Stelle eingestuft werden. „*nawādir* (> s. *nādira*)", wörtlich „seltene (Rechtsfälle)", werden deshalb so genannt, weil sie in den grundlegenden Werken nicht enthalten sind; sie bezeichnen die Ansichten bzw. Fälle, die zwar ebenfalls den drei Schulmeistern zugeschrieben werden, allerdings von in Quantität und Qualität als unzureichend zu betrachtenden Überlieferern.[104] Für ᶜU ist kennzeichnend, daß sie größtenteils auf den beiden *Nawādir*s von Hišām und Ibn Samāᶜa basiert. Drittens kommen „*wāqiᶜāt* (> s. *wāqiᶜa*), wörtlich „aktuelle (Fälle)" in Betracht, die von späteren Juristen geregelt werden. Hier gibt es die Gattung „*wāqiᶜāt*", die solche Fälle zusammenstellt, und *Al-nawāzil* des Abūʾl-Layṯ ist als solche bekannt.[105] Es handelt sich also in dieser Kategorie um Rechtsgutachten (*fatāwā*), die ständig neue Materialien in die Jurisprudenz einbringen. Die auffällige Abweichung der Ǧ von ŠḪ würde in dieser Hinsicht selbstverständlich bedeuten, daß es sich dort um eine größere Anzahl von neuen Fällen handelt. Wir haben bereits festgestellt, daß Ǧ größtenteils aus *fatāwā* besteht, die Abūʾl-Layṯ zusammenstellte. Für Ǧ ist, wie schon erwähnt, charakteristisch, daß sie wesentlich als eine *fatwā*-Sammlung betrachtet werden kann, gleichzeitig jedoch in Form und Inhalt quasi ein juristisches Werk darstellt. Die *fatāwā*, die für die Entwicklung der Jurisprudenz eine bedeutende Rolle spielen, werden notwendigerweise mit Ḥiyal in Zusammenhang gebracht (s. unten **III. 2. a.**).

---

[103] Laknawī, 163.
[104] Hallaq, "From *fatwā*s to *furūᶜ*", 39.
[105] Hallaq, *ibid.*, 39-40.

d. Aufbau des Werkes

Zum Aufbau seines Werkes bemerkt der Autor folgendes:

> 1/12 Ich habe die Fälle der Ḥiyal und der Erleichterungen (*ruḫas* > s. *ruḫsa*) sowohl in bezug auf den Ritus (*ʿibādāt*) wie auch auf die zwischenmenschlichen Angelegenheiten (*muʿāmalāt*) aus Schriften der früheren Lehrmeister der Religion gesammelt und aus Rechtsgutachten der späteren Gelehrten und Rechtskundigen der Gläubigen abgeschrieben und auch in diesem Buch zusammengesetzt, indem ich sie mit Kapiteln versehen habe, um sie denjenigen, die danach suchen, erreichbar und verfügbar zu machen ...
> 1/13 Und jedem Kapitel habe ich die damit vergleichbaren ähnlichen Fälle sowie das, was demjenigen, der danach gefragt wird, die Klarheit verschafft, hinzugefügt.

Hier zeigt sich die strukturelle sowie inhaltliche Charakteristik des Werkes: Der Text besteht aus 39 Teilen, die alle Themen der üblichen *fiqh*-Bücher umfassen. Sie sind, mit Ausnahme der Einteilung, mit einem in großer Schrift geschriebenen Titel versehen, der – mit Ausnahme des dritten Teils, der inhaltlich dem zweiten Teil folgt – mit „kitāb“ beginnt. In der vorliegenden Arbeit wird jeder Teil als ein Kapitel gezählt. Das sind:

1. Unbetitelte Einleitung
2. *K. aṣ-ṣalāt* (Gebet)
3. *Al-muštabahāt waʾl-muḫtalahāt* (die einander ähnlichen und die umstrittenen Fälle)
4. *K. az-zakāt* (Almosensteuer)
5. *K. al-ḥaǧǧ* (Pilgerfahrt)
6. *K. aṣ-ṣawm* (Fasten)
7. *K. al-bayʿ waʾr-ribā* (Kauf/ Verkauf und die ungerechtfertigte Bereicherung)
8. *K. aš-šufʿa* (Vorkaufsrecht auf unbewegliche Sachen)
9. *K. al-iǧārat* (Miet-/ Pacht-/ Werk-/ Dienstverträge)
10. *K. al-muḍāraba* (stille Gesellschaft)
11. *K. aš-šarika* (Kommanditgesellschaft)
12. *K. al-muzāraʿa* (Pacht)
13. *K. ar-rahn* (Pfand)

14. *K. al-mudāyanāt* (Obligationen)
15. *K. al-kafāla* (Bürgschaft)
16. *K. aṣ-ṣulḥ* (Vergleich)
17. *K. al-ġasb* (Usurpation)
18. *K. al-wakāla* (Vertretung)
19. *K. al-qisma wa'l-mīrāṯ* (Teilung und Erbe)
20. *K. al-mīrāṯ wa'l-ḫunṯā* (Erbe und Hermaphrodit)
21. *K. al-waṣāyā* (Testament)
22. *K. ad-daʿwā* (Klage)
23. *K. adab al-qāḍī* (Verhaltensregel des Qāḍīs)
24. *K. aš-šahādāt* (Zeugenaussagen)
25. *K. an-nikāḥ* (Heirat)
26. *K. aṭ-ṭalāq* (Scheidung)
27. *K. al-ʿitāq* (Freilassung)
28. *K. al-mukātab* (loskaufpflichtiger Sklave)
29. *K. al-aymān* (Eide)
30. *K. al-ḥudūd* (ḥadd-Strafe)
31. *K. as-sariqa* (Diebstahl)
32. *K. aǧ-ǧināyāt* (Schädigung des Lebens bzw. des Körpers)
33. *K. al-uḍḥiyya* (Opfertiere)
34. *K. aḏ-ḏabā'iḥ* (rechtmäßig geschlachtete Tiere)
35. *K. al-waḍiyya* (Depositum)
36. *K. al-ḥiba wa'ṣ-ṣadaqa* (Schenkung und Spende)
37. *K. al-iqrār* (Anerkenntnis)
38. *K. al-'ašriba* (Getränke)
39. *K. al-waqf* (Stiftung)

Es gibt demnach Kapitel, welche Bereiche umfassen, die von Š, H̱, S gar nicht bzw. unter anderen und noch viel allgemeineren Titeln teilweise und an verschiedenen Stellen behandelt werden: Ritus (2, 3, 5, 6, 33, 34, 38), Erbrecht (19, 20), Strafrecht (30, 31, 32) und *adab al-qāḍī* (23), was inhaltlich zum Prozeßrecht gehört. Bemerkenswert ist *waqf* (39), der zwar an sich schon als Ḥiyal betrachtet werden kann, dem jedoch in Š, H̱, S kein selbständiges Kapitel gewidmet wurde.

Das einzelne Kapitel ist grundsätzlich so aufgebaut, daß zuerst etwas Allgemeines, d. h. die grundlegenden Prinzipien, dazugehörige Überlieferungen und Auffassungen, ggf. Streitpunkte dargestellt und dann Einzelfälle angeführt werden. Am Ende mancher Kapitel werden ferner rätselhafte, schwierige Fragen in Form von Frage-Antwort-Mustern „Wenn du nach (Soundso) gefragt würdest, dann sag: ...(die Antwort)“ gestellt und beantwortet, was als typische Form eines Rechtsgutachtens (*fatwā*) gilt.[106] Es ist jedoch zu bemerken, daß gerade diese Kategorie durch die Natur der dort behandelten Fragen eine erhebliche Ähnlichkeit mit Q aufweist.[107] Diese Aufteilung wurde aber nicht immer konsequent durchgeführt, zumal die Einzelfälle nicht nur solche enthalten, die deutlich Ḥīla genannt werden, sondern auch Inhalte der Lehre sowie Rechtsgutachten umfassen, die auf Ḥīla bzw. ihre Voraussetzung in einem bestimmten Fall hinweisen sollen; überdies besteht das Werk aus Zitaten von Quellen verschiedener Gattungen. Im großen und ganzen ist das Werk weder in archaischer *masāʾil*-Form wie Š, H gehalten, noch ist es rein kommentierend, wie S; vielmehr erscheint es als ein übliches juristisches Lehrbuch, in dem der Autor dafür sorgt, in Zusammenhang mit der Jurisprudenz seiner Schule, also im Rahmen der Anwendung der einzelnen Rechtsbestimmungen, auf einen Teil von diesen, nämlich „Ḥiyal“, unter einem bestimmten Aspekt aufmerksam zu machen.

3. Die ḥanbalītische Ḥiyal-Literatur

Dasselbe gilt für die hier behandelten ḥanbalītischen Werke insofern, als es dort um die in juristischen Werken üblichen Darlegungen bestimmter Fälle geht, die aber, da es sich um Streitschriften handelt, als Ḥiyal bezeichnet werden. Es wird zwischen Ḥiyal im allgemeinen, mit denen allesamt zu bestreitende Extremfälle gemeint sind, und solchen, die sich eher auf die unterschiedliche Auffassung bzw. Anwendung einer Bestimmung beziehen, unterschieden. Besonders auffällig wird dies bei Ibn Qayyims Versuch, die Jurisprudenz nach Ibn Ḥanbal (241/855), dem oft verschiedene Ansichten zugeschrieben werden, festzulegen.

In der ḥanbalītischen Ḥiyal-Literatur, die bei Schacht außer Betracht bleibt, ist zweierlei von Bedeutung. Erstens enthält auch sie – neben dem von Schacht als einzigartig angesehen Buḫārī, die überdies ausführlich über die gegnerischen Ansichten sowie die (sie widerlegenden) Argumente dagegen informiert – eine Ḥiyal-Kritik der Traditionarier.[108] Obwohl die betreffenden Werke nicht aus der Zeit des Ḫaṣṣāf stammen, scheinen die Autoren die gegnerische Literatur gut zu kennen. Daß die meisten der dort aufgezählten Beispiele aus Š, H, S und Q

[106] Cf. Masud, Messick, Powers, “Muftis, fatwas, and Islamic legal interpretation“, 4-6.
[107] Insbesondere 3/1-3(vgl. Q VI6), 3/12 (vgl. Q V60), 17/25 (Q V98), 20/4-16(vgl. Q VI15-19). Cf. 26/71 (Q IV 14), 26/75 (Q IV12).
[108] s. Schacht, “*ḥijal-Literatur*“, 219.

stammen, steht außer Zweifel. Zweitens enthält sie als juristische Literatur Aufschlüsse darüber, wie die einzelne Rechtsschule zu den genannten Fällen steht. Insbesondere Ibn Qayyim informiert über die Ḥiyal der vier Rechtsschulen (**II. 3. a.**).

Zunächst will ich die anschließend besprochenen drei Werke und ihren Zusammenhang in der ḥanbalītischen Ḥiyal-Kritik kurz darstellen: **a.** IB des Ibn Baṭṭa (387/997) ist die älteste ḥanbalītische Ḥiyal-Kritik, die als solche erhalten ist. Die Ḥiyal-Kritik scheint jedoch bei den Ḥanbalīten schon seit ihrer Frühzeit eine Tradition gewesen zu sein, die auf der allgemeinen Abneigung des Ibn Ḥanbal basiert. Als Gegner der Ḥiyal erwähnt Ibn Qudāma (620/1223) in seinem *Muġnī* einige wichtige Zeugen für die Frühzeit seiner Schule aus nächster Nähe des Ibn Ḥanbal: Ibn Rāhuwayh (238/853), Abū Ḫayṯama (234/844), Ibn Abī Šayba (235/849) und Abū Isḥāq al-Ǧūzaǧānī, der einer von seinen Lieblingsschülern gewesen sein soll.[109] Obwohl im Titel von einer juristische Spezialfrage (*ḫulʿ*) als Ausflucht vor dem Brechen eines bei der Scheidung geschworenen Eides) die Rede ist, schließt sich IB mit dem traditionalistischen Geist aus diesem Milieu inhaltlich an die Reihe der allgemeinen Ḥiyal-Kritiker durch die *aṣḥāb al-ḥadīṯ* an, welche bereits im *Ṣaḥīḥ* des Buḫārī zu erkennen ist. An gleicher Stelle, die sich auf Ḥiyal für die Verhinderung des Vorkaufsrechts (*šufʿa*) bezieht, und in bezug auf Ḥiyal für einen unerlaubten Gewinn (*ribā*) entwickelt auch Ibn Qudāma die allgemeine Ḥiyal-Kritik, ebenfalls in Anlehnung an einige Belege, die im folgenden dargestellt werden. **b.** Ebenfalls von einem speziellen Thema, *taḥlīl*, ausgehend, hat IT des Ibn Taymiyya (728/1328) die Gegenargumente gegen Ḥiyal durch eine gründliche Zusammenstellung sämtlicher Belege vervollständigt. **c.** In diesem Zusammenhang fügt IQ des Ibn Qayyim (751/1350) der unermüdlichen Arbeit seines Lehrers nichts Neues hinzu. Er übernimmt von ihm vor allem die Kategorisierung der Ḥiyal in verbotene und erlaubte nach dem Kriterium, ob sie das vom Gesetzgeber vorgesehene Interesse (*maṣlaḥa*) der betreffenden Vorschrift zerstören oder nicht. In einem weiteren Schritt versucht er das Ziel der Ḥiyal, sofern sie dem gesetzgeberischen Interesse entsprechen, durch treffende Interpretation und Anwendung des Rechts (*iǧtihād*) in der Jurisprudenz zu erreichen. In diesem Zusammenhang verdankt er sein eigenes Verdienst Abū Yaʿlā b. al-Farrāʾ (485/1066), der zu den für die Vollendung der ḥanbalītischen Jurisprudenz bedeutendsten Autoren zählt. Seine verloren gegangene Ḥiyal-Kritik war in juristischer Hinsicht etwas bedeutender als die der Traditionarier, weil er aus der gesamten Rechtsproblematik bei ŠḪ eine juristische Bilanz zu ziehen und dadurch die ḥanbalītische Jurisprudenz festzulegen versuchte. Und es war Ibn Qayyim, der ihm mit demselben Versuch in der tiefgreifenden juristischen Analyse der Ḥiyal folgte.

---

[109] *Ṭabaqāt Ḥ*, I Nr.107.

a. Abū ʿAbdallāh ʿUbaydallāh b.Baṭṭa al-ʿUkbarī (387/997), „Ein Abschnitt über den Selbstloskauf der Ehefrau und die Nichtigkeitserklärung der Ḥiyal" (*Ǧuzʾ fīʾl-ḫulʿ wa-ibṭāl al-ḥiyal*)[110]: Grundgedanken der ḥanbalītischen Ḥiyal-Kritik (IB)

Ibn Baṭṭa verkörpert den Ḥanbalismus seiner Epoche, der sich sowohl durch sein wissenschaftliches Rüstzeug wie auch aufgrund der zeitlichen Gegebenheiten – charakterisiert durch den politischen Aufschwung der Šīʿiten und den Niedergang des abbasidischen Kalifats – langsam als selbständige Schule durchsetzte. Geboren 304/917 in ʿUkbarā, einem ḥanbalītischen Zentrum in der Provinz, hatte Ibn Baṭṭa in Baġdād zahlreiche Lehrer, die die vielfältigen Erscheinungsweisen des Ḥanbalismus vertraten; u. a. im Bereich der Ḥadīṯ-Wissenschaft den Sohn des Verfassers des *Sunan*, Abū Bakr as-Siǧistānī (317/929), den Traditionarier und engagierten Prediger Abū Muḥammad al-Barbahārī (329/941), im Bereich des Fiqh den Verfasser des Muḫtaṣar, Abūl-Qāsim al-Ḫiraqī (334/945). Von Bedeutung ist ferner seine Freundschaft mit dem Traditionarier und Ṣūfī Abū Bakr al-Āǧurrī (360/971), der sowohl den Ḥanbalīten wie auch den Šāfiʿiten nahegestanden haben mag. Es ist gerade dieser, von dem Ibn Baṭṭa eine Episode als Schlußwort dieses Werks tradiert (unten 5. (ii)).[111]

Ein kleiner Absatz Ibn Baṭṭas, den ich hier behandeln will, erscheint als Zusammenstellung der Überlieferungen und enthält nur wenig an juristischer Darstellung des im Titel genannten Themas. Das *ḫulʿ* ist nach mehrheitlicher Ansicht als einvernehmliche Scheidung in Form von Selbstloskauf der Ehefrau zu verstehen; sie erfolgt normalerweise durch Verzicht auf ihren Anspruch auf die noch unbezahlte Brautgabe und wirkt unwiderruflich, so daß die Ehe auf alle Fälle nach Ablauf der Wartezeit gelöst wird.[112] Zur Tatsache, daß die Scheidung, die sonst ausschließlich dem Mann zusteht, hier von seiten der Frau – wenn auch von der Zustimmung des Manns abhängig – beantragt werden kann, und in bezug auf die damit verbundene Interpretation der Voraussetzung im Koran (2;229), wann der Antrag gerechtfertigt sei, werden gegen den folgenden Fall von ḥanbalītischer Seite Bedenken geäußert.

Der Fall (siehe P 15) wird am Anfang dargelegt als Antwort auf die Frage, die man Ibn Baṭṭa stellte: Ein Mann habe bei dreimaliger Scheidung seiner Frau geschworen, daß er einen Mann, mit dem er Streit habe, töten werde, und habe einen Rechtsgelehrten um sein Rechtsgutachten (*fatwā*) gebeten. Darauf habe ihm der Gutachter (*muftī*) geraten, seine Frau um einen Selbstloskauf ihrerseits, also *ḫulʿ*, zu bitten, so daß die geschworene Scheidung nicht mehr in Kraft treten

[110] In *Min dafāʾin al-kunūz*, ed. Muḥammad Ḥāmid al-Fiqī, Kairo, um 1980 (Nachdruck von 1349/1930), S.19-53. s. Handbuch der Orientalistik, Ergänzungsband III, 261. Laoust, *Profession de foi d'Ibn Baṭṭa*, 47,62. ; Auch erwähnt in IT 84.

[111] *Ṭabaqāt Ḥ*, II Nr.622. Laoust, *Profession de foi*, 20-46 ; ders., *Ḥanbalism I*, 78-92.

[112] Samarqandī, *Tuḥfa*, II 335. Cf. Šāfiʿī, *Umm*, IV197-88 und Muzanī, *Muḫtaṣar*, 186. Ḫiraqī, *Muḫtaṣar*, 151. Ibn Ḥanbal, *Masāʾil*, 1249.

könne, was dann zur Auflösung des Schwurs führe; er könne dann nach der Ablauf der Wartezeit, die die Frau wegen dieses *ḫul*ᶜ einhalten müsse, sie erneut heiraten. — Man fragte also nach autoritativen Beweisen aus dem Koran, der Sunna und nach den Ansichten von Gelehrten, die dieses *fatwā* stützen.[113] Bevor der Autor darauf eingeht, definiert er den „Juristen (*faqīh*)“, auf den in solch einem schwierigen Fall zurückgegriffen werden kann und seine erforderlichen Eigenschaften sowohl etymologisch wie auch im šarīᶜarechtlichen Bezug, führt Zitate aus dem Koran sowie zahlreiche Überlieferungen vom Propheten, seinen Gefährten und ihren Nachfolgern an und unterläßt es nicht, auf die mangelnde Qualifikation seiner Zeitgenossen hinzuweisen.[114]

Dann kommt er auf den Fall zurück und nennt zwei Fehler des genannten Rechtsgutachtens. Erstens gilt man bei Eid für eine bestimmte Tat, in unserem Fall die Tötung, qualitativ als eidbrüchig, sobald man innerlich darauf verzichtet hat. Zweitens fehlt in diesem *ḫul*ᶜ die Voraussetzung, die im Koran festgestellt wird – „Wenn aber zu befürchten ist, daß die beiden (im Fall der Aufrechterhaltung der Ehegemeinschaft) die Gebote Gottes nicht mehr einhalten werden“ (2;229) – und nach der die Frau, nicht etwa der Mann, zum Anspruch auf den Selbstloskauf berechtigt wird. In diesem Zusammenhang erwähnt er wieder eine Reihe von Überlieferungen gegen ein *ḫul*ᶜ, das ohne Ehekrise, die von Seiten der Frau begründet werden kann, wie ihre widerspenstigen Verhalten(*nušūz*) aus ihrer Abneigung gegen ihren Mann, vorgeschlagen wird.. [115] Es folgt eine allgemeine Kritik an Ḥiyal, in der er diesen *ḫul*ᶜ mit *taḥlīl*, *ribā* und anderen typischen Umgehungen wie Ausschluß der Pflicht des Fastens oder der Almosensteuer gleichstellt, die er, da sie Betrug an Gott seien, für schlimmer als Unglaube erklärt. Darauf folgen wieder Traditionen des Propheten, seiner Gefährten, ihrer Nachfolger sowie Ibn Ḥanbals, die allesamt als „deutliche Indizien für die Nichtigkeitserklärung der Ḥiyal“ gelten.[116] Am Ende überprüft er die juristische Annahme des genannten Rechtsgutachtens, daß die Scheidung nach einem *ḫul*ᶜ nicht in Kraft treten könne und daß ein unbefristeter Eid durch eine einmalige Verhinderung aufgelöst werde und präsentiert zum ersten Punkt drei Ansichten. Die erste Ansicht, die hauptsächlich von den kūfischen Gelehrten vertreten wird, beruht auf einem Ḥadīṯ des ᶜAlī b. Abī Ṭalḥa← der Prophet: „Die von sich selbst Losgekaufte kann geschieden werden, solange sie in der Wartezeit ist.“ Ibn Baṭṭa scheint den Ḥadīṯ wegen der Unvollkommenheit der Überlieferungskette (nicht *muttaṣil*) nicht ohne weiteres anzunehmen, denn er kommentiert lediglich, daß er aus Vorsicht zu befolgen sei, aus Furcht vor dem Verstoß dagegen. Die zweite Ansicht, nach der es sich nur um die Frage der zeitlichen Reihenfolge zwischen der Scheidung und dem *ḫul*ᶜ handelt, vertreten der Medinenser Abū Salama b. ᶜAbdarraḥmān b. ᶜAuf (94/ 712-13 oder 104/ 722-

[113] IB 20.
[114] IB 21-33.
[115] IB 34-38.; Das *ḫul*ᶜ ohne Billigkeitsgründe ist zwar wirksam, jedoch für die Frau bedenklich (*makrūh*). Ḫiraqī, *Muḫtaṣar*, 151. Cf. Ibn Abī Šayba, *Muṣannaf*, IV, 81-84.
[116] IB 39-46.

23) usw. Von Mālik b. Anas (179/796) ist zumindest bekannt, daß er dem *ḫulᶜ* den Vorrang vor der Scheidung gibt, wenn er der Scheidung (zeitlich) vorangeht. Die dritte Ansicht, daß die nachfolgende Scheidung nichtig sei, wird v.a. Ibn ᶜAbbās(68/687), Šāfiᶜī und Ibn Ḥanbal zugeschrieben, und auch Ibn Baṭṭa schließt sich dieser Auslegung an; man dürfe hier wohl von der Befolgung einer autoritären Ansicht (*taqlīd*), der des Ibn Ḥanbal durch Ibn Baṭṭa, sprechen, zumal diese dritte Ansicht für das genannte Rechtsgutachten günstig wirkt.[117] Folglich nimmt er zum zweiten Punkt der vierten Ansicht Zuflucht, die nach ihm zahlreiche Rechtsgelehrte vertreten: daß der Eid immer noch bestehen bleibt, so daß die Scheidung, bei der man den Eid geschworen hat, trotz eines *ḫulᶜ* bzw. einer unwiderruflichen Scheidung vor dem Eidbruch bei der danach erneut geschlossenen Ehe gültig bleibt. Er schließt mit Überlieferungen, die diese Ansicht stützen, und kommt auf die Kritik an rücksichtslosen Juristen seiner Zeit zurück, die mit Überlieferungen bedenkliche Rechtsgutachten erteilen.[118]

Hier dürfte es sich um ursprüngliches Material der noch ausführlicheren beiden Streitschriften des Ibn Taymiyya und des Ibn Qayyim handeln, sowohl in bezug auf den Grundgedanken, was über einen bestimmten Fall hinaus zur Ḥiyal-Kritik führt, wie auch bei den Argumenten dafür, die der Autor, wie viele andere Ḥanbaliten, als Traditionarier beibringt, in Anlehnung an Ibn Baṭṭa entwickelt Ibn Taymiyya, vom schon mit dem genannten *ḫulᶜ* gleichgestellten Fall des *taḥlīl* ausgehend, das allgemein gehaltene Gegenargument gegen Ḥiyal weiter, was Ibn Qayyim fortsetzt; dabei werden von den beiden einige wichtige Argumente exakt übernommen, denen die ḥanbalitische Ḥiyal-Kritik zugrunde liegt:

1. Eine Reihe von sozusagen „verfluchenden Ḥadīṯen" [119] insbesondere gegenüber den Juden, die bei IT und IQ wiederholt erwähnt werden.

(i) Abū Hurayra ← der Prophet: „Begeht nicht das, was die Juden begingen, denn sie hielten durch die niedrigsten Ḥiyal die von Gott verbotenen Sachen für erlaubt."[120]

(ii) ᶜUmar b. al-Ḫaṭṭāb ← der Prophet: „Möge Gott die Juden verfluchen, die sich das Fett der Tiere verbieten, während sie seinen Gegenwert essen."; dazu der Kommentar des Ibn Ḥanbal. [121]

---

[117] Ibn Ḥanbal, *Masāʾil*, 1245, 1323; Ḫiraqī, *Muḫtaṣar*, 151. Šāfiᶜī, *Umm*, V 115. Muzanī, *Muḫtaṣar*, 187-88.

[118] IB 46-53.

[119] Es gibt weitere Ḥadīṯe, in denen folgende Verfluchte auftreten: *Muḥallil* und sein Begünstigter, d. i. der erste Ehemann ; Bestecher und Bestochene, Wucherer und Anbieter des Wuchers und Notar sowie Zeuge solch eines Geschäfts; Tätowiererin und die, die sich tätowieren läßt usw. Cf. IT 193, IQ 172 und unten **b.** 12. (iv).

[120] IB 42; IT28, 33-34; IQ 176, 253. Ibn Qudāma, *Muġnī*, V 327.

[121] IB 42; Ausführlich IT 34-35; IQ 124-130, 177

(iii) Koran 7:163 und die Exegese von Ibn ʿAbbās;[122] es geht um die Umgehung des Jagdverbots am Sabbat in der Weise, daß man am Freitag das Fangnetz spannte und am Sonntag die Beute aus dem Wasser zog, so daß die Fische offensichtlich nicht am Sabbat gefangen wurden.

2. Ḥiyal als Betrug bzw. Spielerei mit den Gottesvorschriften

(i) Ibn ʿAbbās zu einem Mann, der aus eigenem Willen *muḥallil* (s. unten **b.**) handeln will: „Wer Gott betrügt, den betrügt Gott."[123]

(ii) ʿAbdallāh b. ʿAmr ← der Prophet: „Wann immer einer von jemandem etwas gekauft hat, hat jeder von den beiden die Rücktrittsoption (*ḫiyār*), bis sie den Ort (ihres Vertrags) verlassen, und es ist keinem von ihnen erlaubt, sich von seinem Partner zu trennen aus Angst, daß der letztere ihn um die Rückgängigmachung bittet", dazu der Kommentar des Ibn Ḥanbal: „Hier ist die Nichtigkeitserklärung der Ḥiyal zu finden."[124]

(iii) Abū Mūsā ʿAbdallah b. Qays al-Ašʿarī ← der Prophet: „Was ist mit denjenigen, die mit Gottesvorschriften (*ḥudūd Allāh*) spielen, indem sie euch bald selbst loskaufen lassen, bald euch verstoßen?"[125]

3. Ḥiyal als unerwünschte Erneuerung (*bidʿa*)

ʿĀʾiša ← der Prophet: „Derjenige, der in unserer Angelegenheit neu bringt, was nicht dazu gehört, der ist abtrünnig."[126]

Das genannte *ḫulʿ* weicht von der festgeschriebenen Sunna im allgemeinen Sinne ab, und Ibn Baṭṭa geht so weit, dies als eine Art von Gesetzgebung zu bezeichnen.

4. Eine Reihe von Aussagen des Ibn Ḥanbal gegen Ḥiyal

(i) ʿAbd l-Mālik al-Maymūnī (274/887): „Ich sagte zu Abū ʿAbdallāh [d. i. Ibn Ḥanbal]: ‚Wenn jemand einen Eid geschworen hat und dann eine Ḥīla sucht, um ihn nichtig zu machen, ist dann diese Ḥīla erlaubt?' Er sagte: ‚Nein, ich finde die Ḥīla nicht gut [außer auf erlaubtem Wege].' "[127]

(ii) Bakr b. Muḥammad b. al-Ḥakam ← Ibn Ḥanbal: „Wenn man sich etwas auf Eid verboten und danach eine Ḥīla angewandt hat, um genau das doch zu

---

[122] IB 43-44. Mit weiteren zusammengehörigen Versen und deren exegetischen Überlieferungen IT 24-31; IQ 174-76, 220, auch als *sadd aḏ-ḏarāʾiʿ* 170; IQ 170.

[123] IB 42; IT 19; IQ 173. Ibn Qudāma, *Muġnī*, V 327 (jedoch von Ibn ʿUmar).

[124] IB 42-43; IT 33; IQ 176-77.; *Ṭabaqāt Ḥ*,.II 151.

[125] IB 39; IT 65; IQ 137.

[126] IB 46; IT 77-78. s. unten **b.** 13.

[127] IB 44.;IQ 187.; *Ṭabaqāt Ḥ*, I Nr.282 zu Maymūnī 215, auch II 151. Ergänzt von IT 18, 190. Dort und in IQ 192 wird die letzte Hälfte der originalen Überlieferung in *masāʾil* erhalten; Maymūnī aus Raqqa ist einer von den ersten Schülern des Ibn Ḥanbal, die seine *masāʾil* sammelten. Laoust, *Ḥanbalism I*, 76.

erreichen, hat man schon genau dasselbe erreicht, das er sich durch Eid verboten hatte." „Wer eine Ḥīla anwendet, der ist eidbrüchig." [128]

(iii) Ṣāliḥ, sein älterer Sohn (266/879-880): „Mein Vater sagte, indem er die Genossen des Abū Ḥanīfa erwähnt: ‚Ich bin verwundert darüber, was sie über die Ḥiyal gegen die Eide behaupten, [indem] sie die Eide durch die Ḥiyal nichtig machen. [Doch] sagte Gott: Und brecht nicht die Eide, nachdem ihr sie bekräftigt habt! (Koran 16:91).' " [129]

(iv) Abū Dāwūd as-Siǧistānī: „Ich hörte Abū ʿAbdallāh sagen, indem er die Ḥiyal von Anhängern des *raʾy* erwähnte: ‚Sie wenden Ḥiyal an, um die Sunna des Gesandten Gottes zunichte zu machen.' "[130]

(v) Mūsā b. Saʿīd ad-Dindānī←Ibn Ḥanbal: „Von den Ḥiyal ist nichts zulässig." [131]

5. *Fatwā* der Ḥiyal

(i) Bišr b. Mūsā (288/ 888) ← Ibrāhīm b. Šammāṣ as-Samarqandī(221/836): „Ein Mann sagte zu al-Fuḍayl b. ʿIyād (187/ 803): ‚O Abū ʿAlī, ich habe jemanden um ein Rechtsgutachten gebeten über den Eid, mit dem ich auf die Probe gestellt wurde.' Da sagte er zu mir: ‚Wenn du das machst, bist du eidbrüchig, doch ich werde für dich eine Ḥīla suchen, dann mach's, so daß du nicht eidbrüchig wirst.' Darauf sagte al-Fuḍayl zu ihm: ‚Kennst du den Kerl ?' Er sagte: ‚Ja.' (al-Fuḍayl) sagte: ‚Gehe zurück, um ihn um ein Rechtsgutachten zu bitten,[132] denn ich halte ihn für den Teufel, der dich in menschlicher Gestalt täuscht.' "[133]

(ii) Ibn Baṭṭa: Einst fragte ich Abū Bakr al-Āǧurrī (360/971),[134] als ich bei ihm in Mekka war, nach diesem *ḫulʿ*, den einige Leute mit einem Rechtsgutachten

---

[128] IB 45; IT 18; IQ 186-187.; *Ṭabaqāt Ḥ*, I 120, 151. Nach *Ṭabaqāt* (Nr.140) soll Bakr b. M. [b. al-Ḥakam] an-Nasāʾī Abū Aḥmad al-Baġdādī ein beliebter Schüler des Ibn Ḥanbal sein, der ebenfalls viele Masāʾil von ihm erhielte. Sein Todesjahr ist nicht angegeben. Die hier zitierte Überlieferung ist *ibid.* 120 erhalten.

[129] IB 45; IT 18, IQ 191.; Ṣāliḥ, der bedeutendste Überlieferer des Fiqh seines Vaters, bekleidete auch das Amt des Qāḍīs in Tortosa sowie in Isfahan. Laoust, *Ḥanbalism I*, 76.

[130] IB 45; IT 148, IQ 191.; *Ṭabaqāt Ḥ*, II 152.

[131] IB 45; IT 18; IQ 186.; Man spricht ebenfalls von einer guten Sammlung der *masāʾil* von Mūsā b. Saʿīd (Todesjahr unbekannt). *Ṭabaqāt Ḥ*, I 332.

[132] 'wa-ʾstaftihi.' Richtiger ist wohl bei IT und IQ: ‚um seine Identität festzustellen (wa-ʾstaṯbathu).'

[133] IB 45. Ohne Isnād bei IT 84; IQ 190.; Ibrāhīm b. Š. al-Ġāzī Abū Isḥāq as-Samarqandī wird als „Mann der Sunna" bezeichnet, von dem Ibn Ḥanbal, Abū Zurʿa ar-Rāzī (264/878) usw. überlieferten. Er wurde von den Türken getötet. *Tahḏīb*, I 127; Bišr b. Mūsā b. Ṣāliḥ Abū ʿAlī al-Asadī al-Baġdādī soll auch ein beliebter Schüler des Ibn Ḥanbal und Überlieferer seiner *masāʾil* sein. *Ṭabaqāt Ḥ*, I 121-21.; al-Fuḍayl b. ʿIyād b. Masʿūd b. Bišr at-Tamīmī, großer Asket aus Khorasan, starb kurz vor der Ankunft des Ibn Ḥanbal in Mekka, der ihn aufsuchen wollte. Laoust, *Ḥanbalism I*, 71. Über ihn *Tahḏīb*, VIII 294-297.

[134] Muḥammad b. al-Ḥusayn b. ʿAbdallah Abū Bakr al-Āǧurrī (*Ṭabaqāt Š*, III Nr.133), Jurist und Traditionarier, soll einige Ḥadīṯ-Werke verfaßt haben. Ibn Ḫallikān nennt sein *K.al-arbaʿīn*.

beibringen, d. h. ein Mann schwört sich, etwas [nie] zu tun, das er doch unbedingt machen muß. Dann sagt man zu ihm: „Laß deine Frau sich loskaufen und mach das, was du dir durch Eid verboten hast, dann nimm sie zurück, wenn der Eid bei der dreimaligen Scheidung geschworen ist.“ Da sagte ich zu ihm: „Einige Leute erteilen ein Rechtsgutachten sogar demjenigen, der einige verbindliche Eide mit schweren Folgen (*aymān al-bayʿa*) geschworen hat, nun aber eidbrüchig ist, daß ihm das nicht schade, unter Hinweis auf die Meinung des Šāfiʿī, demjenigen, der die verbindlichen Eide geschworen hat, nichts aufzuerlegen.“ Da staunte Abū Bakr darüber, daß ich ihn gleichzeitig nach diesen beiden Fällen fragte; dann sagte es zu mir: „Du mußt wissen, daß ich, seitdem ich über die Wissenschaft schreibe und für die Theologie und die Erteilung von Rechtsgutachten Sitzungen abhalte, vor Furcht noch kein Rechtsgutachten über diese beiden Fälle abgegeben habe. Ich hatte Abū ʿAbdallah az-Zubayrī (317/929-30) [135] nach diesen beiden Fällen gefragt, genauso wie du mich gefragt hast, entsetzt über denjenigen, der sich die Erteilung des Rechtsgutachtens darüber anmaßt. Dann antwortete er damit, was ich nach seinem Diktat geschrieben habe.“ Dann ging er hin, um mir *K. aḥkām ar-ruǧʿa waʾn-nušūz* aus dem Werk des Šāfiʿī zu holen, und auf seiner Rückseite stand von der Hand des Abū Mūsā geschrieben: „Ich fragte Abū ʿAbdallah az-Zubayrī: ‚Tatsächlich lehren darüber die Schulgenossen des Šāfiʿī im Rechtsgutachten, erst den *ḫulʿ*, danach (das auf Eid verbotene) solle man machen.‘ Da sagte Zubayrī: ‚Weder weiß ich, daß so etwas von Šāfiʿī vertreten wird, noch ist mir darüber irgendeine offenkundige Ansicht von ihm überliefert, noch nehme ich jemanden ernst, der sie von ihm tradiert.‘ Weiter sagte ich zu Zubayrī: ‚Wenn jemand schwört und verpflichtende Eide bricht, so habe ich gehört, daß einige gutachten, daß er nichts tun muß, d. h. Buße für den Eid?‘ Darauf wunderte sich Zubayrī darüber und sagte: ‘Was dies angeht, ist mir von keinem Gelehrten weder irgendeine Ansicht noch ein Rechtsgutachten überliefert, auch habe ich noch nie von jemandem gehört, daß er überhaupt über diesen Fall ein Rechtsgutachten erteilt hätte.‘ Da sagte ich zu Zubayrī: ‚Hast du also dazu keine Antwort?‘ Dann sagte er: ‚Der Vereidigte soll sich selbst alles auferlegen, was im verbindlichen Eid steht, andernfalls sage ich nicht etwa, dies sei von ihm (Šāfiʿī).‘ Dann schrieb ich dieses Gespräch auf der Rückseite der Schrift des Abū Mūsā ab und las es ihm vor. Dann fragte ich: ‚Was würdest du denn vertreten, Abū Bakr ?‘ Da sagte er: ‚Dasselbe würde ich auch vertreten, ansonsten wäre das Schweigen von der Antwort, wenn Gott will, friedlicher für denjenigen, der den Frieden liebt.‘“[136]

Ibn Ḫallikān, *Wafayāt al-aʿyān* (Beirut, 1977), IV 292. Er lebte 30 Jahre bis zu seinem Tod in frommer Abgeschiedenheit in Mekka.

[135] az-Zubayr b. Aḥmad b. Sulaymān b. ʿAbdallāh b. ʿĀṣim b. al-Munaḏḏir b. az-Zubayr b. al-ʿAwwām al-Asadī lebte in Baṣra und kannte sich in Literatur, Genealogie und Rezitation des Koran aus. *Ṭabaqāt Š*, III Nr.184.

[136] IB 52-53; IT 98-99; IQ 294.

Den letztgenannten Traditionarier Āǧurrī, einen frommen Zeitgenossen des Ibn Baṭṭa, nennen Ibn Taymiyya und Ibn Qayyim ebenfalls als einen Gegner der Ḥiyal[137] zusammen mit noch früheren Autoritäten insbesondere Ibn al-Mubārak (s. **II 1.**).

b. Ibn Taymiyya, „Buch der Beweisführung für die Nichtigkeitserklärung des Taḥlīl" (*K. iqāmat ad-dalīl ʿalā ibṭāl at-taḥlīl*)[138]: Auflistung der Gegenargumente gegen Ḥiyal (IT)

Dieses speziell dem *taḥlīl* gewidmete Buch ist im wesentlichen eine Streitschrift gegen Ḥiyal im allgemeinen, da der Autor, wie oben erwähnt, anhand von Überlieferungen, welche schon Ibn Baṭṭa mit bestimmter Absicht zusammenstellte, die daraus abzuleitenden Normen klarstellt und zu einer massiven Ḥiyal-Kritik entwickelt. Darunter bereitete er Ibn Qayyim den Weg, über eine reine Streitschrift hinaus die ḥanbalītische Jurisprudenz festzulegen und ausführlich darzustellen.

Seine Argumentation setzt sich aus zwei Teilen zusammen: Nach einer kurzen Darstellung des Themas befaßt er sich im ersten Teil mit der Kritik an Ḥiyal im allgemeinen, indem er auf äußerst ausführliche Weise 24 Belege dafür aufzählt, im zweiten Teil geht er auf die nähere juristische Analyse des *taḥlīl* ein. Somit enthält diese Schrift eine vollkommene Liste der Gegenargumente gegen Ḥiyal in aller Breite. Hier wird ein Überblick über den ersten Teil gegeben.

Koran 2;230 lautet: „Und wenn der Mann (die Frau endgültig) entläßt, ist sie ihm künftig nicht (wieder als Ehefrau) erlaubt, bevor sie nicht (etwa) einen anderen Gatten heiratet. Falls dieser sie entläßt, ist es keine Sünde für die beiden (d. h. den früheren Gatten und die Frau), wieder zueinander zu kommen ..." Das Wort „*taḥlīl*" kann also bedeuten, die Frau nach der dreimaligen Scheidung, die das Ehehindernis mit dem früheren Mann hervorruft, diesem „erlaubt (*ḥalāl*)" zu machen, und „*muḥallil*" wäre dementsprechend „derjenige, der die Frau (dem ersten Mann) erlaubt macht"[139] durch eine wirksame Ehe und deren Auflösung, die nach 2;230 formal vorausgesetzt wird. Nun stellt sich die Frage, ob diese zweite Ehe, wenn sie als ein reines Mittel zum Zweck benutzt und mit der Absicht geschlossen wurde, sie aufzulösen, sobald sie vollzogen wurde, dennoch wegen ihrer formalen Vollkommenheit als wirksam gilt. Wenn nein, bleibt bei ihrer Auflösung das Ehehindernis bestehen. Wenn ja, ist man geteilter Meinung, ob sie mit der Aberkennung dieser Rechtsfolge sanktioniert werden soll. Auf diese Weise ist das *taḥlīl* in der juristischen Diskussion ein klassisches Beispiel dafür,

---

[137] IT 25, IQ 220.

[138] In: *al-Fatāwā al-kubrā* (6Bde., Beirut, 1408/ 1987), VI, 5-320.

[139] Die etymologische Analyse s. IT 195.

ob und in welchem Maße in einem Rechtsgeschäft die subjektiven Elemente neben den formalen Voraussetzungen berücksichtigt werden sollen. Für *taḥlīl* gibt es von Fall zu Fall unterschiedliche Auffassungen, wie es Ibn Taymiyya später erwähnt.

In diesem Zusammenhang leitet er seine Schrift mit der absoluten Nichtigkeitserklärung des *taḥlīl* ein. Die zweite Ehe hebt das Ehehindernis nicht auf, ganz abgesehen davon, ob der *muḥallil* die Ehefrau danach verstieß oder etwa beschloß, sie zu behalten; ferner ob er sich durch eine Vereinbarung bei oder vor seinem Ehevertrag zu *taḥlīl* verpflichtete oder ob lediglich der Sachverhalt bestand, der die ausdrückliche Vereinbarung ersetzt; ferner ob allein der *muḥallil*, der es z. B. als gute Tat befand, in gutem oder bösem Glauben der früheren Eheleute spontan handelte. Neben dem Koran und der Sunna weist Ibn Taymiyya als Beweis dafür auf die Übereinstimmung (*iǧmāʿ*) hin und zitiert zuerst eine Reihe von Überlieferungen der nachfolgenden Generation sowie von Rechtsgelehrten.[140]

Zur Darstellung des Themas unterscheidet er zwischen drei Fällen: (i) *taḥlīl* ohne jegliche Vereinbarung zwischen den Betroffenen, indem allein der *muḥallil* den *taḥlīl* beabsichtigt, (ii) *taḥlīl* vor dem zweiten Ehevertrag abgemacht, (iii) *taḥlīl* im zweiten Ehevertrag ausdrücklich vereinbart. Er setzt sich mit den beiden unterschiedlichen Überlieferungen von Ibn Ḥanbal auseinander, aus denen zum einen die Nichtigkeit der Ehe des *muḥallil*, zum anderen ihre Wirksamkeit mit Bedenken abgeleitet wird; ein Problem, dem die Ḥanbaliten immer wieder gegenüberstehen.

Zu (i) berichtet Ibn Taymiyya, daß sich Šāfiʿī in seiner zweiten Überlieferung und einige Medinenser im Gegensatz zu Mālik für die Wirksamkeit der zweiten Ehe ausgesprochen haben sollen, glaubt jedoch, daß es ḥanafitische Ansicht sei und weist in seiner Argumentation darauf hin, daß sich die zweite Überlieferung von Ibn Ḥanbal, aus der Abū Yaʿlā und Ibn ʿAqīl(513/1120) den Schluß ziehen, die Ehe sei zwar verwerflich, jedoch wirksam, auf einen anderen mit der Zeitehe (*mutʿa*) vergleichbaren Fall, in dem — im Gegensatz zur Ehe des *muḥallil* — der Wille zur Ehe, wenn auch befristet, noch besteht. Auch unter den Mālikīten ist die Wirksamkeit der Ehe im Falle der Absicht auf eine zeitliche Beziehung umstritten, wobei Mālik die zustimmende Ansicht zugeschrieben wird. Die zustimmende Ansicht scheint die Notwendigkeit dieser Gewohnheit — insbesondere in bezug auf Soldaten und Geschäftsleute — in gewisser Weise in Betracht zu ziehen.[141] Ibn Qudāma schließt sich ebenfalls der ablehnenden Überlieferung an. Was Šāfiʿī angeht, regelt er im *Umm* die Ehe des *muḥallil* als eine Art Zeitehe, die er wirksam findet, solange sie keine zusätzliche Vereinbarung enthält. Ibn al-Qāsim(191/806) tradiert Māliks Ansicht lediglich in bezug auf die vereinbarte Zeitehe derart, daß die Ehe nie zustande kommt, während Bāǧī(474/1081) berichtet, daß die Ehe nach Mālik wirksam ist, solange

---

[140] IT 8-11.

[141] IT 11-13.

sie keine zusätzliche Vereinbarung enthält. In bezug auf das *taḥlīl* tradiert Bāǧī von Mālik, daß es, solange der zweite Mann damit kein *taḥlīl* beabsichtigt, zulässig ist, wenn auch die Frau davon weiß und ihn um die Scheidung bittet.[142]

(ii) wird nach der herrschenden Ansicht der Schule so geregelt, daß die Abmachung vor dem Vertrag mit der vertraglichen Vereinbarung gleichgestellt wird, es sei denn, daß sie bis zum Zeitpunkt des Vertrags aufgelöst wird; d. h. wenn es sich der *muḥallil* beim Ehevertrag anders überlegt und zu diesem Zeitpunkt die Ehe für sich selbst gewünscht hat, wird die Ehe wirksam.[143]

Zusammenfassend kann festgestellt werden, daß Ibn Taymiyya den möglichen Meinungsunterschied auf (i) beschränkt, denn allein für die reine Absicht des *muḥallil* zum *taḥlīl* ist von der Nachfolgergeneration die *ruḫṣa*, d. i. die erleichternde Regelung – unter der Bedingung, daß der erste Mann in gutem Glauben gehandelt hat – überliefert, daß er dafür sogar Lob im Jenseits verdiene; dementsprechend kommt nach ihm der Fall böser Absicht des Mannes oder der Frau nicht in Frage, geschweige denn die ausdrückliche Vereinbarung. Zu (ii) kritisiert er die herrschende Ansicht der Šāfiʿiten, daß die vorherige Vereinbarung nichts schade, solange sie im Vertrag an sich nicht erwähnt werde.

In (iii) wird nach Ibn Taymiyya die zweite Ehe auf jeden Fall nichtig, unbeschadet des Wortlauts der Vereinbarung. Jedoch ist den Ḥanafiten zufolge die zweite Ehe wirksam, indem allein die Vereinbarung wegfällt, wie es nach ihrer Ansicht bei anderen nichtigen Vereinbarungen der Fall ist.[144] Dieselbe Auffassung wird auch Ibn Ḥanbal aufgrund einer Überlieferung zugeschrieben, wogegen Ibn Taymiyya den gleichen Kampf wie (i) gegenüber führt, nicht ohne Vorwürfe gegen Autoren wie Abū Yaʿlā, Abū l-Ḫaṭṭāb al-Kalwaḏānī (510/1116-7) und Ibn ʿAqīl (513/1119), die den Schulbegründer solcher Ansichten beschuldigten. — Diese Autoren scheinen die Hauptquelle Ibn Taymiyyas zu sein, wobei er insbesondere ihren *ḫilāf*-Werken sein juristisches Argument verdankt.[145]

Nachdem er die grundsätzliche Nichtigkeit des *taḥlīl* als übereinstimmende Ansicht der Vorfahren festgestellt haben will, geht er auf den ersten Teil ein. Zuerst definiert er „Ḥila“ als die Absicht zur Beseitigung einer Pflicht bzw. die Legitimation zu Verbotenem durch eine Tat, mit der der Handelnde nicht das beabsichtigt, was er zu beabsichtigen vorgibt. Er geht dabei von dem Gedanken

[142] Ibn Qudāma, *Muġnī*, VI 646-48 zu Ḫiraqī, *Muḫtaṣar*, 142. Ibn Ḥanbals Bedenken gegen die Absicht der zeitlich begrenzten Ehe s. *Masāʾil*, 1278. *Umm*, V 80-81. Saḥnūn, *Mudawwana*, II 196. Bāǧī, *Muntaqā* , III 299, 335.

[143] IT 13-14. Über die Wirksamkeit der Ehe in diesem Fall, *Muġnī*, VI, 645. Ibn Qudāma, *Ibid.*, 648-9.

[144] Ibn Qudāma, *Muġnī*, VI 645-6.

[145] IT 11-15.; Von Abū Yaʿlā al-Farrāʾ nennt er insgesamt “*Muǧarrad*“ und als seine späteren Werke “*Ḫilāf* (vermutlich “*al-Iḫtilāf al-kabīr*)“ sowie „-*Ǧāmiʿ*.“ s. Laoust, “*Hanbalism I*“, 97-98.; Aḥmad b. Ḥasan al-Kalwaḏānī (s. *Ṭabaqāt Ḥ*, II 258) verfaßte “*al-Intiṣār lil-masāʾil al-kabīr*“, genannt “*al-Ḫilāf al-kabīr*“ sowie dessen Auszug “*al-Ḫilāf aṣ-ṣaġīr*.“ Laoust, *ibid.* 108-110.; Von Ibn ʿAqīl ist “*Taḏkira*“ genannt. Über ihn Laoust, *ibid.* 110.

aus, daß Gott für jede Ursache wie Kauf, Ritus, Ehe usw. eine Wirkung bestimmt hat, mit der das gesetzgeberische Ziel erreicht wird, das in der genannten Handlung von Gott oder von den Menschen (ggf. von beiden Seiten) in Anspruch genommen wird.[146] So erscheint die Ḥīla in erster Linie als Vernichtung des gesetzgeberischen Ziels, was er danach mit verschiedenen Begriffen umschreibt, welche schon Ibn Baṭṭa verwendete.

Zur Nichtigkeit der Ḥiyal im allgemeinen verweist er auf die Übereinstimmung mit zahlreichen anderen Propheten, indem er deren Namen sowie die ihrer Nachfolgenden in großer Zahl aufzählt, und zitiert drei Aussagen des Ibn Ḥanbal gegen Ḥiyal.[147] Darauf nennt er – innerhalb dieses Teils – eine Reihe von 24 aufeinander folgenden Beweisen dafür.

1. Koran 2;8-15, 4;142, 8;62: Gleichstellung mit den Scheingläubigen, mit der er „Ḥiyal als Betrug", insbesondere an Gott, meint, und Überlieferungen in diesem Sinne.[148]

2. Koran 2;14-15, 9;65, 2;231: Spielerei mit den Gottesvorschriften. Den Begriff „Scherz" (*hazl*), den er später in bezug auf andere Fragen des Willensmangels behandelt, findet er, wie Ibn Baṭṭa, auf Ḥiyal zutreffend, in denen es sich um ein reines „Mittel zum Zweck" handelt, das man in der Tat eigentlich gar nicht will. Hier weist er auf seine Ansicht über die Sanktion solch einer leeren Willenserklärung hin, daß nämlich ihre Wirksamkeit oder Unwirksamkeit davon abhänge, worauf der Erklärende damit abzielt: Wird sein bestimmtes Ziel durch ihre Wirksamkeit vollbracht, wird er durch ihre Unwirksamkeit sanktioniert. Bezweckt er aber den reinen Scherz, gilt das Gegenteil.[149]

3. Koran 68;17-32: Warnung vor der Verhinderung des göttlichen bzw. des menschlichen Anspruchs durch Ḥiyal in Anlehnung an die Heimsuchung der „Besitzer des Gartens", die die Früchte in der Nacht einbringen wollten, um am Tag den dazu berechtigten Armen nichts geben zu müssen.[150]

4. Koran 2;65-66, 4;47, 7;163-66: Fischerei der Juden am Sabbat und ihre Verwandlung in Affen als Strafe: dazu entsprechende Exegesen; vgl. oben **a.** 1. (iii). Hier sieht er ferner die willkürliche Interpretation (*ta'wīl*) der Gesetze, auf die er unten (8. - 10.) näher eingeht. Er klagt über einige *mufti*s, die die Ḥīla des Mekkapilgers für die Jagd während des Zustands der Weihe (*iḥrām*) als rechtmäßig interpretieren, die nichts anders sei als die genannte Ḥīla am Sabbat.[151]

---

[146] IT 17.

[147] S. oben **a.** 4. (i), (ii), (v).

[148] IT 18-22.; IQ 172-173. Ibn Qudāma, *Muġnī*, V327 s. auch unten **II. 3. a.**.

[149] IT 22-23. Zu hazl s. unten 12) (viii).

[150] IT 23-24.; IQ 124.

[151] IT 24-31.; IQ 174-176. Ibn Qudāma, *Muġnī*, IV 54.

5. Der Prophet: „Nur die Taten mit dem Willen (*niyya*) kommen in Betracht, und jedem kommt nur zu, was er will, so daß derjenige, der für Gott und Seinen Boten auszieht, seinen Auszug zu Gott und Seinem Boten führt, wogegen derjenige, der auszieht für Diesseitiges, das er erwirbt, oder für eine Frau, die er heiratet, seinen Auszug zu dem führt, wofür er auszieht." Sozusagen ein „*niyya*-Ḥadīṯ" , der einige Varianten hat.[152] Ibn Taymiyya betrachtet ihn als Grundlage (*aṣl*) für die Nichtigkeitserklärung der Ḥiyal, auf die sich Buḫārī bekanntlich im Kapitel über Ḥiyal in seinem *Ṣaḥīḥ* stützte. Daraus ergibt sich seine Willenstheorie, die dem Inneren des Menschen vor der Erklärung den Vorrang gibt, im Gegensatz zur Erklärungstheorie, die den Anschein der erklärten Rechtsgeschäfte in Betracht zieht; sein Schüler verdeutlicht dies. Näheres erwähnt Ibn Taymiyya unter 12.[153]

6. Der Prophet: „Wenn jemand zwischen zwei Pferde eines hineindrängt, ohne daran zu glauben, daß er damit am Wettkampf teilnimmt, dann ist das kein Glücksspiel (*qimār*), doch wenn jemand zwischen zwei Pferde eines hineindrängt in festem Glauben, daß er damit am Wettkampf teilnimmt, dann ist das Glücksspiel." [154]

7. = **a.** 2. (ii): Damit ist besonders eine betrügerische Handlung gegenüber einem Menschen gemeint.[155]

8. = **a.** 1. (i).[156]

9. = **a.** 1. (ii) mit einer Variante von Ǧābir b. ʿAbdallāh.[157]

10. Abū Mālik al-Ašʿarī ← der Prophet: „Es werden sicherlich einige Leute aus meiner Gemeinde Wein trinken, den sie anders nennen, und es werden Musiker und Sängerinnen vor ihnen spielen; Gott wird sie in der Erde versinken lassen und aus ihnen Affen und Schweine machen." Dazu finden sich fünf Varianten.[158]

8.- 10. Alle diese Überlieferungen kommen in die Nähe einer willkürlichen Interpretation von Gesetzestexten, sofern Ibn Taymiyya auf jene Juden hinweist, die das ausgelassene Fett anders benannten und damit handelten, was als genauso schwere Sünde gilt wie Unglaube. Als Anspielung auf Ḥiyal gegen den Eidbruch, die sich auf den äußeren Sinn des Wortes stützen, betont er noch den Vorrang des Inneren vor dem Äußeren.[159]

11. Ibn ʿUmar(73/693) ← der Prophet: „Wenn die Leute mit Gold und Silber geizen und miteinander *ʿīna*-Geschäfte betreiben, indem sie der Kuh auf dem

---

[152] Buḫārī, *Ṣaḥīḥ*, IV 29.
[153] IT 31.; IQ 176. Auch unten **c**).
[154] IT 32-33. Ibn Qudāma, *Muġnī*, IV 54-55.
[155] IT 33.
[156] IT 33-34.
[157] IT 34-37.
[158] Teilw. Ibn Qudāma, *Muġnī*, IV 55.
[159] IT 33-44.; IQ 127-130.

Fuße folgen und den Kampf für Gott versäumen, läßt Gott über sie Unheil herabfallen und hebt es nicht auf, bis sie zu ihrer Religion zurückkehren."[160]

Ibn Taymiyya zitiert dazu die Etymologen: „Ursprünglich bezeichnet *ʿīna* sowohl die Vorauszahlung des Preises (*salaf*) wie auch die Vorleistung des Kaufobjekts, jedoch ist die letztere Bedeutung üblicher. Man sagt: ‚Jemand kaufte auf Kredit (*ʿ-y-n* VIII) und du verkaufst auf Kredit zum Rückkauf (*ʿ-y-n* II)', wenn man die Sache auf Kredit (*bi-nasīʾa*) kauft, wie sie von '*ʿayn*,' d. h. der ‚sofort geleisteten Zahlung' abgeleitet und das entsprechende Wort vom dazugehörigen Verb gebildet ist." Ferner zitiert er Abū Isḥāq al-Ǧūzağānī: „Ich vermute, *ʿīna* leitet sich bloß aus dem Bedürfnis des Menschen nach Gold und Silber her, denn man kauft die Ware und verkauft sie mit dem Bargeld, das man brauchte, obwohl man an der Ware keinen Bedarf hatte. '*ʿīna*' wird auch für die auf Kredit gekaufte Ware an sich gebraucht." Ibn Ḥanbal äußert Bedenken dagegen, daß man seine Waren auf Kredit zu verkaufen pflegt.[161] Die übliche Form von *ʿīna*, genannt „Kauf dessen, was man billiger kauft, als man es verkaufte", ist die folgende: Zuerst verkauft man dem Bedürftigen irgendetwas auf Kredit, dann kauft der noch nicht bezahlte Verkäufer vom letzteren das Objekt billiger zurück, bezahlt jedoch seinerseits sofort, so daß die Differenz, die sich angeblich aus zwei verschiedenen Kaufverträgen ergibt, dem vorher vereinbarten *ribā* entspricht. Die Šāfiʿīten stellen die äußere Rechtmäßigkeit der beiden Verträge nicht in Frage.[162] Mālik äußert Bedenken dagegen, wenn die erste Forderung durch die zweite nicht kompensiert bleibt, so daß es bei Fälligkeit der zweiten aussieht, als ob die quantitativ ungleichen beiden Forderungen aus gleicher Kategorie gegeneinander getauscht würden.[163] Die Ḥanafiten lassen den zweiten Kauf nicht zu, indem sie annehmen, daß mit dem zweiten Kauf die aufgeschobene erste Forderung durch die zweite Forderung kompensiert wird, weil sie den bei Fristablauf auftretenden äußeren „Mangel an Gegenwert" (weil dann nur die Differenz bezahlt wird, ohne Übergabe des Objekts) normativ als *ribā* betrachten, was den zweiten Kauf verdächtig macht.[164] Daher werden in einem ganzen Kapitel bei H̱ einige Ḥiyal dargestellt, in denen es um die Entschuldigungsgründe dafür geht, daß im zweiten Kauf dasselbe Objekt

---

[160] IQ 177-8.

[161] Ibn Qudāma, *Muġnī*, IV 186.

[162] *Muḫtaṣar M*, 85, dazu Ibn Qudāma, *Muġnī*, IV 184. cf. Ali Khan, "Mohammedan laws against usury and how they are evaded", *Journal of Comparative Law*, 1929, 233-34.; Linant de Bellfonds, "*Volonté interne et volonté decrarée en droit musulman*", *Revue International de Droit Comparé*, 10 (1958), 251.

[163] Saḥnūn, *Mudawwana*, IV 117. Bāǧī weist auch auf die Bedenklichkeit hin. *Muntaqā*, V 31.

[164] So erzählt Kāsānī, *Badāʾiʿ*, V 199. Cf. H̱ 3/1 "lā (yaǧūz)." Ebenfalls wird von Šaybānī überliefert: „Der zweite Kauf ist nichtig (*bāṭil*)." Laknawī begründet es mit der Überlieferung von ʿĀʾiša über Zayd b. Arqama (s. unten). Sein Kommentar zu Šaybānī, *Ṣaġīr*, 332.

billiger gekauft wird; etwa daß ihm der erste Käufer während seiner Besitzerhaltung einen Mangel zufügt habe(P 40).[165]

Da *ʿīna* im großen und ganzen einen ungleichen Tausch von Gold und gegen Gold bzw. Silber gegen Silber realisiert, betrachtet Ibn Taymiyya schon den ersten Vertrag als nichtig, zumal er auch hier das subjektive Element in Betracht zieht, daß man mit dem ersten Kauf den zweiten bezweckt.[166] Anderenfalls wird der zweite Kauf auf jeden Fall als Weg zum Bösen (*ḏarīʿa*) verboten.[167] Jedenfalls scheint ihm das Verbot kategorisch, denn einige Gefährten des Propheten sprachen sich deutlich gegen *ʿīna* aus; andererseits ist weder von ihrer Generation noch von ihren Nachfolgern eine Erleichterung (*ruḫṣa*) überliefert, so daß es zur Übereinstimmung kam.[168] Diese Form von *ʿīna* ordnet Ibn Taymiyya dem Fall „zwei Handschläge (sing. *bayʿa* od. *ṣafaqa*) in einem" bzw. „zwei Vereinbarungen in einem Kauf" zu, die der Prophet verboten hatte.[169] Nach Ibn Ḥanbal sind die beiden Handschläge bzw. die beiden Vereinbarungen nichtig.[170]

Ferner erwähnt er eine andere Form der *ʿīna*, in der der erste Käufer das Objekt für eine vereinbarte Summe an einen Dritten verkauft, der es dann für die gleiche Summe an den Schuldner weiterverkauft, damit nicht der Kreditgeber das Objekt zurückbekommt. An dieses Beispiel schließt er die Bemerkung, daß die Vorfahren über die Bedenklichkeit dieses Verfahrens geteilter Meinung waren; es wurde als „*tawarruq*" bezeichnet, denn dort zielt man auf „*waraq* (Silber)" ab. Mālik findet es einwandfrei.[171] Auch von Ibn Ḥanbal selbst sind zwei Ansichten darüber überliefert. In der einen Überlieferung, in der er Bedenken dagegen äußert, weist er darauf hin, daß man dazu genötigt sei. Ibn Taymiyya interpretiert den Sinn dieser Aussage

---

[165] Cf. Ḫ Kap.2. Dort geht es um „Geschäfte (*muʿāmala*)" unter der Voraussetzung, daß der „Händler (*tāǧir*)", d. h. der Kreditgeber nichts zu verkaufen hat; der Bedürftige verkauft ihm etwas für eine Summe, die er braucht, dann leiht ihm der letztere eine größere Summe (2/1-3). Im Gegensatz zu *ʿīna* sollte das Kaufobjekt hier schon etwas Wertvolles sein (wie unbewegliche Sachen), denn es fungiert in der Tat als Sicherheit für ein Darlehen (cf. 2/6).

[166] IT 49.

[167] IT 173-4. Ebenfalls IQ 154.

[168] IT 46-49. Dort zitiert er: 1. Anas b. Mālik sagte, als er nach *ʿīna* gefragt wurde: „Gott wird nie betrogen. Das (i.e. *ʿīna*) ist dasselbe, das Gott und sein Gesandte verboten haben." 2. Ibn ʿAbbās: „Hütet euch vor dieser *ʿīna*, tausche nicht Dirhams und Dirhams mit einem Stück Seide dazwischen." 3. Abū Isḥāq as-Sabīʿī← Seine Frau besuchte ʿĀʾiša mit der Umm walad des Zayd b. Arqama und einer anderen zusammen, da sagte die Umm walad des Zayd zu ihr: ‚Ich verkaufte Zayd einen Sklaven für 800 Dirham auf Kredit und kaufte ihn für 900 Dirham in bar.' Dann sagte (ʿĀʾiša): ‚Sag Zayd Bescheid, daß ich seinen Feldzug mit dem Boten Gottes für nichtig erkläre, wenn er nicht bereut...'"; Auch IQ 178-182.

[169] 1.Abū Hurayra ← der Prophet: „Wer in einem Handschlag zweimal verkauft, dem steht der schlechtere der beiden Geschäftsabschlüsse oder aber der *ribā* zu". 2. Ibn Masʿūd: „Der Prophet verbot zwei Handschläge in einen". IT 51-52.

[170] Ibn Qudāma, *Muġnī*, IV 224-25.

[171] Bāǧī, *Muntaqā*, V 31.

durch den Ḥadīṯ des Propheten: „*Ribā* besteht im Kredit allein." Beim *tawarruq* wird zwar durch das Dazwischentreten des Dritten der ungleiche Tausch zweier Gegenwerte gleicher Kategorie formell beseitigt, doch ist der Vorteil einer Frist (*ribā an-nasīʾa*) problematischer, denn anders als der quantitative Überschuß (*ribā al-faḍl*), der sich auf *ribā*-Güter (Gold, Silber, Weizen, Gerste, Datteln, Salz) gleicher Kategorie beschränkt, besteht er jederzeit. In diesem Sinne nennt er noch ein Beispiel: „*istiqāma*" bzw. „*bayʿ da ba-dawāz dah* (Verkauf von 10 für 12)", was vom Persischen übernommen ist. Der Bedürftige sagt zu jemandem: "Ich brauche 1000 Dirham!", darauf bringt ihm dieser etwas im Marktwert von 1000 Dirham. Dann sagt er: „Ich kaufe es für 1200 (auf Kredit)!", was mehr oder weniger sein kann, und bringt das Objekt auf den Markt.[172] Ibn Taymiyya zitiert Ibn ʿAbbās, Ibn ʿUmar, Ibn Sīrīn(110/728) und stellt die Bedenken der Vorfahren dagegen fest.[173]

12. Genauso wie im Ritus (*ʿibādāt*) kommen die subjektiven Elemente in Rechtsgeschäften sowie bei alltäglichen Handlungen zum Tragen. Als Indizien dafür bringt er folgendes bei:

(i) Koran 2;231: Das Recht des Ehemanns auf den Widerruf seiner Scheidungserklärung während der Wartezeit (2;228) steht ihm nur dann zu, wenn er damit die Versöhnung meint, nicht etwa die Belästigung der Frau.

(ii) Koran 2;229-30: Das *ḫulʿ* ist nur dann zulässig, wenn die Eheleute fürchten, die Gottesvorschriften nicht mehr befolgen zu können.

(iii) Koran 4;12: Ein Vermächtnis mit der Absicht, den Erben Schaden zuzufügen, ist verboten.[174]

(iv) Einer der „verfluchenden Ḥadīṯe" ; Ibn ʿUmar ← der Prophet: „Ich verfluche den Wein auf zehnerlei Weise; den Wein an sich, dessen Trinker sowie dessen Anbieter, dessen Verkäufer sowie dessen Käufer, dessen Träger sowie dessen Empfänger und den, der den Preis dafür verbraucht."[175]

Es folgen weitere Ḥadīṯe, in denen die anscheinend wirksame Verfügung aufgrund des Zwecks verboten wird; der Verkauf der Waffe während der Unruhen (*fitna*),[176] der Verkauf der Weintraube an die Juden und Christen bzw. die Weinkelter.[177]

(v) Die gejagten Landtiere werden auch während des Zustands der Weihe erlaubter Besitz, es sei denn, daß sie der Pilger selbst oder jemand für ihn gejagt hätte.[178]

[172] Cf. Ali Khan, "*Usury*", 242, (3).
[173] IT 50-51.; IQ 182-183.
[174] (i)-(iii) IT 54-56.
[175] Von Ibn ʿAbbās Ibn Qudāma, *Muġnī*, IV 222. IT 55-56.; IQ 171-172. Cf. Anm.59.
[176] IT 57.; Als *sadd aḏ-ḏarāʾiʿ* IQ 170.
[177] IT 57.; IQ ibid. Über diese Fragen Ibn Qudāma, *Muġnī*, IV 222-23.
[178] IT 57-59.; IQ 183.

(vi) Abū Hurayra ← der Prophet: „Wer gegen eine Brautgabe, die er ihr nicht geben will, eine Frau heiratet, und wer ein Darlehen aufnimmt, das er nicht begleichen will, ist ein Dieb."[179]

(vii) Zahlung einer Nichtschuld: Wenn man mit der Absicht einer freiwilligen Schenkung die Schuld eines anderen begleicht, hat man keinen Rückerstattungsanspruch.[180]

(viii) Gott erlaubte in einem Synallagma (*bayʿ*) den gleichmäßigen Tausch zweier *ribā*-Güter derselben Kategorie nur unter der Bedingung des sofortigen gegenseitigen Empfangs, was bei einem Darlehen (*qarḍ*) nicht der Fall ist. Der Unterschied liegt nur in der Absicht, denn ein Darlehensgeber will lediglich mit dem Darlehen eine in Gattung und Quantität gleiche Sache bekommen; ein geschäftsfähiger Verkäufer würde das jedoch nie bezwecken. Der letztere würde dagegen nur dann 1000 Dirham für 1000 Dirham verkaufen, etwa wenn ihm der Käufer, angeblich ohne Grund, 500 Dirham schenken würde.[181]

(ix) Übereinstimmung über die Nichtigkeit der meisten Willenserklärungen eines dazu Gezwungenen (*mukrah*); Koran 3;28, 111;106 und zwei Ḥadīṯe des Propheten. Der Gezwungene und der Anwender der Ḥīla haben zwar die Gemeinsamkeit, daß die beiden mit der ursächlichen Handlung ihre Wirkung nicht beabsichtigen, unterscheiden sich jedoch voneinander in dem Sinne, daß der erste unter Druck versucht, der Gefahr zu entkommen, während der letztere spontan die von ihm selbst erklärte Rechtsfolge inhaltslos macht.

Hier geht Ibn Taymiyya wegen des Meinungsunterschieds ausführlich auf den Scherz (*hazl*) sowie das Scheingeschäft (*talǧiʾa*) ein und äußert seine eigene Ansicht. Er definiert zuerst die beiden Begriffe: Der Scherzende sei derjenige, der scherzhaft seinen Willen erklärt, ohne die notwendige Folge seiner Äußerung bzw. ihren Inhalt zu wünschen, im Gegensatz zum Ernsten (*ǧādd*). Das Scheingeschäft bestehe darin, daß zwei Personen unter Verschwörung anscheinend einen Vertrag oder eines Anerkenntnis vortäuschen, und zwar eigentlich zum Schutz (*l-ǧ-ʾ* IV) des Vermögens vor einem „Unterdrücker (*ẓālim*)" — damit ist in der Ḥiyal-Literatur meist *sulṭān* im Sinne der Obrigkeit gemeint, die darauf hohe Steuern legt oder Bestechungen verlangt.[182] Das sei aber dann für alle unredlichen Geschäfte zur Anwendung gekommen.[183] Für den Scherz erwähnt er zuerst die Übereinstimmung über die Rechtswirksamkeit in bezug auf die Scheidung sowie die mehrheitliche Zustimmung dazu in bezug auf die Eheschließung, indem er zwei Ḥadīṯe und

[179] IT 59-60.
[180] IT 60.; IQ 122, ferner zum gewohnheitsrechtlichen Charakter des Rückerstattungsanspruchs des fremden Geschäftsführers 3-9.
[181] IT 60-61.; IQ 122.
[182] Cf. Ḫ 16/11-15, s. auch 8-10. Zur *talǧiʾa* in diesem Zusammenhang, Wichard, *Markt und Moschee*, 33.
[183] IT 62-63.

vier Überlieferungen zitiert.[184] Was die Vermögensverfügungen angeht, vertritt die Mehrheit — Kalwaḏānī, Abū Yaʿlā sowie sein Kreis, die Ḥanafiten und die Mālikīten — ihre Unwirksamkeit in Analogie zu den genannten Statusakten.[185] Während er, worauf er bereits hinwies,[186] seine eigene Ansicht anführt, daß die scherzhafte Willenserklärung im allgemeinen zu Ungunsten des Betroffenen verbindlich wirke, scheint er außerdem auch für die dritte Ansicht einzutreten, die zwischen den göttlichen Ansprüchen und den menschlichen unterscheidet. Für die ersteren, zu denen Ehe und Scheidung zählen, gilt die Wirksamkeit der Willenserklärung, denn ihre Verhinderung steht nicht in der menschlichen Macht. Im Gegensatz dazu stehen die letzteren wie Kauf u. a., über die die Menschen verfügen, indem sie miteinander scherzen können. Zusammenfassend bemerkt er, daß dies seinem Prinzip des Vorrangs des Inneren vor dem Äußeren nicht widerspreche.[187]

Für das Scheingeschäft stellt er die übereinstimmende Ansicht seiner Schule fest, daß das Vermögensgeschäft in sich selbst nichtig sei, ohne daß die Betroffenen den Einwand der Nichtigkeit erheben, im Gegensatz zu Abū Ḥanīfa und Šāfiʿī, die ihn erforderlich machen. Was die Scheinehe angeht, vertreten Abū Yaʿlā und andere ihre Wirksamkeit in Analogie zum einen zur scherzhaften Ehe, zum anderen zu jenen vertraglichen Vereinbarungen, die der Natur der Ehe widersprechen, z. B. daß der Mann mit der Frau geschlechtlich nicht verkehren dürfe. Das kommt aber juristisch nicht in Betracht, da die Ehe an sich als wirksam gilt, wie es nach den Ḥanafiten bei anderen nichtigen vertraglichen Vereinbarungen der Fall ist. Dagegen betrachtet Ibn Taymiyya die Ehe an sich als nichtig, und zwar von der Wortauslegung der Ansicht seiner Schule aus, daß nichtige Vereinbarungen den Vertrag insgesamt zunichte machen.[188] Darauf diskutiert er ausführlich den bekannten Fall der „zwei Brautgaben (*mahr*)“: Wenn jemand mit einer Frau unter vier Augen eine angemessene Brautgabe vereinbart, jedoch öffentlich, etwa aus Eitelkeit, mehr bekanntgibt, welche Brautgabe wird von ihm gefordert, die öffentlich genannte oder die geheime? Wenn man auf das Innere der Betroffenen Wert legt, sollte man die letztere in Betracht ziehen,

---

[184] 1. Abū Hurayra ← der Prophet: „Drei Sachen sind so, daß aus Ernst Ernst wird und aus Scherz Ernst: Ehe, Scheidung und Zurücknahme der Scheidung“. 2. Abū Ḥafṣ al-ʿUkbarī (387/997)← al-Ḥasan ← der Prophet: „Wer aus Scherz heiratet oder aus Scherz verstößt oder aus Scherz freiläßt, dem ist dies schon zulässig.“ 3. ʿUmar b. al-Ḫaṭṭāb: „Vier Sachen sind zulässig, wenn man sie nur erklärt: Scheidung, Freilassung, Ehe und Schwur (*naḏr*).“ 4. ʿAlī: „Für drei Sachen gilt kein Scherz: Scheidung, Freilassung und Ehe.“ 5. Abū ad-Dardāʾ: „In drei Sachen ist der Scherz gleich mit dem Ernst: Scheidung, Freilassung und Ehe.“ 6. Ibn Masʿūd: „Was die Ehe angeht, ist der Ernst mit dem Scherz gleich.“ IT 63.; IQ 135, 136.

[185] Für Kalwaḏānī ist dies seine Ansicht in “*al-Ḫilāf aṣ-ṣaġīr*“. Von ihm soll aber in “*al-Ḫilāf al-kabīr*“ das Gegenteil überliefert worden sein. Ibn Taymiyya bemerkt denselben Meinungsunterschied bei den Šāfiʿīten. IT 63-64.; IQ 136.

[186] s. oben 2.

[187] IT 64-66.; IQ 136-138. Cf. Linant de Bellefonds, “*Volonté*“, 512-13.

[188] IT 66-67.

zumal dieses Problem meist dann auftaucht, wenn die Frau oder ihr Vormund trotz aller Abmachungen den Mann auf die öffentlich bekanntgegebene Brautgabe verklagt. In diesem Sinne versucht Ibn Taymiyya, Überlieferungen von Ibn Ḥanbal in Einklang zu bringen, nach deren Wortauslegung die letztere gefordert wird.[189]

Am Ende erklärt er den Unterschied zwischen der Ehe des *muḥallil* und der scherzhaften Ehe, denn trotz des gemeinsamen Willensmangels gilt die erstere als nichtig, die letztere als wirksam. Dies läßt sich dadurch zusammenfassen, daß der *muḥallil* etwas will, das der Eheschließung widerspricht, während beim Scherzenden der Wille zur Wirksamkeit seiner Erklärung an sich fehlt und ihm dann der Gesetzgeber dazu verhilft.[190]

13. = a. 3. und ihre Variante über die *bidʿa*. Dieser ebenfalls lange Abschnitt enthält einige interessante Aufschlüsse, auf die ich später zurückkommen will. Hier beschränke ich mich auf eine Zusammenfassung.

„Ḥiyal als *bidʿa*" kamen, nach Ibn Taymiyyas Feststellung, erst gegen Ende der Nachfolgergeneration durch Rechtsgutachten und Schriften in Umlauf, während die erlaubte Art schon vom Propheten her überliefert ist.[191] Die ersteren darf man deshalb keinem der Vorfahren zuschreiben, denn ein Rechtsgutachten (*fatwā*), das sie den Gläubigen beibringt, würde sie damit in den Unglauben treiben. Als Beispiele dafür erörtert Ibn Taymiyya erstens die obengenannte Abtrünnigkeit der Frau vom Islam mit der Absicht, ihrem Mann zu entkommen.[192] Zweitens nennt er als „neue Ḥiyal, deren Verbot meines Wissens in Juristenkreisen nicht umstritten ist" zwei Kniffe für die Selbststiftung:

1. Ein rein fiktives Anerkenntnis des eigentlichen Stifters, der das Objekt für sich selbst, dann für seine Nachkommen dauerhaft stiften will, daß das Objekt in seinem Besitz eine Stiftung von jemandem an ihn sei.
2. Ein fiktiver Eigentumsübergang, in dem der Stifter einem anderen das Objekt veräußert, damit der letztere es ihm dann stifte.

Ibn Taymiyya legt zwei bessere Alternativen als diese „Betrügereien" vor: Erstens kann sich der Stifter ein Einkommen zu seinen Lebzeiten ausbedingen. Zweitens kann man sich einfach an diejenigen anschließen, die die Selbststiftung zulassen, wie z. B. Ibn Ḥanbal in einer von zwei seiner Überlieferungen, Abū Yūsuf usw.[193] Ibn Taymiyya schlägt also die Befolgung

---

[189] IT 67-72. Cf. Linant de Bellefonds, "Volonté", 514-15.

[190] IT 72-77.

[191] IT 80. Es ist interessant, daß er hier als Beispiel solch einer Ḥīla ebenfalls den prophetischen Ḥadīṯ über Datteln aus Ḫaybar anführt sowie dessen Variante, die anstatt des Propheten ʿUmar und ʿAlī zugeschrieben wird.

[192] IT 85-89. Über den Fall s. Anm. 47.

[193] IT 90-103. Der Fall der Selbststiftung, d. h. indem man erklärt: „Das ist ein *waqf* für mich und nach meinem Tod für die Armen", ist bei den Ḥanafiten auf den Fall des Vorbehalts des Einkommens zu Lebzeiten des Stifters, denn für den ersten Fall ist keine Überlieferung von drei

einer autoritativen Ansicht (*taqlīd*) vor, indem er eine hypothetische Widerlegung aufstellt, daß diese Ḥiyal zu den umstrittenen Fällen gehören, in denen man den Spielraum des Strebens nach einer eigenen Fallösung im Rahmen der Šarīʿa (*iǧtihād*) hat, so daß sie einander, in Hinblick auf ihre Vertreter, nicht kategorisch ausschließen dürfen. Sofern man ohne *taqlīd* daran glaubt, daß z. B. diese Selbststiftung bzw. der Vorbehalt des Einkommens zu Lebzeiten des Stifters nichtig sei, wird man, wenn man dies doch erreichen will, dazu verpflichtet, dem eigenen Prinzip getreu die Stiftung in Form eines Vermächtnisses nach dem Tod in Kraft zu setzen, ohne „die niedrigsten Ḥiyal" anzuwenden.[194]

14. Koran 47;28, 9;54, 47;20, 2;279: Gott erklärte diejenigen für Scheingläubige, die mit Seinen Aufforderungen wie Gebet, Almosensteuer und Feldzug zögerten, und erklärte den Wucherern den Krieg. Ein Gläubiger würde das Interesse (*maṣlaḥa*), das jede Gottesvorschrift enthält, erkennen, worauf Ibn Taymiyya gleich unten näher eingehen will. Der Begriff *maṣlaḥa*, auf den er in 22. zurückkommt, spielt in der Jurisprudenz der beiden Ḥanbaliten eine große Rolle.[195]

15. Koran 4;98 weist darauf hin, daß nicht alles, was als „Ḥīla" bezeichnet wird, verboten sei.[196] In diesem Zusammenhang klassifiziert Ibn Taymiyya die Ḥiyal nach Ziel und Methode, was Ibn Qayyim so detailliert durchführt, daß dies den Kern des IQ ausmacht. Darauf will ich bei der Darstellung des IQ zurückkommen.[197]

16. Ḥiyal als Erfindungen durch willkürliche Anschauung (*raʾy*) zu sehen, ist ein naheliegender Schluß aus der Vorstellung der Ḥiyal als *bidʿa*, denn beide

---

Autoritäten erhalten, während von Abu Yūsuf allein die Zulässigkeit des zweiten überliefert ist. Ḫaṣṣāf stellt nämlich den ersten Fall mit dem zweiten gleich und schließt aus der genannten Überlieferung die Zulässigkeit des ersten aus, obwohl der Wortlaut der beiden unterschiedlich ist. Ḫaṣṣāf, *K. al-aḥkām al-waqf* (Kairo: Maṭbaʿat Dīwān ʿUmūm al-ʾAuqāf al-Miṣriyya, 1366/1954), 21, 149-150. Die Zulässigkeit eines derartigen Vorbehalts liegen Überlieferungen von ʿUmar b. al-Ḫaṭṭāb zugrunde, der dem Verwalter der Stiftung erlaubte, aus dem Einkommen sich selbst und seine Freunde zu unterhalten, während er in anderen Überlieferungen selbst seine Stiftung verwaltete. Dasselbe wird auch ʿUṯmān, ʿAlī und Ibn ʿUmar zugeschrieben. Zu diesen Überlieferungen s. Ḫaṣṣāf, *Waqf*, 6, 8-10, 149, 151. Die Gegner halten ebenfalls die beiden Fälle für gleich. s. Hilāl, *Waqf*, 72. Ǧ 39/11 erwähnt Hilāls Gegenmeinung, stellt aber in Anlehnung an Ḫaṣṣāf und Anṣārī fest, daß sich die balḫischen Autoritäten an Abū Yūsuf anschließen. Im Hinblick darauf erwähnt Ǧ 39/13 lediglich die formbezogenen Vorsichtsmaßnahmen, entweder in der Stiftungsurkunde anzuerkennen, daß diese Stiftung durch ein Urteil bestätigt worden sei, oder besser, dort deutlich zu erwähnen, daß der Stifter selbst zu seinen Lebzeiten sie verwaltet.

194 IT 103-105.; IQ 302, 385-390.

195 IT 105-106.

196 4;98 (nach der Bedrohung derjenigen, die das Bekenntnis zum Islam scheuten, mit der Höllenfahrt) „Ausgenommen die unterdrückten Männer, Frauen und Kinder, die über keine Möglichkeit (*ḥīla*) verfügen (sich aus Mekka wegzustehlen)..."

197 IT 106-140.

stellen einen Verstoß gegen die Sunna dar. Die Folgen davon sind der Verlust des Wissens, das Verderben der Gelehrten usw., die mit dem Begriff „*fitna*" in Zusammenhang gebracht werden.[198] Es geht hier wieder um Ḥiyal gegen *iǧtihād* und Rechtsguytachten (*fatwā*).

(i) ʿAbdallah b. ʿAmr ← der Prophet: „Gott nimmt das Wissen nicht weg, nachdem Er es ihnen gewährt hat, sondern er nimmt es dadurch weg, daß er die Wissenden [bei Ihm] festhält, dann bleiben nur unwissende Leute, die um ein *fatwā* gebeten werden und welche abgeben, wobei sie sich irren und irreführen."

(ii) ʿAuf b. Mālik ← der Prophet: „Unsere Gemeinde wird sich in siebzig und einige Lager spalten, deren größtes eine Gruppe ist, die die Sachen nach ihrer Willkür ermessen, somit das Verbotene für erlaubt, das Erlaubte für verboten erklären."

17. Ḥiyal als Treubruch, der von Koran 4;58, 5;1, 16;91, 23;8, 70;32, 76;7 abweicht. Ibn Taymiyya erwähnt fünf Ḥadīṯe dazu, die die Treue (*amāna*) als religiösen Wert betonen.[199]

18. Pflicht zu guten Ratschlägen bzw. redlicher Offenheit gegenüber den Gläubigen, die in religiösen Angelegenheiten allgemein, in zwischenmenschlichen Beziehungen (*muʿāmalāt*) auf besondere Weise auftreten. Diesem ordnet Ibn Taymiyya erneut den Ḥadīṯ über die Option der Vertragsparteien bis zur Trennung [200] und andere zu, in denen die betrügerische Messung beim Verkauf des Weizens, der Verkauf mangelhafter Waren, das absichtliche Versäumnis des Melkens des zu verkaufenden Viehs, um sein Euter groß erscheinen zu lassen (*taṣriya*),[201] das Hinauftreiben des Kaufpreises durch einen scheinbaren Konkurrenten im Kauf (*naǧš*), der Verkauf unreifen Getreides und das betrügerische Geschäft im allgemeinen, in dem man sich die Unwissenheit des Partners zunutze macht, verboten werden.[202]

---

[198] Cf. IB 32: der Prophet in Antwort auf die Frage, wer die schlechtesten Leute seien: „O Gott, verzeihe! Die schlechtesten Leute sind die Gelehrten, wenn sie verdorben sind."; ʿAlī b. Abī Ṭālib: „Es fehlt nur wenig daran, daß vom Islam nur sein Name, vom Koran nur seine Beschriftung bleibt, an jenem Tag sind ihre Moscheen zwar gefüllt, jedoch von der richtigen Leitung abgefallen, die Gelehrten sind die schlechtesten Menschen unter dem Himmel, von denen die *fitna* herkommt und zu denen sie zurückkehrt."; IT 147: Ibn Masʿūd: „Wie steht's mit euch, wenn die *fitna* euch verwirrt, in der die Älteren schwach werden, während die Jüngeren Wucher treiben, so daß die Leute sich davon leiten lassen und es zur Gewohnheit (*sunna*) machen." Dazu bemerkt Ibn Rāhuwayh: „Ibn Mahdī und Ḥadīṯ-Wissenschaftler seinesgleichen sagen, diese *fitna* sei die der Anhänger dieser Anschauung (*raʾy*)."; Über den Irrtum der Gelehrten ferner s. IQ 296-298.

[199] IT 148-149.

[200] Cf. oben **a.** 2. (ii). Hier wird eine andere Version von Ḥakīm b. Ḥizām.

[201] Cf. IQ24-25

[202] IT 150-157.

19. Ein Ḫadīṯ, in dem der Prophet einem Einnehmer der Almosensteuer wegen der angeblichen Annahme von Geschenken Vorwürfe macht. Nach Ibn Taymiyya handelt es sich in diesem Fall sicherlich um gewisse Erwartungen des Schenkenden auf Bevorzugung, die der Empfänger von Amts wegen erfüllen könnte. Damit nennt er eine Grundlage dafür, daß Zwecke und Indizien, die insbesondere hinter einem unentgeltlichen Geschäft wie Schenkung, Darlehen (*qarḍ*) oder Nutzungsüberlassung (*ʿāriya*) stecken sollen, juristisch in Betracht gezogen werden. Dies bestätigt das Gesetz mit dem Verbot der Begünstigung durch bestimmte Personen, die u. U. besondere Motive dazu haben können (z. B. Todkranke gegenüber einem bestimmten Erben) bzw. die deren Treugebern dadurch Schaden zufügen können, wie Bevollmächtigte (*wakīl*), Testamentsvollstrecker (*waṣī*) oder Geschäftsführer in einer stillen Gesellschaft (*muḍārib*).[203]

20. Weitere Ḥadīṯe in diesem Sinne: Die Gefälligkeit gegenüber dem Vertragspartner, die anscheinend mit dem Geschäft nichts zu tun hat, bzw. eine bestimmte Kombination mehrerer Geschäfte, durch die eine Partei begünstigt werden kann,[204] gilt u. U. als *ribā*. Die erlaubte Handlung kann wegen der Absicht, anderen Schaden zuzufügen, verboten werden, wie der Prophet den Kauf von einem der zwei konkurrierenden Verkäufer verbot.[205] Als Belege im Koran, in denen für die jeweilige Handlung die Gerechtigkeit des Zwecks vorausgesetzt wird, erwähnt er 2;228, 230, 231 (Zurücknahme der Scheidungserklärung während der Wartezeit), 4;12, 2;182 (Vermächtnis), 30;39, 74;6 (Absicht der Bereicherung).[206]

21. Übereinstimmung der Gefährten des Propheten über das Verbot der Ḥiyal:

(i) ʿUmar b. al-Ḫaṭṭāb: „Sowohl der *muḥallil* wie auch der Begünstigte verdienen bloß die Steinigung." Das Verbot des *taḥlīl* ist ferner von ʿUṯmān, ʿAlī, Ibn ʿUmar, Ibn ʿAbbās usw. überliefert, ohne jemals auf Widerspruch zu stoßen.[207]

(ii) Ubayy b. Kaʿab, Ibn Masʿūd, ʿAbdallāh b. Sallām, Ibn ʿUmar, Ibn ʿAbbās usw. verboten dem Darlehensgeber, die Schenkung des Darlehensnehmers zu empfangen ohne die Schuld auszugleichen, denn sie wäre sonst *ribā*. Die Gültigkeit dieser Aussagen wird ebenfalls durch die Gewohnheit (*ʿāda*) durch Generationen hindurch bestätigt.[208]

(iii) Das Verbot der *ʿīna*.[209]

---

[203] IT 157-159. Als *sadd aḏ-ḏarāʾiʿ* IQ 154.,

[204] IT 160-161. Als *sadd aḏ-ḏarāʾiʿ* Risikoübernahme zum *ribā* IQ 153-154, 162, 184.

[205] IT 161.; Als *sadd aḏ-ḏarāʾiʿ* IQ 169.

[206] IT159-162.

[207] IT 163.; Als *sadd aḏ-ḏarāʾiʿ* zur Unzucht IQ 168.

[208] IT 163. ; Als *sadd aḏ-ḏarāʾiʿ* zum *ribā* IQ 154.

[209] IT 163-164.

(iv) Erbanspruch der während einer tödlichen Krankheit des Mannes dreimal geschiedenen Frau: Die Scheidung in dieser Situation ist nämlich der Ḥīla verdächtig, um die Frau aus der Erbschaft auszuschließen (Näheres **III. 1. c.**).[210]

22. Jede Norm enthält ein vom Gesetzgeber vorgesehenes Interesse (*maṣlaḥa*) für die Menschheit, auf das somit abgezielt werden muß. Ḥiyal machen dies aber zunichte. Ibn Taymiyya wiederholt Vorwürfe gegen die willkürliche Anschauung und den Irrgläubigen *iǧtihād*.[211]

23. im gleichen Sinne

24. Belege aus dem Koran und der Sunna für die „Sperrung der Wege", die mit oder ohne Absicht zum Bösen führen können (*sadd aḏ-ḏarāʾiʿ*). Ibn Taymiyya nennt 30 Beispiele, zu denen Ibn Qayyim weitere 69 hinzufügt, insgesamt „genauso viele wie die Beinamen des Gottes" (cf. **III 1 c.**).[212]

c. Ibn Qayyim al-Ǧawziyya, *Iʿlām al-muwaqqiʿīn*, III 119-415 (IQ), IV 3-11 (IQ²)[213]: Zur Festsetzung der ḥanbalītischen Jurisprudenz

In diesem Abschnitt übernimmt Ibn Qayyim zwar von seinem Lehrer viele Argumente, wie sich in den vorhergehenden Anmerkungen zeigt, es zeigt sich jedoch ein ganz anderer Aufbau, da er das Original z. T. in großem Ausmaß bearbeitet. Auffällig ist ferner, daß er sich genau auf Š, Ḫ, S, und wahrscheinlich auch Q beruft, wie aus dem Parallelenverzeichnis hervorgeht. Ansonsten berichtet er, wenn auch polemisch, häufig von den Gegnern aus den vier Schulen (s. unten **II. 3. a.**) und bietet somit für unser Thema Materialien zum Vergleich.

In ebenso ausführlichen Passagen macht er zwei Prinzipien deutlich. Erstens stellt er im Anschluß an den vorangehenden Abschnitt die Willenstheorie in der Weise fest, daß eine Erklärung nach dem Ziel oder der Absicht des Erklärenden ausgelegt wird; dazu bemerkt er noch, daß der Erklärungswille dann als maßgebend gilt, wenn allem Anschein nach nichts gegen ihn spricht. Nur dann, wenn die ihm widersprechende Absicht des Erklärenden zutage tritt, ist umstritten, ob dennoch der Erklärungsakt nur dem Anschein nach oder unter Berücksichtigung der Absicht beurteilt wird; denn einem juristischen Grundsatz nach gelten die šarīʿarechtlichen Bestimmungen für den äußeren Sachverhalt der Gläubigen, solange kein Gegenindiz beigebracht wird. Dem Konservativismus dieses Prinzips (cf. **III 1. a.**), das die Ḥiyal-Anhänger ins Extrem treiben, stellt er den engen Zusammenhang der Absicht mit dem Mittel als solch ein Indiz

[210] IT 164-165.; Als *sadd aḏ-ḏarāʾiʿ* IQ 155.
[211] IT 165-172.
[212] IT 172-193.; IQ 147-171.
[213] 4 Bde., Kairo: Maṭbaʿat as-Saʿāda, 1374/1955.

entgegen. Daraus folgt nicht nur, daß jede Vereinbarung vor dem Vertrag den an sich von Bedingungen freien Vertrag beeinträchtigt, sondern auch, daß einige bestimmte Handlungsformen kategorisch verboten werden, denn sie dienen empirisch einem bösen Zweck (*sadd aḏ-ḏarāʾiʿ*). Gut 99 dazu angeführte Beispiele vermitteln den Anschein, daß er darunter fast alle šarīʿarechtlichen Bestimmungen versteht.[214]

Zweitens legt er, ebenso wie sein Lehrer, die ganze Šarīʿa dem Prinzip der *maṣlaḥa* zugrunde; Ḥiyal machen das Interesse(*maṣlaḥa*) jeder Bestimmung zunichte. Dies ist auf den falschen *iǧtihād* zurückzuführen, der den engstirnigen Schluß der zweckmäßigen Konsequenz vorzieht und schließlich auf Umwege, nämlich Ḥiyal, zurückgreifen muß.[215] Dies macht er deutlich, indem er Ḥiyal anhand von IT klassifiziert.

Der möglichen Folge dieses zweiten Prinzips – daß die Šarīʿa eigentlich durch den richtigen *iǧtihād*, der das gesetzgeberische Ziel trifft, die Ḥiyal kaum benötigt – setzt er die Behauptung der Gegner entgegen, die am schwierigsten zu widerlegen sein soll: daß vielmehr die Šarīʿa an sich die Ḥiyal vorsieht. Er betont, daß sie normativ genaueren Beurteilungen unterliegen. Zum siebten von 10 Argumenten pro Ḥiyal, die er nacheinander widerlegt, – daß die in der Šarīʿa vorgeschriebenen typischen Verträge an sich Ḥiyal darstellen, durch die der Gesetzgeber den Geschöpfen die sonst schwer zu erledigenden alltäglichen Notwendigkeiten zugänglich mache – bemerkt er, daß die verbotenen in „Unglaube“, „große Sünde“ und „kleine Sünde“, die sonstigen in „bedenkliche“, „erlaubte (*mubāh*)“, „empfohlene (*mustaḥabb*)“ und „pflichtmäßige (*wāǧib*)“ unterteilt werden.[216] Zum achten Argument ähnlicher Tendenz, daß die Ḥiyal als solche Auswege aus Not und Sünde seien, nimmt er eine Klassifizierung in sechs Erscheinungsformen vor, die jeweils den genannten Normen zugeordnet werden. Die verbotenen, insbesondere die unter „große Sünde“ fallenden, von denen er 57 Beispiele bereits erwähnt hat,[217] teilen sich in drei Kategorien: (i) Sowohl Methode bzw. Form der Ḥīla an sich wie auch deren Zweck sind verbotene Handlungen. (ii) Ḥīla an sich ist eine erlaubte Handlung, jedoch zum verbotenen Zweck wie Reise für Straßenraub bzw. Mord. (iii) Die Methode ist ein Rechtsgeschäft, jedoch zum verbotenen Zweck. Diese dritte Kategorie macht er zum Hauptgegenstand seiner Diskussion, wie aus den vorangehenden Beispielen hervorgeht. In der vierten Kategorie geht es um Ḥīla zur Rechtsverwirklichung bzw. zur Beseitigung fremden Unrechts, also zu einem gerechten Zweck. Sie wird ihrerseits ebenfalls in drei Kategorien unterteilt: (i) Die Methode ist verboten, wodurch man in (wohl kleine) Sünde gerät, (ii) die Methode ist ein Rechtsgeschäft, mit dem die entsprechende Rechtsfolge erreicht wird. Es wird sogar empfohlen, so weit wie möglich derartige Ḥiyal — sie sind hier nichts

---

[214] IQ 119-172. Cf. Anm. 122, 176, 203-5, 207-8, 210.
[215] IQ 192-200.
[216] IQ 252-254.
[217] IQ 254-340.

anderes als die Befolgung der Vorschriften — anzuwenden, denn der Gesetzgeber sieht darin ein Interesse vor. (iii) Eine andere rechtmäßige Methode als das Rechtsgeschäft, das für das zu erreichende Ziel vorgesehen ist, wird verwendet.[218] Danach folgen zum Unterschied von (ii) 116 Beispiele bis zum Ende des Abschnittes.

Auf diese Weise erstellt Ibn Qayyim eine lange Liste der Ḥiyal, die ausdrücklich verboten oder erlaubt werden. Sie sind unten dargestellt. Kurz gesagt, beschränkt sich sein Argument hier nicht auf Ḥiyal an sich, sondern erstreckt sich auf die dahinterstehenden juristischen Lehren. Seiner Ansicht nach resultiert die Gruppe der verbotenen Ḥiyal aus einerseits beschränkenden, engstirnigen Auffassungen des Gesetzes, die andererseits deshalb seine Umgehung hervorrufen, was er aber für reine Zeitverschwendung hält.[219] Im Gegensatz dazu stellen die Ḥiyal der anderen Art die richtigen Auffassungen dar, die zur Regelung der genannten Fälle allein zu vertreten sind. So erscheint ihre Darstellung wie ein *ḫilāf*-Werk. Zu bemerken ist im übrigen Ibn Qayyims Versuch, angesichts der Vielfalt der Ibn Ḥanbal zugeschriebenen Ansichten in manchen Fällen festzulegen, wonach sich die Jurisprudenz seiner Schule richten soll.[220]

Interessant ist ferner, daß die aufgezählten Beispiele zahlreiche Parallelen aufweisen, die auf seine umfangreiche Einsicht in die ihm bekannten Quellen der anderen Schulen schließen lassen; die allgemeine Bemerkung von Schacht, daß in Sachen Ḥiyal materielle Entlehnungen aus Schriften einer anderen Schule sehr selten seien, trifft für IQ sicher nicht zu. Insbesondere ist die Gemeinsamkeit mit Q und H̱ auffällig. Die Parallelen zu H̱ scheinen jedoch nicht direkt von H̱, sondern vom verlorenen *K. ibṭāl al-ḥiyal* des Abū Yaʿlā übernommen worden zu sein, das IQ dreimal namentlich nennt.[221] Diese Stellen zeigen, daß ursprünglich Abū Yaʿlā ebenfalls nicht nur, wie der Titel angibt, Kritik übte, sondern Einzelfälle einer ausführlichen juristischen Überprüfung unterzog. Es ist nicht auszuschließen, daß noch mehr frühere Autoren die Fälle der Ḥiyal auf diese Art und Weise untersuchten. Jedenfalls erweist sich H̱ hier auch als hervorragender Leitfaden für Ḥiyal.

Diese und andere bisherige Bemerkungen zu den einzelnen Quellen werden durch ein Parallelenverzeichnis sichtbar bestätigt, das ich anhand von IQ erstellt habe.

---

[218] IQ 340-349.

[219] S. insbesondere Bemerkungen zu unten P13, 23, 41.

[220] V.a. zu P45, 53 (2), (3), 62, 65, 68, 70, 73, 84, 88, 95, 97, 98, 99, 100. s. auch Q329-34, 353-55, 398-402, Q²7-8, 33-37.

[221] Für P 98, 107 und 111. Ferner werden P 50, 53 (3), 62, 110, 112, 115 (1) und (2) auch von Abū Yaʿlā zitiert. Über sein *K. ibṭāl ḥiyal* s. *Ṭabaqāt Ḥ*, II 305.

4. Parallelenverzeichnis

IQ	*Q*	*Š*	*Ḫ*	*S*	*ʿA*	*Ǧ*	*ʿU*
1. 254 Eheauflösung der Frau durch ihre Abtrünnigkeit	II1-2					26/5	
2. 254-5 Ermordung der Vergeltungsberechtigten	II9						
3. 255-7 Eheauflösung der Frau durch den Sohn des Mannes						cf.26/21	
4. Strafausschluß des Diebes (1)	V25 II5					31/1d	
5. 257-8 Flucht des Angeklagten vor der Eidespflicht	II6	24/17	29/1 83/17		417		
6.Ermordung eines verletzten Opfers	cf.II8						
7. Enterbung der Frau durch einen Todkranken	II10 V2						
8. 258-9 Flucht vor *zakāt* für eigene Vermögen im allgemeinen			(46/1-4)		(391)		
9. Geschlechtsverkehr im Ramaḍān ohne Buße	II12					cf.6/7	
10. 260 Flucht vor Eidbruch	II14						
11. 260-1 Flucht vor *zakāt* für Handelsgut/ Gold und Silber/ Vieh	III2					Vgl. 4/3	
12. 261-2 Prozeß gegen Belastungszeugen, um sie abzulehnen	III4					22/23	
13. 262-3 Vermietung von Obstbäumen/-gärten cf. **34**, **49**		4/7-8	19/36-37 65/7-8			9/4	
14. 263-91! Surayǧiyya	IV3						
15. 291-2 Flucht vor der geschworenen Scheidung durch *ḫulʿ*			Cf. 53/16-17, 21-22,34, 55/7, 59/1				
16. 302 Selbststiftung	cf. IV45				cf.	cf.39/11,	

IQ	*Q*	*Š*	*Ḫ*	*S*	*ʿA*	*Ğ*	*ʿU*
					404	13	
17. 305-7 Umgehungen des Schwurs der Untätigkeit (1): Stellvertretung		18/3 20/8 20/20-21	53/11;75/13 57/19-20; 77/7 77/19-20	5/6 5/24	396 399 398	(29/4)	
(2) : teilweise Ausführung g		cf. 1/19 (21/7) (21/20)	cf. 1/1, 63/1 (78/6) (78/19)	cf.1/1 0-13			
18. Entzug des Erziehungsrechts der geschiedenen Frau	IV7 cf. IV9						
19. 308 Parallele zur Sur-ayğiyya	IV11		cf. 22/8		401	27/2b-c	2230
20. 308-9 Tausch von 1Dīnār schlechtes Gold gegen einen halben Dīnār gutes Gold	IV17						
21. 309-11 Verhinderung des Vorkaufs des Miteigentümers (1)	 IV31						
(2)	IV33	24/6	23/11;83/6		421	8/8k	
(3)		24/4-5	23/10,14-15; 83/4-5	6/10-11	423		
(4)	(IV34)						
22. 311-2 Verhinderung des Teilungsanspruchs des Miteigentümers	IV35						
23. 312-3 Ḥila für die *muzāraʿa*	IV41,43		Vgl.19/12-13		Vgl.4 32	Vgl.12/6	
24. 313-4 Verhinderung des Widerrufs einer Schenkung	IV46						
25. Begünstigung eines bestimmten Erben durch einen Todkranken	V3						
26. 314-5 Weitere Verletzung eines Verletzten, um das Blutgeld (diya) zu verringern	V6-7						
27. 316 Strafausschluß des Diebes (2)	V24					31/1c	

IQ	*Q*	*Š*	*Ḫ*	*S*	*ʿA*	*Ǧ*	*ʿU*
(3)	II5					31/1d	
28. 317-8 Umgehungen eines geschworenen Eßverbotes	V34	(21/15-18)	(78/14-17) (74/5)		399		
29. 318 Ḥīla für die Heirat mit der eigenen Sklavin	V43						
30. 319 Haftungsausschluß eines Usurpators	V55-56					cf.17/11 b-c	
31. 320 Umgehungen von zwei sich widersprechenden Eiden (1)	V31-33 V107	(21/22)	(59/8)		(400)	(26/22)	(2239)
32. Anwendung der Surayǧiyya auf *ẓihār*, *ʾīlā*, Freilassung	IV47						
33. 320-3 *Zakāt* in Form von Schenkung einer Forderung		23/11	37/1-2;82/9		391-2	4/2	
34. 323-4 Verkauf von Früchten/Pflanzen vor der Reife (cf. **13**, **49**.)	(IV24-25)		(19/17-18)			7/8	
35. 324-5 Umgehungen des geschworenen Veräußerungsverbots			53/9 cf.53/19,24-25		399	7/31b cf.7/24	2282
36. Umgehungen eines geschworenen Verkaufspreises		18/1-2	53/5-8;75/1-2		398		
37. 325-7 Verkehr mit der Sklavin, ohne daß sie *umm walad* wird		14/27	25/22;72/24			28/5	2237
38. 327-8 Erneuerung der Heirat in Unwissenheit der Frau			25/16-19				
39. 328-9 Verkehr mit der *mukātaba*		14/20-22,24	72/17-18,20			28/6	2236
40. 335-6 Umgehungen für *ʿīna*			3/2-6		409-10	Vgl.7/11	
41. Allgemeine Befreiung von der Mängelhaftung		9/5	4/11;74/5		406-7	Vgl.7/7b	
42. 336-40 Verkehr mit der gekauften Sklavin ohne *istibrāʾ*		14/7,9,11	4/27-28;72/6a		407-8	7/23-23c	

IQ	*Q*	*Š*	*Ḫ*	*S*	*ʿA*	*Ǧ*	*ʿU*
43. 349 Gegenseitiger Schutz vor der Kündigung der Miete		2/1-2	19/1,4;64/1-2	2/1-2		9/19-19b	
44. 350 Bürgschaft für die Räumung von Wohnraum		2/4	19/25;64/4-7	2/3		Vgl.9/26	
45. 350-3 Sicherung des Kostenersatzanspruchs des Mieters		2/10-14	19/2,28-30; 64/10-14	2/5-11	413-4	9/12	2229
46. Sicherung der Rückgabe eines Mietobjekts		2/17	19/31;64/17	2/12		9/21	2260
47. 355-6 Sicherung von Vereinbarungen zugunsten der Ehefrau		14/2-3	25/1-2;72/12,15				
48. 357 Umgehungen der Schwüre, die die Frau vom Mann verlangt		Kap.11	Kap.62 84/3-8	Kap.7			
49.Miete eines bepflanzten Grundstücks cf. **13**, **34**.		4/1-3	19/15, 65/1-3	2/17	415		
50. 357-8 Erfüllungsübernahme des *ḫarāǧ* durch den Mieter		4/4-5 cf. 4/6	19/33-34;65/5 cf.19/35;65/6		415-6		
51. Miete von Reittieren gegen ihr Futter		5/7-9	19/77,87-88; 66/7		416		
52. 358-9 Monats-/Tagesmiete bei beliebiger Kündigung		5/11	19/78;66/11		416	9/3-3c	
53. 359-61 Ḥiyal für den Kaufagenten, um sich das Objekt zu kaufen (1)		6/1-7,22	20/6-13;67/1-7	3/2-6a	417-9		
(2) Parallelfall für den Agenten des Verkaufs zum selben Zweck		6/20-21	20/3,14;67/21-22	3/9-9a	419-20	18/14	2234
(3) Doppelvertretung		6/23-24	20/26-27;67/ 24-25		420		
54. 361-2 Flucht vor der geschworenen Scheidung (1)	IV4						
55. 363 Zulässige Umgehung der Nachholpflicht der	IV15						

IQ	*Q*	*Š*	*Ḫ*	*S*	*ʿA*	*Ǧ*	*ʿU*
Pilgerfahrt							
56. Umgehung der Opferungspflicht nach dem *iḥrām*					cf.309	cf.5/2	
57. Flucht vor der geschworenen Scheidung(2)		Vgl.11/14	Vgl.58/5;84/12	Vgl.7/7			
58. 365-6 Mängelhaftung im Tausch von gleichen *ribā*-Gütern	IV15						
59. 366 Schutz eines befreiten Schuldners vor den Erben durch einen Todkranken		13/33	71/32 cf.44/15			14/3;21/2	2283
60. 366-7 Derselbe Schutz eines befreiten Sklaven		13/35	22/28;72/34		402-3		
61. Erfüllung der Forderung eines Erben an einem Todkranken(1)			35/1,4		433-4		
62. Sicherung der Ehe zwischen dem eigenen Sklaven und der eigenen Tochter		14/5	25/6;72/4		394		
63. 367-8 Umgehungen des Schwurs der Untätigkeit (3)		14/36	51/1,72/32				
64. 368-9 Sacheinlage für die Kommanditgesellschaft	IV18	15/6	21/5-6;73/6		405	11/1b	
65. 369-73 Vergleich (1): mit dem leugnenden Schuldner	V29	7/3-4	42/6;68/3-4	4/3		Vgl.16/3	
(2) Sofortige teilweise Erfüllung einer aufgeschobenen Schuld		(7/8-10)	(42/8;68/8-10)			Vgl. 16/2	
66. 373 Erlaubtes Eigentum des Kaufagenten beim Bestreiten des Kaufauftrags	IV22						
67. Gegenerwiderung des Depositars beim Streit um den Untergang eines Depositums	IV23 cf.V90		cf.15/5,11-12				
68. 374 Haftung des	IV28					cf.35/1	

IQ	*Q*	*Š*	*Ḫ*	*S*	*ʿA*	*Ǧ*	*ʿU*
Pfandgläubigers für den Untergang							
69. Haftungsausschluß des Leihenden	IV29						
70. 375 Schutz des Leihenden vor der vorzeitigen Rückforderung			cf.15/6;19/18				
71. 375-6 Verkauf des Pfandes an den Pfandgläubiger bei Nichterfüllung	(IV56)		cf.15/9				
72. 376-9 Gegenerwiderung gegen die unrechte Zahlungsklage(1)	IV57		cf.52/21			14/7 cf.14/5-5b 23/6	2225 cf.2280
(2)	IV58						
73. 379 Vorzug des Beweises des Eigentümers vor dem des Besitzers	IV60-61					22/28b	
74. 379-80 Abwehr der „Ḥīla des Skorpions“[222] des Käufers	IV63					cf.7/1b, 20	
75. 380-1 Sicherung des Unterhaltsanspruchs von Verwandten	IV64						
76. Verkauf von Wasser	IV73					cf.9/5-5c	
77. 381-2 Verpflichtung des Käufers zur Nichtabtretung(1)	IV48	(9/19)	(22/10;79/16)				
78. Zeugnis des Bevollmächtigten zugunsten des Auftraggebers		(13/1-6)	(71/1-5)			18/2b	
79. Zulassung von *masḥ*	IV75						
80. Wirksamkeitsvoraussetzung des Vorbehalts des	IV79	cf.1/1-16a			396	29/22	

[222] Nach den Beispielen dafür in der vorherigen Stelle (329-35) meint Ibn Qayyim damit schädliche Listen einer Partei gegen die andere im Synallagma wie Doppelvertretung eines Kauf- oder Mietobjekts. Bei ŠḪ finden sich nur Hinweise auf solche Ḥiyal, deren man seinen Partner verdächtigt und deshalb Gegenmaßnahmen sucht.

IQ	*Q*	*Š*	*Ḫ*	*S*	*ʿA*	*Ǧ*	*ʿU*
Schwurs durch *istiṯnāʾ*							
81. 383 Mord eines unehelichen Kindes ohne Vergeltung	IV85						
82. Gegenerwiderung gegen die unrechte Zahlungsklage(3)	V52						
83. 383-4 Stiftungsverwaltung durch den Stifter selbst						cf.39/13 b	
84. 385-90 Selbststiftung(3)	IV45		cf.30/1-2		cf.403	39/13	
85. Schutz vor dem Unterhaltsanspruch der unwiderruflich geschiedenen Frau cf. 363-5	V37-38						
86. Sicherung der Verfolgbarkeit eines fremden Käufers(1)		9/30	4/7;79/26				
87. 390-1 Haftungsausschluß eines Kaufagenten		6/34-35	20/15;67/35-36	3/13-13a			
88. Übertritt eines Weinbesitzers zum Islam ohne Verlust		6/42	67/44				
89. 391-3 Verhinderung des Vorkaufs durch den Nachbarn (1)		24/4-5	23/10,14;83/4-5	6/10-11	423		
(2)	(IV33)	24/6	23/11;83/6		421	8/8k	
(3)		24/7	24/1,8-9;83/7		423	(8/9b)	(2261)
(4)			24/3-5		423	(8/8l)	
(5)	(IV54)		23/22			8/8j	
(6)	(IV31)						
(7)			23/7		422-3		
(8)		24/9	83/9				
(9)		24/1	23/9;83/1			8/9c	
(10)			46/8-9			8/8f	
(11)			23/27; 24/14				
90. 393-4 Bedingte	V84?					Vgl.18/9	

IQ	*Q*	*Š*	*Ḫ*	*S*	*ʿA*	*Ǧ*	*ʿU*
Bevollmächtigung							
91. Strafausschluß bei Unzucht s. auch 317	V95 cf.V70					30/1b-c cf.30/1d-c	
92. 394-6 Ruhmestaten Abū Ḥanīfas (1)		10/1	33/4;80/1		400	(29/25)	
(2)		12/1	33/1;86/1	7/14	397		
(3)		12/2	33/3;86/2	7/16	395		
93. Schutz vor der Heirat mit einem nicht gewünschten Mann		12/3	86/3				
94. 396-7 Bürgschaft für eine künftigen Schuld		(16/5-6) cf.2/9	(73/36-37) cf.64/9	cf.2/4		cf.37/7d	
95. 397-402 Gegenerwiderung des Angeklagten bei Abtrünnigkeit							
96. 402-10 Diskussion um allgemeine Befreiung von der Mängelhaftung		(9/6) cf.9/5	(4/12,31;79/6) cf.4/11			(7/7-7b)	(2245)
97. 411-2 Sicherung der Subsidiarität bei Bürgenhaftung		cf.8/1	cf.43/19-20; 70/1	cf.4/12-12a			
98.412-4 Bedingter Dienstvertrag	V51-52	2/35-37	64/30-32	2/14-16			
99. 414-5 Verkauf von Gurken, Auberginen usw.(cf. Q²4-5)						Vgl.7/22	
100.3-4 Absonderung des Anteils bei einer gemeinschaftlichen Forderung		Vgl.16/11-12	Vgl.13/1-10 51/2-3;73/41-3 cf.22/25		cf.402	Vgl.14/10	Vgl. 2258
101. 5-6 Lieferung nach Monatsabschluß						(7/19b)	
102. 6-7 Vorzugsweise Befriedigung durch den Stiftungsertrag			30/1-2		404		
103. 8 Widerruf des Anerkenntnisses des Gesellschafters/ Treuhänders	V22	(2/16)	(64/16)	(2/10)			
104. 8-9 Schutz vor						(14/2)	

IQ	*Q*	*Š*	*Ḫ*	*S*	*ʿA*	*Ǧ*	*ʿU*
Forderungsverletzung							
105. 10-1 Freilassung der Kinder von einer Ehefrau im Sklavenstand	V43						
106. Umgehung der von der Sklavin /ihrem Verkäufer erzwungenen Zusage zur Heirat/ Freilassung			22/9 cf.22/16		402		
107. 11-3 Verpflichtung des Käufers zur Nichtabtretung		9/19	4/16-18,20;22/ 10-14;79/16				
108. Beliebige Anfechtung der Ehe des eigenen Sklaven/Sohns			22/18		393	25/17	
109. 13-4 Veräußerung des Sklaven nach der Freilassung von Todes wegen		cf.13/21	22/5,(8) cf.22/6-7;71/20		401	27/2-2c	2230
110.Gleichzeitige Befreiung von einer Gemeinbürgschaft		16/1-4	11/10-12;73/ 32-35				
111. 14-5 Heirat eines Gemeingläubigers mit der Schuldnerin		16/11-12	51/2-3;73/41-43				
112. Umgehungen des Schwurs der Untätigkeit (4)		(16/17-20)	(73/47-50)				
113. Verzicht eines Gemeinbürgen auf den Rückerstattungsanspruch		15/1-2	32/1-4;73/1				
114. 16 Ruhmestaten Abū Ḥanīfas (4)		11/17	33/5	7/15a-b		(26/76)	
115. 17-9 Umstrittene Vergleichsbedingungen: (1) Strafklausel		7/1-4	42/5;68/1-4	4/1-3	425	cf.16/2-2f	
(2) Parallele in der *mukātaba*		7/5-10	42/7-8;68/5-10				
(3) Unklare Abfindung für Vorkaufsverzicht		7/11-12,14-15	68/11-12,14-15 42/9,11- 12				
116. 19-21 Zulassung der *muǧārasa* und ihrer						cf.9/35	

IQ	*Q*	*Š*	*Ḫ*	*S*	*ʿA*	*Ǧ*	*ʿU*
Parallele							
117. 23 Sicherung der Pfandforderung beim Untergang des Pfandes		23/7	36/6;82/6		431	cf.13/8	2277
118. 23-4 Abtretung eines Obst-/Gemüsegartens mit teilweise unreifen Früchten			(19/7)	(2/17b)		(7/8)	
119. Treuepflicht des Kaufagenten		9/42	4/21;79/38		420		
120. 24-5 Abwehr der „Ḥila des Skorpions" des Verkäufers		9/7,30,38	4/4,7-8;79/7,26,35		406	7/29e	
121. 25-6 Sicherheit des sich loskaufenden Sklaven und des Herrn		9/10-11	4/13-14;79/11				
122. Abwehr eines *ẓālim*		(9/21)	(79/18)				
123. 27-8 Sicherung der Befreiung des Bürgen		8/40-41	43/15,17-18			(15/2-2b)	(1207, 1219)
124. Vereinbarung über ein Ersatzobjekt bei der Vindikation		9/29	4/6;79/25				
125.28-9 Sicherung der Verfolgbarkeit eines fremden Käufers (2)		9/30	4/7;79/26				
126. Sicherung der Zusage eines Kaufauftraggebers zum Abkauf		9/4	4/10;79/4	6/3			
127. Sicherung des Mangelanspruchs			5/1				
128. 29-30 Umgehung des Zwangs zum Schuldenerlaß/Vergleich			8/1-2		410-11		
129. 37 Erfüllung der Forderung des Erben an einen Todkranken(2)			35/2,4		433-4	cf.37/2b	
130. 38 Schutz der Forderung bei Schuldübernahme		23/1-4	36/1-4,14/2;82/1-2a		464		
131. 39 Sicherung des Schuldaufschubs für beide Seiten		23/5-6	36/5;82/4-5 (10/1)		(411-2)	37/9	

IQ	*Q*	*Š*	*Ḫ*	*S*	*ʿA*	*Ǧ*	*ʿU*
132. 39-40 Sicherung des frommen Vermächtnisses eines Erblosen			35/6-7		403		
133. 40-1 Schutz des Erben vor staatlicher Ersatzerbschaft		cf.9/12	cf.27/1;79/12				
134. Eintreibung der Forderung an einen verborgenen Schuldner			16/16 cf.4/32				
135. 41-2 Gerichtliche Bestätigung der Forderung an einen Abwesenden			16/17 cf.15/15		cf.430	14/8;22/24;23/16 cf.13/7, 7b	2226 cf.2228
136. Gebrauch der Pfandsache durch den Pfandgläubiger			15/4		430	Vgl.13/3-3b	
137. 43-4 Gegenerwiderung des Pfandgläubigers/-schuldners gegen die Eigentums-/Zahlungsklage	Vgl.V5		15/10-13,5				
138. 45-6 Erlaubte Form des *taḥlīl* (1)		cf.14/1,13-14	31/12-14 cf.85/1,72/8-10	cf.24/28-29d	396	25/39;26/3e cf.26/3-3d,31,34	2276
139. 47- *taḥlīl* (2)						cf.26/1-2c, 6	

II. Zur Geschichte der Ḥiyal

1. "*warrāq*" in Baġdād und die Autorschaft der Ḥanafiten

> Saraḫsī sagte: Die Leute sind in bezug auf *K.al-ḥiyal* nicht darüber einig, ob derjenige, der es verfaßt hat, Muḥammad (=Šaybānī) gewesen sei oder nicht. Abū Sulaymān al-Ǧūzaǧānī bestritt es immer, indem er sagte: „Demjenigen, der behauptet, daß Muḥammad ein Buch verfaßt habe, das er *Al-ḥiyal* nannte, darfst du nicht glauben. Das, was den Menschen vorliegt, haben lediglich baġdādische Kopisten (*warrāqū Baġdāda*) verfaßt." Er sagte ferner: „Dies schreiben die echt Unwissenden unseren Gelehrten mit Vorwürfen zu, doch wie könnten wir von Muḥammad glauben, daß er irgendeine Schrift von ihm mit diesem Namen versehen hätte, damit das die wirklich Unwissenden in dem unterstütze, was sie daherreden." Was aber Abū Ḥafṣ angeht, meinte er immer, das (Werk) sei von Muḥammad abgefaßt und pflegte das von ihm zu tradieren. Und das (letztere) ist das richtigere.[223]

Diese Äußerung des Ǧūzaǧānī, die er in seinem *K. al-ḥiyal* überliefert haben soll, läßt auf den ersten Blick denkbar erscheinen, daß er die Autorschaft des Šaibānī bestreiten will, um angesichts der Vorwürfe, die das Thema des Werkes hervorruft, die Ehre seines Lehrers zu retten. Jedoch sind Schacht und Muḥammad b. Ibrāhīm der Ansicht, daß sich sein Leugnen nicht auf das Buch an sich, sondern nur auf dessen Bezeichnung bezieht, denn dieses Werk von Šaybānī heißt in der Tat nicht *K. al-ḥiyal*, sondern *K. maḫāriǧ al-ḥiyal*; zumindest den Überlieferern seines *Aṣl* (*Mabsūṭ*) war es als ein Teil davon bekannt, zumal Ǧūzaǧānī die Vollständigkeit der Überlieferung seines Lehrers betont.[224]

Nun findet sich in Ǧ eine Stelle, die diese zweite Auffassung bekräftigt. Der Erwähnung, daß frühere Lehrautoritäten wie Abū Ḥanīfa, Abū Yūsuf, Šaybānī, Zufar, Luʾluʾī in ihren Werken die Fälle von Auswegen(*maḫāriǧ*) bekanntmachten, ohne sie dabei jedoch zusammenzustellen und spezifisch zu behandeln (1/6),[225] fügt er hinzu:

> Ǧ1/7 Aus diesem Grund sagte Abū Bakr al-Iskāf:[226] „Die Fälle der Ḥiyal finden sich alle in *Mabsūṭ*, abgesehen von einem einzigen Fall, — d. i. ein

---

223 S 1/1.
224 Schacht, Einleitung zu Š, 11-12, 19.; M. Ibrāhīm, *Al-ḥiyal al-fiqhiyya*, 36.
225 Siehe oben S. 22.
226 Über ihn s. S. 24.

Fall der Annullierung des Vorkaufsrechts des Miteigentümers, den wir an der rechten Stelle erwähnen, wenn Gott will."

1/8 Ebenfalls sagte [Abū] Sulaymān al-Ǧūzaǧānī, als er danach gefragt wurde: „Tradierst du uns nicht etwa *K.al-ḥiyal*? (Die Leute) haben über Muḥammad gelogen. Von Muḥammad stammt kein *K.al-ḥiyal*, denn jedes Buch von ihm haben wir schon tradiert, abgesehen von einem Buch, das er für den Sultan verfaßt hat. Hätte er es doch nicht getan!" Darauf wurde er gefragt: „Wer hat dann *K.al-ḥiyal* verfaßt?" Er sagte: „N. N., Kopist in Karḫ."[227]

1/9 Ebenfalls habe ich von Šaiḫ al-Imām Zaynu'l-Islām al-Ustāḏ Abū Bakr b. Muḥammad b. Ḥamza as-Samarqandī al-Madīnī erfahren, daß er sagte, als er von seinem Lehrer tradierte: „*K.al-ḥiyal* wird Muḥammad fälschlich zugeschrieben."

Abū Bakr al-Iskāfs Bemerkung deutet in Zusammenhang mit dem vorherigen Kontext wiederum darauf hin, daß man Š eigentlich nicht als selbständiges Werk, in dem alle Fälle der Ḥiyal zusammengestellt wurden, betrachtete. Wir konnten auch bereits feststellen, daß es in einem weit späteren Werk, ʿA, als „*Ḥiyal* im *Aṣl*" bezeichnet wird (cf. **I. 1.**). Ǧūzaǧānī wollte ebenfalls nur vom *Mabsūṭ* bzw. *Aṣl* sprechen, nicht etwa von irgendeinem *K. al-ḥiyal*. Es ist dann zum ersten anzunehmen, daß sich der Aṣl-Überlieferer damit von einigen monographischen Überlieferungen distanzierte, mit denen er nichts zu tun hatte.

Zum zweiten könnte man wohl noch einen Grund für Ǧūzaǧānīs Zurückhaltung erkennen; es findet sich in seiner Angabe, wie Schacht bemerkt, ein Hinweis darauf, daß die Ḥiyal schon damals als Spezialität seiner Genossen betrachtet wurden und aus diesem Grund der Kritik ausgesetzt waren.[228] In diesem Zusammenhang ist auch denkbar, daß Ǧūzaǧānī seine Aussage mit Absicht so formulierte, daß man die Autorschaft des Šaybānī von *K. al-ḥiyal* in Frage stellte, während er doch damit im Sinne der ersten Annahme lediglich einige Überlieferungen meinte, mit denen er nichts zu tun hatte. — Zweideutige Ausdrücke dieser Art sind ja auch, wie wir unten sehen werden, eine ḥanafitische Spezialität und nehmen in ihren Ḥiyal großen Raum ein. Tatsächlich werden seinen Zeitgenossen harte Worte gegen *K. al-ḥiyal* zugeschrieben, die bei IT und IQ in bezug auf Ḥiyal betreffende Unterweisungen neben **I. 3. a.** 5. von al-Fuḍayl b. ʿIyāḍ zusammengestellt wurden. Dort spricht sich Ibn Ḥanbal selbst gegen Ḥiyal und *K. al-ḥiyal* aus:

---

[227] Die beschädigten Textstellen sind durch *ʿU* 2217 zu rekonstruieren. Nur wird dort statt "*fulān al-warrāq bi-Karḫ*" ebenso mit unbestimmtem Plural "*warrāqu al-Karḫ*" ausgedrückt wie in S .

[228] Schacht, Einleitung zu Š, 11.

(i) Ismāʿīl b. Ḥammād (Enkel des Abū Ḥanīfa, 212/827-8)← al-Qāsim b. Maʿn (b. ʿAbdarraḥmān b. ʿAbdallāh b. Masʿūd al-Huḏalī al-Kūfī, 175/791-2),[229] Qāḍī von Kūfa, sagte: Dieses Buch von euch, das ihr über Ḥiyal verfaßt habt, ist ein Buch der Unsittlichkeit.[230]

(ii) Abū Ḥātim ar-Rāzī (277/890-91)← Šarīk b. ʿAbdallāh (b. ʿAbdallāh b. ʿAbdallāh al-Kūfī an-Naḫaʿī, 177/793-94), Qāḍī von Kūfa, sagte über „das Buch der Ḥiyal": Wer Gott betrügt, den betrügt Gott.[231]

(iii) Ḥafṣ b. Ġiyāṯ (b. Ṭalaq b. ʿUmar an-Naḫaʿī al-Kūfī, 194/209), Qāḍī von Kūfa, sagte: Es soll darauf [der Titel] „das Buch der Unsittlichkeit" geschrieben werden.[232]

(iv) Aḥmad b. Zuhayr b. Marwān sagte: Es gab hier in Marw eine Frau, die sich von ihrem Mann loskaufen wollte, aber er weigerte sich. Dann sagte man zu ihr: „Fällst du vom Islam ab, so wirst du von deinem Mann endgültig getrennt." Und so machte sie es. Das erzählte man ʿAbdallāh, d. i. Ibn al-Mubārak (181/797), indem man zu ihm sagte: „Dieses ist ‚das Buch der Ḥiyal'." Darauf sagte ʿAbdallāh: „Wer dieses Buch verfaßt hat, ist ungläubig. Wer davon gehört hat und es gerne haben will, ist ungläubig. Wer es von einer Stadt zur anderen gebracht hat, ist ungläubig. Und wer es gerne zu Hause hat, ist ungläubig." — In der Überlieferung des [Abū] Isḥāq aṭ-Ṭāliqānī (215/830)[233] sagte man zu Ibn al-Mubārak: „Oh Abū ʿAbdarraḥmān, in der Tat muß dieses - d. i. das Buch der Ḥiyal - der Teufel verfaßt haben." Er sagte: „Irgendein Teufel (*iblīs minʾal-abālisa*)."[234]

Eine Variante tradiert auch Ibn Rāhuwayh (238/853) mit dem Namen der Frau „Bint Abī Rūḥ" und einer groben Datierung „zur Zeit des Abū Ġassān", nach Ibn Taymiyya „kurz vor der Inquisition (*miḥna*)". Somit ist hier wohl vom kūfischen Traditionarier, Mālik b. Ismāʿīl b. Ziyād b. Dirham Abū Ġassān an-Nahdī (219/834) die Rede.[235]

---

229 Über ihn *Laknawī*, 154-55. *Ibn Saʿd*, VI,267. *Tahḏīb*, VIII Nr.610, 338-9. *Mizzī*, XXIII Nr.4827, 449-51. Nach Laknawī war er Nachfolger des Šarīk im Amt. Zu seiner Hörerschaft gehörten Ibn Mahdī aus Baṣra, Lehrer des Ibn Ḥanbal, und nur bei Ibn Saʿd, nach dem Qāsim in Wāsiṭ im Amt gewesen sein soll, Yazīd b. Hārūn aus Wāsiṭ (206/821). Nach Ibn Ḥanbal und Abū Ḥātim ar-Rāzī (277/890-91) gilt er als vertrauenswürdig.

230 IT 84; IQ 189.

231 IT 84.; IQ 189.

232 IT 84.; IQ 189.

233 Ibrāhīm b. Ishāq b. ʿĪsā b. aṭ-Ṭāliqānī zog nach Baġdād und tradierte dort von Ibn al-Mubārak usw. Ibn Ḥanbal gehörte zu seiner Hörerschaft. Er starb in Marw. *Ḫaṭīb*, VI Nr. 3056, 24.

234 IT *ibid.*.; IQ 188-89; *Ḫaṭīb*, XIII 427-28 tradiert zwei Varianten von Ṭāliqānī, jedoch statt "irgendein Teufel" (52) "teuflischer als Teufel (ablasa min Iblīs)."

235 Über ihn *Samʿānī*, XIII 217-8. *Ibn Saʿd*, VI 282.*Mizzī*, XXVII, 86-91.

(v) an-Naḍr b. Šumayl (al-Māzinnī al-Baṣrī, 203/818-9, Traditionarier und Grammatiker in Ḫurāsān), sagte über „das Buch der Ḥiyal": „320 oder 330 Fälle sind insgesamt Unglaube."[236]

(vi) Abū Bakr al-Ḫallāl (311/923-24)← ʿAbd l-Ḫāliq b. Manṣūr← Ibn Ḥanbal (241/855): „Wer das Buch der Ḥiyal zu Hause hat und danach ein Rechtsgutachten abgibt, ist ungläubig gegenüber dem, was Muḥammad geoffenbart wurde."[237]

Schon auf den ersten Blick ist ein Zusammenhang zwischen diesen Überlieferungen zu bemerken. Sie finden sich, mit Ausnahme von 4) und 5), nicht unter den biographischen Werken. Bemerkenswert ist, daß al-Ḫaṭīb al-Baġdādī (463/1071) diese beiden Überlieferungen mit Gewißheit auf Abū Ḥanīfa bezieht, da das dort genannte *K. al-ḥiyal* selbstverständlich diesem zugeschrieben wird. In den beiden Varianten des 4) von Ṭāliqānī← Ibn al-Mubārak ist vom „*K. al-ḥiyal* des Abū Ḥanīfa" bereits die Rede; er zitiert dort ebenfalls Ibn al-Mubārak: „Wer Abū Ḥanīfas *K. al-ḥiyal* anschaut, der macht das erlaubt, was Gott verboten hat, und verbietet das, was Gott erlaubt hat."[238] In der Tat sind von all diesen Autoritäten außer al-Qāsim die Gegenäußerungen gegen Abū Ḥanīfa bekannt, welche al-Ḫaṭīb sorgfältig aufzählt,[239] wobei sie mit den hier in Erscheinung tretenden Informanten aus dem Umkreis des Ibn Ḥanbal in Verbindung gebracht werden. Von Šarīk, der in Baġdād tätig war, tradierten die als Ibn Ḥanbals Lehrer geltenden drei Traditionarier, Ibn Mahdī(198/814) aus Baṣra, Wakīʿ b. al-Ǧarrāḥ (197/812) aus Kūfa sowie Yaḥyā b. Saʿīd al-Qaṭṭān (198/813-4) — alle drei waren als Anhänger des Sufyān aṯ-Ṯawrī (161/778) bekannt—, ferner Ibn al-Mubārak, Yazīd b. Hārūn (206/821), der *Musnad*-Verfasser Muḥammad b. Abī Šayba u. a.[240] Nach Ibn al-Mubārak war Šarīk „ein besserer Ḥadīṯ-Kenner unter den kūfischen Gelehrten als Sufyān aṯ-Ṯawrī", der als sein Lehrer galt,[241] nach Ibn Ḥanbal „ein engagierter Traditionarier gegen die Skeptiker und Ketzer".[242] Von Ḥafṣ b. Ġiyāṯ tradierten u. a. Wakīʿ, Ibn Ḥanbal, Ibn Rāhuwayh, Yahyā b. Maʿīn

---

236 IT 83; IQ 189.; Auch *Ḫaṭīb*, XIII 427 (50) und *Mizzī*, XXIX 383, dort ist jedoch die Zahl der Fälle nicht genannt.

237 IT 84; *Ṭabaqāt Ḥ*, I Nr. 290, 181 (zu ʿAbd l-Ḫāliq). Cf. Melchert, *Sunnī Schools of Law*, 9.; ʿAbd l-Ḫāliq b. Manṣūr war Überlieferer des Ibn Ḥanbal (Todesjahr unbekannt). Über Abū Bakr al-Hallāl (311/923) *Ṭabaqāt Ḥ*, . Laoust, *Ḥanbalism*, I 79-80, Melchert, *Sunnī Schools of Law*, 143-155. Seine nicht erhaltene *Masāʾil*-Kollektion gilt als das erste Kompendium der ḥanbalītischen Jurisprudenz. Er verfaßte auch die erste ḥanbalītische Biographie, der Ibn Abī Yaʿlās *Ṭabaqāt* zugrunde liegt.

238 *Ḫaṭīb*, XIII 426 (49); 427 (51).

239 *Ḫaṭīb*, *ibid.*, 371-95 (über seinen Glauben), 395-99 und 413-49 (über sein *raʾy*), 399-413 (über seine bedenklichen Verhaltensweisen und Äußerungen).

240 Über ihn *Ibn Saʿd*, VI 263-4. *Ḫaṭīb*, IX Nr.4838, 279-95. *Tahḏīb*, IV Nr.577, 333-7.*Mizzī*, XXII Nr.2736, 279-95.

241 *Ḫaṭīb*, ibid., 281-2; *Mizzī*, ibid., 471. Ähnliche Bemerkung des Ibn Maʿīn *Mizzī*, ibid., 468.

242 *Tahḏīb*, ibid., 336-7.

(233/848), Ibn Abī Šayba.[243] Der obengenannte Abū Ġassān zählt auch zur Hörerschaft von Šarīk und Qāsim.[244] Ibn al-Mubārak, ein großer Traditionarier und Asket aus Ḫurāsān, dem sich Ibn Ḥanbal neben al-Fuḍayl b. ʿIyāḍ persönlich zugeneigt haben soll,[245] zog aus Marw in den Irak, den Ḥiǧāz, nach Syrien, Ägypten und in den Jemen und tradierte u. a. von Sufyān aṯ-Ṯawrī, Mālik, Awzāʿī. Von ihm tradierten neben seinen Lehrern Sufyān aṯ-Ṯawrī und der ḥiǧāzischen Autorität Sufyān b. ʿUyayna (198/814) — der letztere war auch Ibn Ḥanbal als Lehrer — Ibn Mahdī, Yaḥyā b. Saʿīd al-Qaṭṭān, Ibn Abī Šayba u. a.[246]; von an-Naḍr b. Šumayl, dem baṣrischen Traditionarier, der sich in Marw niederließ und dort starb, tradierten u. a. Ibn Rāhuwayh, *Sunan*-Verfasser, und Ibn Ḥanbals Anhänger Dārimī (255/ 868) sowie der *Masāʾil*-Überlieferer Isḥāq b. Manṣūr al-Kawsaǧ (251/865).[247] Damit kommt hier die Feindseligkeit der Anhänger der Ḥadīṯe (*aṣḥāb al-ḥadīṯ*) gegen die Anhänger von persönlichen Ansichten (*aṣḥāb ar-raʾy*) zum Ausdruck, wobei Abū Ḥanīfa an der Spitze der letzteren zum Gegenstand aller Angriffe gemacht wird.

Dies hat auf die Informationen über ihre Ausbildung — insbesondere die juristische — eine gewisse Wirkung. Was die Biographien der drei kūfiischen Qāḍīs und die Ibn al-Mubāraks angeht, die Laknawī zu den Ḥanafiten zählt, wobei zumindest Ibn al-Mubārak in der Ḥadīṯ-Wissenschaft und Ḥafṣ in der Jurisprudenz ausdrücklich als Schüler des Abū Ḥanīfa genannt werden, ist in den *riǧāl*-Werken keine Spur von Abū Ḥanīfa zu finden, außer bei *Mizzī* über al-Qāsim.[248] Nach Ibn al-ʿImād soll Ibn al-Mubārak unter Sufyān aṯ-Ṯawrī und Mālik b. Anas auch Jurisprudenz studiert und den *Muwaṭṭaʾ* des letzteren überliefert haben.[249] Dasselbe gilt auch für Šarīk, der nach Laknawī einer von denjenigen gewesen sein soll, die Abū Ḥanīfa als „seine Freude" bezeichnete.[250] Schließlich werden, wie schon erwähnt, Šarīk, Ḥafṣ, Ibn al-Mubārak und den ihnen nahestehenden, jedoch von der ḥanafitischen Seite neben Sufyān aṯ-Ṯawrī ebenso in Anspruch genommenen Gelehrten wie Wakīʿ b. al-Ǧarrāḥ[251] und anderen zahlreiche Vorwürfe gegen Abū Ḥanīfa zugeschrieben, die al-Ḫaṭīb mit Bedenken tradiert; denn von einigen von ihnen — insbesondere von Ibn al-

---

[243] Über ihn *Laknawī*, 68. *Flügel*, 286. *Ibn Saʿd*, VI 271-2. *Ḫaṭīb*, VIII Nr.4313, 188-9. *Tahḏīb*, II Nr.725, 415-18. *Mizzī*, VII Nr.1415, 56-70. Er war auch *qāḍī* von Baġdād.

[244] *Mizzīl*, XXIII 450. Von ihm tradierten Abū Zurʿa ar-Rāzī (264/878), Abū Ḥātim ar-Rāzī (277/890-91) u. a.

[245] Laoust, *Ḥanbalism* I, 71. Er schließt sein Treffen mit Ibn al-Mubārak in Baġdād nicht aus. Nach *Šaḏarāt*, I 296 gehörte Ibn Ḥanbal zu seiner Hörerschaft. *Ṭabaqāt*, I Nr.66, 77 tradiert, daß er, was die Jurisprudenz angeht, Ibn al-Mubārak höher geschätzt habe als Wakīʿ.

[246] Über ihn *Laknawī*, 103-4. *Ibn Saʿd*, VII² 104-5. *Ḫaṭīb*, X Nr.5306, 152-69. *Tahḏīb*, V Nr.657, 382-7. *Mizzīl*, XVI Nr. 3520, 5-25.

[247] Über ihn *Ibn Saʿd*, VII² 105. *Tahḏīb*, X Nr.795, 437-8. *Mizzī*, XXIX Nr.6421, 379-84.

[248] *Mizzīl*, XXIII 449-50. Cf. Melchert, *Sunnī Schools of Law*, 34-5.

[249] *Šaḏarāt*, I 295-7.

[250] *Laknawī*, 68 (Ḥafṣ), 103 (Ibn al-Mubārak), 154 (Qāsim und Bemerkung zu Šarīk).

[251] Wakīʿ ist sowohl in *Ṭabaqāt Ḥ*, I Nr.509, 391-2 wie auch als Abū Ḥanīfas Schüler bei *Laknawī*, 222-3 zu finden. Cf. Melchert, *Sunnī Schools of Law*, 43-44.

Mubārak — sind auch nicht wenige Lobsprüche auf Abū Ḥanīfa bekannt, die er ebenso tradiert hat.[252] Diese Vorwürfe umfassen verschiedene Streitpunkte, unter denen die Bemerkungen zu Ḥiyal einen geringen Teil der allgemeinen Kritik an seinem *ra'y*, einer willkürlichen Urteilsbildung im weiteren Sinne, ausmachen. Der Ḥanafite ʿĪsā b. al-Malik al-ʿĀdil (624/1226-27) weist in seiner Gegenschrift gegen al-Ḫaṭīb die meisten Vorwürfe als ungerechtfertigt zurück; das *K. al-ḥiyal* des Abū Ḥanīfa findet er keines Kommentars wert, denn es gebe so etwas doch gar nicht.[253]

Melchert schildert die problematische Erscheinung dieser Gelehrten, wie Ḥafṣ b. Ġiyāṯ, Ibn al-Mubārak, Wakīʿ b. al-Ǧarrāḥ usw. und bemerkt, daß die schematische Gegensätzlichkeit zwischen den *aṣḥāb al-ḥadīṯ* und den *aṣḥāb ar-ra'y* erst in der letzten Hälfte des 2./8. Jh. zutage trat und daß von diesem Zeitpunkt an die Vorwürfe gegen Abū Ḥanīfa durch Sufyān aṯ-Ṯawrī und andere zurückprojiziert worden zu sein scheinen, wobei Ḥiyal zweitrangige Gründe für die Angriffe gegen ihn waren. Er hält die theologische Kontroverse, insbesondere diejenige um die muʿtazilītische Lehre von der Erschaffung des Korans, für die Hauptursache des Zwiespalts zwischen den *aṣḥāb ar-ra'y* und den *aṣḥāb al-ḥadīṯ*; die letzteren waren zwar nicht etwa als eine bestimmte theologische oder juristische Schule anzusehen, erwiesen sich jedoch mit dem Ende der Inquisition (*miḥna*, 218/833-237/851) als Sieger, auf deren Initiative hin die sunnītischen Richtungen (*maḏāhib* im weiteren Sinne) systematisiert wurden. Dies betraf die Juristen der früheren *aṣḥāb ar-ra'y*, die sich inzwischen von regionalen Gruppen zu Schulen entwickelt hatten, die man mit der Autorität eines bestimmten Imams identifizierte. Dabei versuchten die Ḥanafiten ihrerseits methodisch den *aṣḥāb al-ḥadīṯ* mit entsprechenden Materialien beizukommen, mit denen sie ihre Jurisprudenz ausstatteten und ihren Imam von allen theologischen Dubiositäten reinigten, zumal Abū Ḥanīfa und seine Genossen sowohl mit der *muʿtazila* wie auch mit der *murǧi'a* assoziiert wurden.[254] In der ḥanbalītischen Biographie wird Ǧūzaǧānī in einer ebenfalls unwahrscheinlichen Überlieferung zum „Murǧi'iten" gemacht. In dieser Überlieferung soll Ibn Ḥanbal ihm den Besuch verweigert haben, solange er Bücher des Abū Ḥanīfa überliefern würde.[255] Jedenfalls kann man zumindest annehmen, daß sich Ǧūzaǧānī selbst als bedeutender Anhänger des Abū Ḥanīfa gerade in Baġdād, dem Ursprung der ḥanbalītischen Traditionalisten, oft Angriffen aussetzte. In diesem Zusammenhang erscheint die theologische Frage als etwas, das in der prekären Situation zur Zeit der Inquisition ein üblicher Angriff gegen jeden Gelehrten gewesen sein muß.

---

252 *Ḫaṭīb*, XIII 369-71. Ibn al-Mubāraks Lob auf Abū Ḥanīfa *ibid.* 336, 339, 342-3, 350, 355, 357-9. Von Qāsim 337, 357. Von Sufyān aṯ-Ṯawrī 363, 365, 367. Von an-Naḍr b. Šumayl 345. al-Fuḍayl b. ʿIyāḍ 339-40.

253 *Radd ʿalā al-Ḫaṭīb al-Baġdādī* im Ergänzungsband zu *Ḫaṭīb* XIII, 93-4.

254 Melchert, *Sunnī Schools of Law*, 3-13, 48-60.

255 *Ṭabaqāt Ḥ*, I 402, Nr. 529.

Aber waren die Ḥiyal tatsächlich, wie Melchert darstellt, ein "*additional reason*"[256] dieser theologischen Kontroverse? Was bedeutet dies im juristischen Kontext?

In diesem Zusammenhang ist die Assoziation der Ḥanafiten als Ḥiyal-Anhänger mit der *murǧiʾa* zu bemerken, in der ihre juristische Tendenz - nämlich ihr Rechtsformalismus - ihren theologischen Ausdruck gefunden zu haben scheint. Bereits im ersten Jh. wurde der politische Zwiespalt, in den die muslimische Gemeinde gegen Ende der Herrschaft der „rechtgeleiteten Kalifen" geriet, theologisch thematisiert. Der Separatismus der H̱āriǧiten stellte die zentrale Frage der Mitgliedschaft in der muslimischen Gemeinde. Anders als die letzteren „verschoben" die Murǧiʾiten die Beurteilung der inneren Überzeugung der Gläubigen auf das Jüngste Gericht; eine derartige Beurteilung solle Gott allein überlassen werden, da sie die menschliche Fähigkeit übersteige. Folglich gelten die Menschen im Diesseits, sofern sie ihr Glaubensbekenntnis geäußert haben, ihrem Anschein nach als gläubig. Dieser Gedanke hatte auch auf die rechtliche Beurteilung menschlicher Handlungen gewisse Auswirkungen.[257]

Der Rechtsformalismus, der die Sachen lediglich nach ihrem Anschein beurteilt, ohne die Motive und Absichten der Handelnden in Betracht zu ziehen, stand in der Tat im Mittelpunkt der Diskussionen um die Ḥiyal, bereits bei Buḫārī als ihrem Kritiker (unten S. 54 ff.) und bei seinem Zeitgenossen H̱aṣṣāf als ihrem Verteidiger (**II. 2.**). Im folgenden wird dies jedoch in Anbetracht dessen analysiert, was mit einer Lehre im Prozeß ihrer Überlieferung passieren kann. In dieser Hinsicht erscheint die Ḥiyal-Kritik nämlich etwas problematisch.

Es ist anzunehmen, daß die genannten Überlieferungen und ähnliche, die den *aṣḥāb ar-raʾy*, insbesondere Abū Ḥanīfa, allen möglichen Vorwürfen aussetzen, zu diesem Zeitpunkt, d. h. in der ersten Hälfte des 3. /9. Jh., bereits in Umlauf waren, während sich die Jurisprudenz unter Abū Ḥanīfas Namen herausbildete; *K. al-ḥiyal* galt dann sicherlich für seine Gegner als sein Werk, aber gleichermaßen wohl auch für die Ḥanafiten, für die er als Begründer ihrer Jurisprudenz gilt.[258] Sie griffen, um ihren Meister und „sein" System zu verteidigen, zu den gleichen Waffen wie ihre Gegner, so kamen gleichzeitig von ihre Seite auch die Überlieferungen in Umlauf, die, echt oder unecht, ihre Lehre legitimierten. In diesem Zusammenhang kann die Äußerung des Qāsim, von dem sonst, wenn er auch mit Šarīk und Ḥafṣ die Würde der „drei Richter" teilt, keine besonderen Fakten auffällig sind, welche die anderen Autoritäten verknüpfen, von ḥanafitischer Seite stammen. Auch Ǧūzaǧānīs Äußerung könnte ein späteres Produkt sein. Die Lehre des Abū Ḥanīfa war längst unklar, bevor man sie neben den Ansichten des Abū Yūsuf und des Šaybānī zu erwähnen pflegte, während

---

256 Melchert, *Sunnī Schools of Law*, 9.

257 Wichard, *Markt und Moschee*, 71-72.

258 Cf. Schacht, "*ḥijal*-Literatur", 221-22. Dimitroff, *Abū ʿAbdallāh Muḥammad ibn al-Ḥasan Asch-Schaibānī und sein corpus juris »al-ǧāmiʿ aṣ-ṣaġīr«* (Diss., Friedrich-Wilhelms-Universität zu Berlin), 1974 8-15.

man ihm auch – mit oder ohne böse Absicht - anderes zuschreiben hätte können. Dies ist für Ibn Taymiyya ein Beispiel für die Problematik der Lehren der Schulgründer (*a'imma*), die seiner Aussage nach an der verbotenen Art von Ḥiyal unschuldig sind, was er an derselben Stelle, an der er die genannten Überlieferungen berichtet, erklärt; die späteren Juristen schrieben den Schulgründern diese und andere relevante Ansichten zu, genauso wie die Sekten Abū Ḥanīfa ihre theologischen Ansichten zuschrieben, was die Gemeinde in die Verirrung der Inquisition brachte. Nach Ibn Taymiyya ist die Ansicht, daß die Abtrünnige nie hingerichtet wird, auf der das in 4) genannte Rechtsgutachten basiert, auch Abū Ḥanīfa fälschlicherweise zugeschrieben, denn er vertritt die strengste Ansicht über die Abtrünnigkeit, nach der - ganz zu schweigen davon, daß man allein durch die Äußerung seines Unglaubens als ungläubig gilt - auch derjenige, der sie einem befiehlt oder sie zuläßt, ungläubig wird.[259]

In dieser Hinsicht ist dieser seltsame Fall, der das Original des P1 sein soll, von Interesse, denn es gibt eine Dokumentation des Falls aus der ḥanafitischen Ḥiyal-Literatur. Ǧ 26/5 lautet:

> Derjenige, der einer Frau das Gutachten erteilt, daß sie Allah lästern soll, um sich von ihrem Mann endgültig zu trennen, der fällt vom Glauben an Allah ab.
>
> In *Nawādir* des Abū Yūsuf in Überlieferung des Ibn Samāʿa: Wenn die Ehefrau ihrem Mann die eheliche Nutznießung von ihr untersagen will und, da sie dazu nicht imstande ist, den Unglauben äußert, während der Glaube in ihrem Herzen festgehalten ist, wird sie doch als Ungläubige von ihrem Mann endgültig getrennt.
>
> In *K.al-maḫāriǧ*: Abū Ḥanīfa, Abū Yūsuf, Muḥammad (=Šaybānī), Zufar und al-Ḥasan b. Ziyād (al-Luʾluʾī) meinten, jeder, der — Gott gehorsam — doch den Unglauben ausspreche, wobei sein Herz aber am Glauben bleibe, der werde tatsächlich ungläubig und etwas, das er in seinem Herz habe, helfe ihm nicht. Der Gläubige läßt sich nämlich nur dadurch vom Ungläubigen unterscheiden, daß er ausspricht, und wenn er dadurch Unglauben äußert, ist er vor Gott sowie vor uns ungläubig.
>
> In *Nawādir* des Ibn Samāʿa ←Abū Yūsuf ← Abū Ḥanīfa: Wenn man einem Mann befiehlt, an Gott ungläubig zu werden, wird man durch diesen Befehl ungläubig. Wenn man ferner beschließt, ihm den Unglauben zu befehlen, wird man [allein] durch diesen Beschluß ungläubig.
>
> — Diese Fälle erwähnt in *al-Aǧnās* sein Verfasser (= Abūʾl-ʿAbbās an-Nāṭifī).

---

[259] IT 85-88.

Nach einhelliger Ansicht wird eine Ehe durch Abtrünnigkeit eines Ehegatten juristisch aufgelöst.[260] Nach der herrschenden Ansicht der Ḥanafiten soll die Abtrünnige gefangengenommen werden, bis sie wieder den islamischen Glauben bekennt oder anderenfalls im Gefängnis stirbt, während der Abtrünnige, dessen sofortige Tötung theoretisch jedem Muslim zusteht, nach Ablauf der dreitägigen Mahnfrist hingerichtet werden soll.[261] Nach Šāfiʿī, Mālik und Ibn Ḥanbal werden sowohl der Abtrünnige wie auch die Abtrünnige hingerichtet, es sei denn, daß sie sich erneut zum Islam bekennen.[262] Die genannte Ḥīla der Frau scheint somit nach Ansicht der Ḥanafiten dahingehend am sichersten, daß sie auf keinen Fall getötet wird. Dies tradiert Abū Ḥanīfa von Ibn ʿAbbās, während die Hauptautorität der anderen Ansicht Ibrāhīm an-Naḫaʿī ist. Ibn Abī Šayba führt in einem Kapitel seines *Muṣannaf*, das er speziell der Widerlegung Abū Ḥanīfas widmet, unterstützt von zwei Ḥadīṯen weitere Belege dafür an, daß der Prophet die Abtrünnige tötete.[263] Jedoch scheint der Schwerpunkt des Vorwurfs ein anderer gewesen zu sein, weil ʿIsā b. al-Malik, der obengenannte Verfasser der Gegenschrift gegen al-Ḫaṭīb, betont, daß selbst nach seiner Schule die Ehe der Abtrünnigen, solange sie sich im islamischen Bereich (*dār al-islām*) befindet, erst nach Ablauf der Wartezeit nach ihrer Abtrünnigkeit tatsächlich aufgelöst wird. Die Besonderheit der ḥanafitischen Lehre besteht darin, daß die Flucht der Abtrünnigen in nichtislamische Bereiche (*dār al-ḥarb*) als juristischer Tod gilt, so daß die Abtrünnige damit ohne weiteres ihren gläubigen Mann loswerden kann, weil sie der Wartezeit nicht mehr unterliegt. Dies hätte man missverstehen oder absichtlich dahingehend falsch interpretieren können, daß die abtrünnige Frau gemäß dieser Ḥīla nach Auffassung der Ḥanafiten auf alle Fälle sofort ihr Ziel erreichen könnte, wenn sie nur den Unglauben äußerte, wofür die Zitate in Ǧ26/5 sprechen, denn diese Stellen allein beziehen sich lediglich auf die Feststellung der Abtrünnigkeit ohne juristische Details. ʿIsā b. al-Malik betrachtet den einseitigen Vorwurf gegen Abū Ḥanīfa als ungerecht, denn die Frau würde nach Ansicht der anderen ohnehin mit dem Ende der Wartezeit ihr Ziel erreichen, wenn sie diese überleben könnte.[264] Nach Ǧ 26/5 ist der Fall eigentlich nicht auf Abū Ḥanīfa, sondern auf Abū Yūsuf zurückzuführen, wobei die Lehre des ersteren lediglich als Grundlage für die Auffassung des letzteren angeführt wird. Dies zu bestätigen scheint jedoch nicht das Ziel des Autors gewesen zu sein; wie Ibn Taymiyya wollte er mit dem letzten Zitat vielmehr betonen, daß die Erteilung eines

[260] Nur der juristischen Charakter dieser Auflösung ist umstritten. Bei den Ḥanafiten ist sie nach Šaybānī eine unwiderrufliche Scheidung, nach Abū Ḥanīfa und Abū Yūsuf die Anfechtung der Ehe. ʿAlāʾuddīn as-Samarqandī, *Tuḥfa*, II 255. Die Aufruf der Abtrünnigen zur Wiederkehr zum Islam, die drei Tage dauern soll, ist bei allen Schulen zumindest empfohlen. Ibn Ḥanbal stützt sich auf eine Überlieferung von ʿUmar. *Masāʾil*, 1554. Weitere Belege in Abū Yūsuf, *Ḫarāǧ*, 179-80.

[261] Saraḫsī, *Mabsūṭ*, X 98, 108. Šaybānī, *Ṣaġīr*, 306.

[262] Ibn Ḥanbal, *Masāʾil*, 1554-55. Ḫiraqī, *Muḫtaṣar*, 189.

[263] Abū Yūsuf, *Ḫarāǧ*, 180-81 und *Āṯār*, 161/735. Ibn Abī Šayba, *Muṣannaf*, VI 585-6, VIII 426-27.

[264] ʿIsā b. al-Malik, *Radd ʿalā al-Ḫaṭīb al-Baġdādī*, 94. S. auch IT 85-86, IQ

derartigen Rechtsgutachtens nach Ansicht des Abū Ḥanīfa doch unmöglich scheint; nach ihm gilt der *muftī* dadurch selbst als ungläubig, so daß niemand dieses Gutachten wagen würde.

Beim obengenannten Ibn Abī Šayba ist eine ausführliche Aufstellung der Lehren von Abū Ḥanīfa zu finden, die seiner Ansicht nach gegen die dort angeführten Ḥadīṯe verstoßen. Wahrscheinlich wurden einige davon durch die Gegner in aktuelle Fälle umgewandelt, um den Anschein zu erwecken, daß Abū Ḥanīfa oder jemand aus seiner Schule derart abscheuliche Rechtsgutachten abgegeben hätte, die jedoch tatsächlich ursprünglich nicht als Ḥiyal gedacht waren.

Dasselbe gilt gewissermaßen auch für Buḫārīs *Ṣaḥīḥ* (s. oben **I. 1.**). Ganz polemisch geht der Autor gegen Ḥiyal vor, mit den Prinzipien, die er den dort zitierten Ḥadīten mit voller Absicht entnimmt; an der Spitze steht, wie schon erwähnt, der "*niyya*-Ḥadīṯ"(**I. 3. b.** 5.). Die zu den jeweiligen Themen (Gebet, Almosensteuer, Ehe, Geschäfte, Schenkung und Vorkauf) genannten Fälle sind im großen und ganzen nicht konkret. Es gibt offensichtlich zumindest zwei Entlehnungen von ŠH̱ (s. **I.1.** zu *Ṣaḥīḥ*), aber auch etwas hypothetisch aussehende Fragen, welche im Laufe der juristischen Diskussionen nacheinander gestellt werden, um diese und andere Lehren zu erklären. Solche Materialien, aus denen sich die Schullehren gestalteten, hatten ja die früheren Juristen gemeinsam. Sie bilden somit eine Dokumentation der entstehenden Schullehren sowie ihrer gemeinsamen Zeugen sowohl für- als auch gegeneinander. So scheint Buḫārī seine Fälle, die die Charakteristik der anzugreifenden Lehre am besten darstellen sollen, ebenfalls aus verschiedenen Quellen, ḥanafītisch oder šāfiʿītisch, entnommen zu haben. Zwei von diesen sind derart bekannt, daß sie der Mālikīte aus dem 8./14. Jh., Šāṭibī (790/1388), immer noch zitiert.

(i) Falls ein Mann eine Sklavin haben möchte, die der Eigentümer ihm nicht verkaufen will, usurpiert er sie und behauptet, daß sie in seinem Besitz gestorben sei, damit der Richter ihm befiehlt, dem Eigentümer nunmehr ihren Wert zurückzugeben.

(ii) Falls ein Mann eine Jungfrau heiraten will, wofür das Gesetz ihre Zustimmung erfordert, bringt er zwei falsche Zeugen dafür bei, daß er sie mit ihrer Zustimmung geheiratet habe, damit der Richter die Ehe bestätigt.[265]

In bezug auf die beiden Fälle berichtet Buḫārī nach einhelliger Ansicht der Kommentatoren in Anspielung auf Abū Ḥanīfa und seine Schulgenossen, daß „einige Gelehrte (*baʿḍ an-nās*)" behaupten, dem Usurpator und dem angeblichen Ehemann sei der Verkehr mit der Sklavin bzw. der Jungfrau trotz allem erlaubt, nachdem der Richter das Urteil gesprochen habe. Mit dem gleichen Ausdruck, aber noch deutlicher, spricht Šāfiʿī, als er in seinem *K. al-umm* den Meinungsunterschied über die Natur des Richterspruchs erwähnt und ähnliche Fälle zusammenstellt, von „einem gewissen Gelehrten", da er gleich danach das

[265] Šāṭibī, *Muwāqafāt* (4 Bde., Kairo, 1974), II 280-81.

Pronomen im Singular verwendet.[266] Für den ḥanafitischen Kommentator des *Ṣaḥīḥ*, ʿAynī (855/1451), ist das Ziel des Buḫārī klar: Er übt moralische Kritik an der Lehre des Abū Ḥanīfa, was die Geltung des richterlichen Urteils betrifft; der Richterspruch gilt nicht nur im *forum externum* (*fīʾẓ-ẓāhir*), d. h. im äußeren, juristischen Verhältnis der Betroffenen, da sich die Menschen, selbst der Richter, nur nach dem Anschein der Sache richten lassen können, sondern auch im *forum internum* (*fīʾl-bāṭin*)[267] unter den Betroffenen.

Die Frage, ob man ein falsches Urteil, das nicht in der Rechtsauffassung, sondern in der Feststellung der Tatsachen irrt, befolgen oder nach seinem Gewissen handeln muß, mit anderen Worten, ob das von der Justizautorität gesprochene, formale Recht auf der moralischen Ebene der Šarīʿa als verbindlich gilt, war bekanntlich unter den Juristen, insbesondere zwischen den Ḥanafiten und den Šāfiʿiten umstritten. Diese theoretische Auseinandersetzung zwischen den beiden Schulen ist bereits auf das 2./8. Jh. zurückzuführen, als die Ḥanafiten die wichtigsten Richterämter unter den ʿAbbāsiden innehatten.[268] Aber das Problem stellt einen grundlegenden Streitpunkt bereits unter den ḥanafitischen Schulbegründern dar. Im *al-Ǧāmiʿ aṣ-ṣaġīr* des Šaybānī findet sich tatsächlich ein Fall, der (2) entspricht: Ein Mann erhob gegen eine Frau die Klage, daß sie seine Ehefrau sei, und brachte Zeugen dafür bei; daraufhin erklärte der Richter sie zu seiner Frau, während sie der Mann doch in Wirklichkeit gar nicht geheiratet hatte; nach Abū Ḥanīfa darf sie mit ihm zusammenleben und ihn zum ehelichen Verkehr zulassen.[269] Nach Šaybānī hat das Urteil lediglich im Diesseits Geltung, ist für die Betroffenen vor Gott jedoch nicht verbindlich, so daß der Mann im genannten Fall mit der Frau nicht geschlechtlich verkehren darf, obwohl sie ihm vor Gericht als seine Frau zuerkannt wurde. Abū Yūsuf soll zuerst gleicher Meinung mit Abū Ḥanīfa gewesen sein, sich dann aber an Šaybānī angeschlossen haben. Ḫaṣṣāf erwähnt auch diese Meinungsverschiedenheit in seinem *Adab al-qāḍī* und erklärt ebenfalls, daß, sofern das Urteil einen Kauf- oder Ehevertrag verbindlich macht, nach Abū Ḥanīfa dem Begünstigten des Urteils in jeder Hinsicht zusteht, das übergebene Objekt zu konsumieren oder die Ehe zu vollziehen, selbst wenn er weiß, daß die Zeugen zu seinen Gunsten falsch aussagten und der Vertrag gar nicht existierte. Nach Šaybānī und der letzteren Ansicht des Abū Yūsuf gilt das Urteil unter den Betroffenen jedoch nicht als verbindlich, so daß der in böser Absicht handelnde Prozeßgewinner in diesem Fall das ihm formaljuristisch

[266] Šāfiʿī, *Umm*, VII 41-42. S. auch 40-41. Die Fälle dort werden von Johansen, Barber, "Truth and validity of the Qāḍīs judgement. A legal debate among Muslim Sunnite jurists from the 9th to the 13th centuries", *Recht van de Islam*, 14 (1997), ausführlich behandelt, jedoch ohne Zitat der Stelle. S. 9, 10-15.
[267] Über die Begriffe von *forum internum* und *forum externum* und ihre Bedeutung für die islamische Jurisprudenz, s. Schacht, Anm. zu Q IV 22. Johansen, Barber, „Die sündige, gesunde Amme", *Die Welt des* Islams, 28 (1988), 275-280. Ders., "Le jugement comme preuve. Preuve juridique et vérité religieuse dans le droit Islamique Ḥànéfite", *Studia Islamica*, 72 (1990), 5-6.
[268] Johansen, "Truth and validity", 4.
[269] Šaybānī, *Ṣaġīr*, 178.

zuerkannte vermögensrechtliche oder eheliche Eigentum vor Augen Gottes nicht genießen darf. Ḫaṣṣāf selbst scheint Abū Ḥanīfas Ansicht vertreten zu haben. Ḫ erwähnt ebenfalls den Fall der falschen Zeugenaussage für die Ehe und stellt fest, daß der in böser Absicht handelnde Mann kraft des Urteils die Ehe fortsetzen darf, obwohl seine Lüge an sich eine verbotene Handlung ist.[270] Die parallele Diskussion in bezug auf ein Urteil, in dem es lediglich um eine Rechtsauffassung geht, die sich nicht an sich als falsch erweist, sondern der Ansicht der Betroffenen widerspricht, wird unten behandelt (**III. 1. a.**).

In diesem Zusammenhang tradiert Buḫārī den folgenden Ḥadīṯ des Propheten, der sagte:

> „Ich bin nur ein Mensch, jedoch wendet ihr euch gegeneinander an mich; es könnte ja sein, daß einer von euch schlauer argumentieren kann als der andere, so daß ich mich zu seinen Gunsten so entscheide, wie ich von ihm höre. Dann darf derjenige, dem ich einen Teil vom Recht seines Bruders zugesprochen habe, dem letzteren nichts wegnehmen, denn ich habe ihm nur ein Stück Höllenbrand zugeteilt."

Dieser „Höllenbrand-Ḥadīṯ" wird sowohl von den Gegnern der Ḥiyal wie auch von ihren Anhängern unterschiedlich interpretiert, wobei die letzteren vielmehr die Erklärungstheorie in bezug auf die Rechtsgeschäfte und den Formalismus der diesseitigen Jurisprudenz betonen, zumal sich selbst der Prophet auch dann nach dem Anschein einer Sache entschied, wenn er wußte, daß dieser Anschein nicht der Wahrheit entsprach. Der Richter kann sein Urteil lediglich auf den Anschein der Sache gründen. Šāfiʿī leitet auch aus diesem Ḥadīṯ seine Erklärungstheorie ab. Auch für ihn ist eine klare Tatsache, daß ein Urteil auf dem Anschein der Sache basiert, aber daraus folgt nicht seine absolute Verbindlichkeit. Er betont vielmehr die Pflicht von seiten des Richters, die richtige Methode anzuwenden, die ihn dazu führt, die Sache so beurteilen zu können, wie sie ihm erscheint, ohne auf das einzugehen, was er nicht erkennen kann. Mit der Beurteilung nach dem Anschein meint Šāfiʿī nämlich nichts anders als *qiyās*, d. h. einen Analogieschluß, im Gegensatz zu *istiḥsān*, mit dem er alles andere als *qiyās* umfaßt (cf. **III. 1. c.**).[271] Das Urteil, das der Wahrheit nicht entspricht, ist zwar juristisch verbindlich, aber die Betroffenen sind moralisch nicht daran gebunden. Sie dürfen es sich daher nicht zunutze machen. Die moralische Nichtverbindlichkeit eines solchen Urteils scheint die mehrheitliche Ansicht der klassischen Juristen zu sein.[272] Für Buḫārī ist der Ḥadīṯ ein klares Argument für die Nichtigkeit der Ḥiyal, die juristisch

---

[270] Ḫaṣṣāf, *K. adab al-qāḍī* (hrsg. von F. Ziadeh, Kairo: American Univ. Press, 1978), § 420-21. Ḫ 72/11. Auch Laknawīs Kommentar, *Ṣaġīr*, 178. Cf. Johansen, "Truth and Validity", 10-14. Ders., "Jugement", 14-15.

[271] Šāfiʿī, *Umm*, VII 294-304.

[272] Šāfiʿī, *ibid.*, VII 40-42. Cf. Johansen, "Truth and Validity", 14-17, auch über die Mālikīten.

allem Anschein nach für gültig erklärt werden. Buḫārī nennt noch zwei ähnliche Fälle, was für ʿAynī nichts anders ist als eine sinnlose Wiederholung desselben Vorwurfs.[273]

Dies ist auch der Fall, als Buḫārī einen Ḥadīṯ tradiert, der dem Wortlaut nach die rituelle Reinigung einer während des Gebets aufgetretenen Unreinheit befiehlt; da Buḫārī, davon ausgehend, das betreffende Gebet für fortan ungültig hält, übt er an den Ḥanafiten, die behaupten, daß man nach der Reinigung das Gebet fortsetzen könne, stillschweigend Kritik. Ihm zufolge bieten die Ḥanafiten dem Betenden in dieser Situation eine Ḥīla an, die sein Gebet gültig macht.[274] Dem gleichen Gedanken folgt Buḫārī ferner, als er in bezug auf das Verbot von *šiġār* (einer Ehe, in der ein Mann die Tochter bzw. Schwester eines Mannes heiratet, wobei die beiden vereinbaren, daß der erstere seine eigene Tochter mit dem letzteren verheiratet) bemerkt, daß nach Ansicht „einiger Gelehrter", falls man „mit Kniffen *šiġār* schließt", die Ehe an sich gültig sei, während die Vereinbarung wegfalle. Die Ḥanafiten wenden lediglich ihr allgemeines Prinzip nichtiger Vereinbarungen auch auf das *šiġār* an, so daß sie den Vertrag an sich nicht beeinträchtigen, während die anderen Schulen aus der Wortauslegung des Ḥadīṯ schließen, daß der *šiġār*-Vertrag überhaupt nicht zustande kommt. Für ʿAynī ist klar, daß kein ḥanafitischer Jurist mit deren Auffassung des *šiġār* an eine Ḥīla dachte. Nach Ibn Ḥağar betrachtet Buḫārī das *šiġār* als eine unter den vorislamischen Arabern übliche Ḥīla, mit der man einen anderen betrügt, um seine Tochter ohne feste Brautgabe heiraten zu können, daher schließt er sich der Nichtigkeit dieses Vertrags an, wodurch eine derartige Ḥīla überhaupt nicht ermöglicht wird. Wie schon Ibn Ḥağar am Anfang bemerkt, findet man in diesem ganzen Argument Buḫārīs eine Spur von *sadd aḏ-ḏarāʾiʿ*.[275]

Zusammenfassend kann man nach den bisherigen Untersuchungen feststellen, daß nicht wenige Ḥiyal durch ihre Gegner erdacht worden zu sein scheinen, wobei eigentlich die Lehren selbst, denen die genannten Ḥiyal zugrunde liegen sollen, Gegenstand des Angriffs waren. Wahrscheinlich wurde auch der Fall der Abtrünnigen aus den Abū Ḥanīfa zugeschriebenen Ansichten mit dieser Absicht geschaffen. Dies hängt doch im allgemeinen auch mit der Art und Weise der klassischen juristischen Diskussion an sich zusammen. In den klassischen Texten ist es oft schwierig, eine Unterscheidung zu treffen zwischen dem genauen Kontext, in dem eine Lehre und andere überliefert werden sollen, und den hypothetischen Anwendungsfällen, die man nebeneinander überliefert, um die Lehre zu klären. Dies gilt umso mehr, wenn man die Lehren einer anderen Schule betrachtet. So entstanden nicht wenige Ḥiyal — um nicht zu sagen, alle —, derer Abū Ḥanīfa beschuldigt wurde, dadurch, daß die Gegner selbst aus seinen

---

[273] *Ṣaḥīḥ Bḫ*, III/9, 32-33. ʿAynī, *ʿUmdat al-qāriʾ* (20 Bde., Ḫulafāʾ, 1392/1972), XIX, 404-6. Auch Ibn Ḥağar, *Fatḥ al-bāriʾ* (14 Bde., Beirut, 1991), XII, 341. Cf. Ibn Abī Šayba, *Muṣannaf*, VIII 425.

[274] *Ṣaḥīḥ Bḫ*, III/9, 29. ʿAynī, *ibid.*, 396. Ibn Ḥağar, *Fatḥ*, XII, 329.

[275] *Ṣaḥīḥ Bḫ*, III/9, 31. ʿAynī, *ibid.*, 400. Ibn Ḥağar, *ibid.*, 334.

schlichten Sprüchen Schlüsse zogen, die – besonders wenn manches mit böser Absicht interpretiert wird - zu den genannten Ḥiyal führen können, wie es die späteren Autoren mit dem technischen Begriff von *sadd aḏ-ḏarāʾiʿ* zu erklären versuchen.

Interessanterweise geht Šaybānī in ähnlicher Weise gegen die Medinenser vor, wenn er ihre Lehre, daß sich der Käufer eines Sklaven (etwa für 500 Dīnāre) das Vermögen des letzteren (etwa 1000 Dīnāre) ausbedingen kann, als eine Ḥīla für *ribā* bezeichnet, die einen ungleichen Tausch von Dīnāren verwirklicht, obwohl denkbar ist, daß er von solch einer Praxis bei den Medinensern gewußt hatte.[276] Es geht jedenfalls um die Feststellungen der Juristen, die von „Ḥiyal" sprechen wollten.

Inhaltlich betrachtet, wurden im Rahmen der Ḥiyal-Kritik die Diskussionen aus der Frühzeit fortgesetzt: Ibn Ḥağar berichtet in seinem Kommentar zu Buḫārīs *Ṣaḥīḥ*, daß Šāfiʿī mit Šaybānī einen Disput über eine Frau führte, die sich auf einen verbotenen Verkehr mit dem Sohn des Mannes einläßt, damit die Ehe mit dem letzteren aufgelöst werde; — den Fall erwähnt IQ (P 3). Es ging darum, ob Unzucht, wie ein rechtmäßiger Verkehr, das Ehehindernis verursachen könne.[277] Der Fall scheint hypothetisch, zumal der Geschlechtsverkehr sowie gewisse Handlungen von gleicher Bedeutung zwischen einer Frau und dem Sohn ihres Mannes neben ihrer Abtrünnigkeit häufig als Beispiel für Ursachen einer juristischen Eheauflösung von seiten der Frau angeführt werden.[278] Der Streitpunkt, an dem die Disputanten dabei interessiert waren, war eben die Unzucht als mögliche Ursache des Ehehindernisses. Diesem – wenn auch nicht authentischen – Bericht können wir entnehmen, daß zwischen den Juristen auf diese Weise heftige Diskussionen um einzelne Lehren geführt wurden, zu denen sie sich bekennen und die üblicherweise meist an extremen Fällen dargestellt wurden. Es ist möglich, daß sich einige davon später als Ḥiyal selbständig machten.

Zum Schluß könnte in Anbetracht der Tatsache, daß in erster Linie die Traditionarier durch ihre böswilligen Darstellungen für die theologischen sowie juristischen Dubiositäten um die Lehre des Abū Ḥanīfa und seiner Anhänger verantwortlich waren, der von Ǧūzağānī erwähnte Begriff „*warrāq*" wiederum eine tiefere Bedeutung gewinnen, zumal „*warrāq*", im allgemeinen „Kopist" oder „Überlieferer", als solcher so oft mit den Traditionariern zu tun hatte, wie in biographischen Werken häufig berichtet wird: „Soundso war sein Überlieferer." Möglicherweise wollte Ǧūzağānī also behaupten, daß Abū Ḥanīfas Gegner, meist Traditionalisten, ihm die Ḥiyal selbst zuschreiben, um ihn damit zu kritisieren. Es handelt sich also nicht um ein bestimmtes *K. al-ḥiyal*, das er und seine Genossen nicht überlieferten. Es wäre interessant zu wissen, ob ein solches tatsächlich vorhanden und in Umlauf war, ferner ob sogar Š, das wir heute

---

[276] Šaybānī, *Ḥuǧǧa*, II 508, s. 503-509.
[277] Ibn Ḥağar, *Fatḥ al-bārī*, XII, 331-2.
[278] So z. B. Šaybānī, *Kabīr*, 107. Laknawī zu *Ṣaġīr*, 177.

kennen, Fälschungen enthalten könnte. Solche können wir dort jedoch - wie M. b. Ibrāhīm versucht – nicht im einzelnen feststellen.[279]

2. Der ḥanafitische Begriff von Ḥiyal und Argumente dafür

So zeigt sich also, daß Überlieferungen gegen Ḥiyal bereits in der ersten Hälfte des 3./9. Jh. im Umlauf waren. Sie sind nicht konkret formuliert und beziehen sich meist auf hypothetische Fälle, die zur Widerlegung bestimmter Lehren erdacht worden zu sein scheinen. Dies spiegelt wohl juristische Diskussionen wider, die sich um diese oder andere Lehrmeinungen entwickelten, mit denen sich die entstehenden Rechtsschulen voneinander unterscheiden, obwohl diese Unterschiede im Grunde nicht sehr groß sind.

Andererseits kann man in Buḫārīs *Ṣaḥīḥ* ein mit mehr Systematik ausgestattetes Argument gegen Ḥiyal finden. Die dort zusammengestellten Ḥadīṯe des Propheten werden von der späteren Ḥiyal-Kritik immer wieder zitiert, etwa "*niyya*-Ḥadīṯ" sowie "Höllenbrand-Ḥadīṯ", aus denen einige Leitmotive abgeleitet werden. Mit steigender Tendenz zum Traditionalismus sollen weiterhin alle möglichen Materialien gesammelt worden sein, welche IT und IQ aufzählen. In der Ḥiyal-Kritik ist diese ganz gezielt analytische Klarheit der Anhaltspunkte schon bei Buḫārī auffällig.

Ob die Autoren der Ḥiyal auch in bezug auf ein systematisches Argument den Gegnern vorangingen, ist fraglich. Die vollständig aufgezählten Belege und die damit verbundenen tiefgreifenden Diskussionen, die aus vielfacher Sicht auf das Wesen von Ḥiyal eingehen, scheinen eine Reaktion auf die gegnerische Herausforderung gewesen zu sein. Schacht bemerkt eine vergleichbare Ähnlichkeit der Fälle im ersten Kapitel des Q (II 1-14) mit der von ihm nicht edierten zweiten Hälfte des ebenfalls ersten Kapitels des Ḫ, die gleich einer Reihe von Traditionen folgt, die meist von Š übernommen worden zu sein scheinen.[280] In der Tat enthält das letztere, das wir in der Kairoer Edition, Ḫ², sehen können, gerade das, was sonst nur in den gegnerischen Zeugnissen zu verfolgen ist. Wie oben erwähnt, nennt Q dort sowohl typische wie auch extreme Beispiele für die verbotenen Ḥiyal, die großenteils die gerade ausgesprochene Vermutung, daß sie als solche eigentlich nur dem Zweck der Diskussion dienen, zu bekräftigen scheinen (s. P 1, 2, 4, 5, 7, 10). Die genannte Stelle des Ḫ² erscheint in Form eines Disputs, in dem Ḫaṣṣāf — oder möglicherweise sein Überlieferer, denn der Stil erscheint ziemlich abweichend vom Rest des Werks — die gegnerischen Argumente nacheinander widerlegt:

1. Gott befiehlt, Gebete zu verrichten und Almosensteuer zu erfüllen (2;43, 83, 110, 22;41, 78, 58;13, 98;5).

[279] Muḥammad b. Ibrāhīm, *Ḥiyal*, 36-37.
[280] Schacht, Einleitung zu Q, 5.

2. Gott verbietet den Männern, ihre Frauen absichtlich dadurch zu belästigen, daß sie Scheidungen und Widerruf wiederholen, so daß sie sich immer in der Wartezeit befinden (2;231).
3. Gott verbietet den Männern, beim Selbstloskauf der Frauen mehr zu verlangen als die Brautgabe (2;229).
4. Gott verbietet den Heiratsantrag während der Wartezeit der Frau (2;235).
5. Die einhellige Ansicht, daß der vom Todkranken endgültig geschiedenen Frau der Erbanspruch zusteht.
6. Die Bestrafung der Juden, die am Sabbat jagten.
7. Die Verfluchung der Juden, die „den Preis des Fettes aßen". — Alle diese Argumente außer dem vierten haben wir schon bei IT gesehen; das erwähnen ebenfalls IQ und IT als ein *sadd aḏ-ḏarā'iʿ*, denn die Zulassung eines Heiratsantrags während der Wartezeit würde dazu führen, daß die Geschiedene ihre Wartezeit verheimlicht, um möglichst bald heiraten zu können, oder daß der ehemalige Mann einer dreimal Geschiedenen ihr schon während ihrer Wartezeit die Heirat anträgt und dafür einen *taḥlīl* organisiert.[281]

Dies alles besagt für die Gegner im Klartext, daß die genannten Taten, ungeachtet ihres Anscheins, wegen der Absicht, einer Pflicht oder einem Verbot zu entgehen oder jemandem Schaden zuzufügen, untersagt werden müssen. Die Antwort des Ḫaṣṣāf drückt genau das Gegenteil aus, und er nimmt darauf Bezug mit entsprechenden Fällen, welche Q erwähnt, indem er für den juristischen Formalismus in vollem Maße plädiert. Wenn man auf die modernen Begriffe zurückgreift, läßt sich sein Argument so zusammenfassen, daß die Durchsetzung der gegnerischen Willenstheorie die Rechtssicherheit gefährden und oft sogar ungerechte Folgen hervorrufen würde; die Veräußerung und andere Verfügungen über das Vermögen müssen, mit oder ohne Absicht, der Almosensteuer oder der Pilgerfahrt zu entgehen, denselben Vorschriften unterliegen, die die finanzielle Voraussetzung für diese Pflichten festlegen. Ob man etwa dafür, was schon fremdes Eigentum geworden ist, etwas zahlen müsse? Wenn das Gesetz ohne Vorbehalt vom „Reisenden" spricht, gilt das für alle, die im Ramaḍān unterwegs sind, mit oder ohne die Absicht, dadurch das Fasten zu brechen. Wird ein *ḫulʿ*, in dem die Frau unter Druck ihres Mannes mehr zahlen mußte, als sie bekam, für nichtig erklärt, obwohl das gerade ihrem Ziel widerspricht, von ihrem Mann um jeden Preis loszukommen? Die böse Absicht an sich betrifft nur diejenigen selbst, die sie hegen, und ist insofern lediglich für sie selbst verwerflich (*makrūh*).[282]

In diesem klaren Argument des Ḫaṣṣāf kommt, über die einzelnen Fälle hinaus, der grundlegende Unterschied zweier Vorstellungen der islamischen Jurisprudenz den gegnerischen Polemikern gegenüber deutlich zum Ausdruck. Es war vermutlich Ḫaṣṣāf, Zeitgenosse des Buḫārī, der angesichts der mehr oder weniger

---

[281] IQ 152. IT 266.
[282] Ḫ² 4-9.

begründeten Kritik die ḥanafitische Idee formulierte. Die durchgehende Linie des Gedankens, die man innerhalb der Schule der Ḥanafiten verfolgen kann, zeigt sich in den einzelnen Fällen, über die ihre Lehrmeister dahingehend diskutiert haben sollen, ob sie verwerflich oder einwandfrei seien. Ich nenne zwei Beispiele:

(i) Die Ḥiyal für die Verhinderung des Vorkaufs (*šufʿa*) sind nach einhelliger Ansicht dann verwerflich, wenn sie erst nach dem Kauf des Objekts durch den Käufer angewandt werden, denn das Recht des Vorkaufsberechtigten ist schon durch den Kauf entstanden. Solche hingegen, die vor dem Kauf angewandt werden, läßt Abū Yūsuf zu, während Šaybānī auch diese für verwerflich hält. Und dieser Meinungsunterschied zwischen den beiden wird auch auf die Ḥiyal für die Flucht vor der Almosensteuer übertragen.[283]

(ii) In bezug auf die Ḥiyal für den Agenten des Kaufs oder des Verkaufs, der das Objekt kaufen oder an sich selbst verkaufen will (P 53), stellt Šaybānī fest, daß sie auch vor den Augen Gottes zulässig sind; in diesem Zusammenhang deutet Šaybānī darauf hin, daß er nur solche als Ḥiyal bezeichnen will, die nicht nur formaljuristisch, sondern auch in religiöser Hinsicht unbedenklich sind, denn sonst hätten Ḥiyal, die einen Ausweg vom Verbotenen zum Erlaubten liefern müssen, keinen Sinn mehr.[284]

Beiden Fällen liegt das ḥanafitische Urbild von Ḥiyal zugrunde: Auswege (*maḫāriǧ*), die den Gläubigen aus der Not helfen, der sie ansonsten nicht entkommen können, ohne eine Sünde zu begehen. Dies zeigt sich schon in den Titeln der ḥanafitischen Ḥiyal-Literatur; sowohl Š wie auch Ḫ kündigen „*maḫāriǧ*" an. Als solche sind sie nach Šāfiʿī vor allem für die Hilflosen in Not gedacht, nicht etwa für diejenigen, die sie sich spontan zunutze machen in einer Art und Weise, die anderen schadet. Andererseits scheint Abū Yūsuf, der selbst als Richter die säkulare Rechtspraxis vertrat, vielmehr vom formaljuristischen Standpunkt ausgegangen zu sein. Wahrscheinlich war es wieder Ḫaṣṣāf, der die Ansicht des Šaybānī in Form eines allgemeinen Prinzips festlegte, dem sich die späteren Autoren anschließen, als er einen dem kūfischen Traditionarier Šaʿbī (Abū ʿAmr ʿĀmir b. Šarāḥīl b. ʿAmr zwischen 103/721 und 110/728) zugeschriebenen Spruch tradiert, der sich auf die unten besprochene Auslegungsregel des Eides bezieht. Diese Überlieferung fehlt in Š überhaupt, obwohl Šaybānī dort einer der Tradenten ist, während S 1/52 sie ohne die Stelle tradiert, die bei Ḫ, wie auch sonst, in Gesprächsform folgt:

> Ich sagte: „Was meinst du zu den Ḥiyal (im allgemeinen)?"
>
> Er sagte: „Die Ḥiyal, mit denen man dem Verbotenen zu einer erlaubten Folge entkommt, sind einwandfrei im Gegensatz zu denen, die gegen das Recht eines anderen verwendet werden, um es zu vernichten, oder die das

[283] Ḫ 23/4, 46/1-4. S 6/16b-c. Ḫ² 71, 85. ʿA391. Ǧ 4/3, 8/9c.
[284] Š 6/20-22. Ḫ 20/13-14, 67/ 21-23. S 3/9-9a.

Falsche richtig und umgekehrt das Richtige falsch oder zweifelhaft darstellen.“[285]

Es ist somit schwer festzustellen, ob diese Ansicht eigentlich von Šaʿabī stammt, obwohl Ibn Qayyim sie vertritt.[286] Vielmehr könnte sie auf Šaybānī selbst oder Ḫaṣṣāf zurückgeführt werden, wenn der letztere mit dieser Überlieferung schließlich die Ansicht des Šaybānī identifizieren wollte, so daß sie die späteren Autoren ohne weiteres zu erwähnen pflegten.[287] Während er so den juristischen Formalismus verteidigt, stellt er einen ausgleichenden Grundsatz auf. Somit kommt Šaybānī auch in diesem Bereich eine bedeutende Rolle zu, die er für die ḥanafitische Jurisprudenz überhaupt erhielt, in dem Sinne, daß sich die ḥanafitischen Ḥiyal nach ihm orientierten, seitdem Ḫaṣṣāf dies als Prinzip der Schule formulierte und die ḥanafitischen Ḥiyal systematisch vervollkommnete. Der Begriff „*maḫāriǧ*“ ist auf diese Weise neben dem formaljuristischen Argument einer der beiden Hauptfaktoren der späteren Ḥiyal-Verteidiger geworden.

Es ist auch nicht unmöglich, diesen Sinn den überwiegend kūfischen Überlieferungen und einigen Ḥadīṯen zu entnehmen, mit denen sowohl Š wie auch Ḫ die Ḥiyal verteidigen wollen, wobei Š sie schon vom *K. al-ḥiyal* des Abū Yūsuf übernommen zu haben scheint.[288] Diese anscheinend ältesten Befürworter der Ḥiyal stehen in einem speziellen Zusammenhang; sie beziehen sich entweder auf die Umgehung des Eides (*yamīn, pl. aimān*) oder auf die Anwendung der mehrdeutigen Ausdrücke (*maʿārīḍ al-kalām*), wobei die erstere mit der letzteren zusammenhängt, insofern es sich um Redekniffe handelt. Es geht dort um eine Art Redemanipulation, die den Zuhörer eine Aussage etwas anders verstehen läßt als das, was der Aussagende sich in seinen Gedanken vorbehält, der sich, in einem Eid z. B., damit behelfen will, ohne einer Lüge beschuldigt werden zu können. Der Sinn kommt zum deutlichsten Ausdruck in einer ʿUmar b. al-Ḫaṭṭāb zugeschriebenen Überlieferung: „Bei den mehrdeutigen Ausdrücken nützt dem Gläubigen keine Lüge mehr (*inna fī maʿārīḍ al-kalām la-mā yuġnī al-marʾ al-muslim ʿan al-kaḏib*)“, so daß man nicht zu lügen braucht.[289] In diesem Zusammenhang gibt es eine Reihe episodischer Überlieferungen, in denen Ibrāhīm an-Naḫaʿī (um 96/717) am häufigsten auftritt. Zu beachten sind die Situationen, denen diese Erzählungen zugrunde liegen; auf die taktischen Redeanwendungen wird bei der Verfolgung, bei Aufforderungen, gegen die nicht Widerstand geleistet werden kann usw. zurückgegriffen. Man ist dort mehr oder weniger Druck ausgesetzt, den verschiedene Subjekte ausüben können, sei es die

---

285 Ḫ 1/18 (Aḥmad b. Muḥammad← Ibn Samāʿa← Šaybānī← ʿAmr b. Zarr← Šaʿabī). Ḫ² 4 (am Anfang Aḥmad b. M. b. Samāʿa).

286 IQ 206 (statt ʿAmr b. Zarr “ʿAmr b. Dīnār“).

287 Ǧ 1/15. S 1/2, 9. ʿA 290.

288 Schacht, Einleitung zu Š, 52.

289 Š 1/20. Ḫ 1/2, 63/2. Eine Version bei Š 1/30, S 1/16.

Obrigkeit, sei es ein Gläubiger, sei es die eifersüchtige Gattin — schließlich jeweils diejenigen, denen man aus irgendeinem Grund den Gehorsam nicht verweigern kann. [290] Sie fallen dort unter den Begriff „*ẓālim*“, d. i. „Unterdrücker“ zusammen, worauf sich die goldene Regel bezieht, die Abū Ḥanīfa durch seinen Lehrer von Ibrāhīm tradiert: „Wird jemand zum Schwören gebracht, wobei er unter Zwang steht (*maẓlūm*), so wird sein Eid danach [ausgelegt], was man damit meinte. Ist man aber derjenige, der Zwang ausübt (*ẓālim*), so wird sein Eid danach [ausgelegt], was derjenige, der den Eid auferlegte, damit meinte.“[291] Nach Š 1/18 wird Sufyān a̲t̲-T̲awrī, Zeitgenosse des Ibrāhīm, dieselbe Auffassung zugeschrieben, die seine Interpretation eines prophetischen Hadī̲t̲ von Abū Hurayra aufweist: „Dein Eid ist danach [auszulegen], was dein Partner glaubt“[292]. Jedenfalls findet dieser Satz bei ŠH̲S umfangreiche Anwendung, auch — und am wichtigsten — auf den vor Gericht geleisteten Eid.[293] In den zahlreichen Beispielen ist deutlich festzustellen, in welcher Situation man als „*maẓlūm*“ betrachtet wird.[294] Auf diese Weise können die notleidenden Betroffenen „Auswege“ in Anspruch nehmen. Ferner kommt man dazu, sich in gewissen Situationen sogar betrügerische Strategien zu erlauben, welche die Gläubigen sonst nicht anwenden dürfen. In diesem Zusammenhang werden zwei Ḥadī̲t̲e des Propheten angeführt. In dem einen genehmigt er die Lüge dann, wenn man zwischen den Streitenden vermittelt, wenn man mit seiner Frau redet und wenn man Krieg führt.[295] In dem anderen bemerkt der Prophet auch, daß der Krieg ein (gegenseitiger) Betrug (*ḫudʿa*) sei. [296]

Diese Idee erstreckt sich dann auf die Betroffenen einer - juristisch oder faktisch - unbequemen Situation im allgemeinen, wie man später mit einem Vers

---

[290] Siehe Š 1/23. H̲ 1/3, 63/3. S 1/32.; Š 1/24. H̲ 1/4, 63/6. S 1/35.; Š 1/25. H̲ 1/5, 63/7. S 1/37.; Š 1/31. H̲ 1/9. S 1/42.; Š 1/32. H̲ 1/10. S 1/43.; H̲ 1/17. S 1/31. Zum Begriff “ẓulm/maẓālim“ s. Tyan, *Histoire de l'Organisation Judiciaire en Pays d'Islam* (2. Auflage, Leiden: Brill, 1960), 435-37.

[291] Š 1/17. H̲ 1/8, 63/10. S 1/48. Auch Ibn Abī Šayba, *Muṣannaf*, III 510.

[292] *Musnad Ḥ*, II 7122, 3/8386. Ibn Abī Šayba, *Muṣannaf*, III 509. H̲iraqī, *Muḫtaṣar H̲*, 217.

[293] Cf. H̲ 62/15.

[294] H̲ 15/12-13. H̲² 34 (der Pfandgeber verklagt den Pfandnehmer wegen eines unrechtmäßigen Besitzes, um sein Pfand zurückzubekommen, ohne seinerseits die Schuld zu begleichen).; H̲ 31/2-4. 52/17 (ein Mann verleugnet vor Gericht seine Scheidung und verlangt von der Frau, seine Vaterschaft am gemeinsamen Kind durch Eid zu leugnen, durch dessen Verweigerung die Ehe bestätigt wird.) U.ä. H̲ 52/18.; Š 13/24. H̲ 44/13. 71/23. S 4/25 (der Vermächtnisvollstrecker wird trotz seiner juristischen Stellung als Amīn von einem „dummen“ Qāḍī zum Schwören gezwungen.); H̲52/1-11 (eine Frau fordert von ihrem Mann die Brautgabe, die ihr Vormund schon empfangen hatte). U.ä. H̲52/19-21.; H̲ 53/1-3 (der Verkäufer bzw. Käufer verklagt den anderen auf Forderung, obschon der Vertrag aufgelöst wurde.) U.ä. H̲53/4.; H̲ 61/69-72 (Verhör oder Erpressung seitens der Obrigkeit. s. auch 49-68).; Š 11/3-6. H̲ 62/1-6. 84/3-7. S 7/1-6a (eine Frau verlangt von ihrem Mann, die Scheidung/ Freilassung jeder Frau zu beschwören, die er künftig heiratet/ kauft!).

[295] Von Ǧahl b. Haušab Š 1/41.; Von Umm Kul̲t̲ūm Š 1/43 (jedoch statt Krieg „Frau gegenüber ihrem Mann“). H̲ 1/14. S 1/18. IQ 205-6. Cf. Schacht, “ḥijal-Literatur“, 222-23.

[296] Š 1/41.; Von Ǧābir b. ʿAbdallāh Š 1/39. Vgl. H̲ 1/16. S 1/6.

im Koran argumentiert: „Wenn einer gottesfürchtig ist, schafft Gott ihm einen Ausweg“ (65;2), einen Ausweg, der vom Verbotenen zum Erlaubten führt. In der Tat verteidigt Šaybānī mit dieser Idee gegen die Medinenser, die ihm zufolge — in Anspielung auf eine ihrer *sadd aḏ-ḏarā'iʿ* — „die Sachen lediglich wegen des Verdachtes für nichtig erklären“, dies betrifft einige Geschäfte, die sie des Wucherzinses beschuldigen (Näheres **III. 1. c.**), während man damit nur „vom Verbotenen zum Erlaubten“ übergehen will.[297] Die Anordnung der Überlieferungen bei ŠḪ läßt eine inhaltliche Entwicklung erkennen, von „Auswegen“ bis zu „Strategien“ für Situationen, in denen man Hilfe braucht. Somit wird einigermaßen klar, was es mit Rede- und Eideskniffen dort auf sich hat, obwohl Ibn Taymiyya dazu bemerkt, daß gerade mehrdeutige Ausdrücke und Strategien eben zwei Dinge sind, die mit Ḥiyal zwar nichts zu tun haben, jedoch zu ihrer Grundlage gemacht wurden.[298]

Was die Eideskniffe angeht, könnte man noch einen praktischen Grund nennen. In diesem Bereich wird üblicherweise darüber diskutiert, was zum Bruch bzw. zur Erfüllung des Eides führen würde. Da es in beiden Fällen um die Rechtsfolge geht, beschäftigt sich die Diskussion eher mit dem formalen Rahmen als mit dem Zweck der absichtlichen Umgehung. Das Wort *„maḫāriǧ“* an sich scheint dort von Juristen dafür üblicherweise verwendet worden zu sein, so daß selbst Mālik in Zusammenhang mit einzelnen Eiden von den dazugehörigen „Auswegen“ sprach. Nach Šāfiʿī muß man bei der Beurteilung einzelner Eide zuerst prüfen, welche „Auswege“ vorhanden sind.[299] Die Ḥanafiten wollten in anderen Rechtsgebieten ebenso von *„maḫāriǧ“* sprechen wie beim Eid; ihr Standpunkt in diesem Zusammenhang wird später so formuliert, daß die ganze Šarīʿa selbst Auswege vorsieht, denn die dort festgelegten Rechtsgeschäfte an sich stellen die Mittel dar, die die Gläubigen von sonst unvermeidbaren praktischen sowie juristischen Schwierigkeiten entlasten.[300] In diesem Sinne nähern sich die Ḥiyal bei den Ḥanafiten dem Begriff *„ruḫṣa“* an (unten **III 1. b.**).

In bezug auf die Frage, wer den Begriff des Kniffes von den Eiden auf die anderen Kapitel des Gesetzes übertragen habe, vermutet Schacht, daß entweder Abū Ḥanīfa selbst es gewesen sei oder daß möglicherweise „schon Ibrāhīm an-Naḫaʿī diesen wichtigen Schritt getan hat“, angesichts der bedeutenden Rolle, die er in den genannten Überlieferungen spielt; „er wäre also als Schöpfer der islamischen Rechtskniffe anzusehen“.[301] Diese Bemerkung scheint jedoch, wenn auch gewisse Einflüsse der kūfischen Lehre auf die Grundgedanken der ḥanafitischen Ḥiyal sicher nicht zu bestreiten sind, ein Schritt zu weit hinsichtlich der Bedenken, die er selbst gleich äußert, auch die Rechtskniffe auf den historischen Ibrāhīm zurückzuführen, „während doch zu erwarten wäre, daß sie

[297] Šaybānī, *Ḥuǧǧa*, II 584, 587.
[298] IT 122-133. IQ 246-253.
[299] Saḥnūn, *Mudawwana*, II 146, 147. III 157. Muzanī, *Muḫtaṣar*, 294.
[300] S 1/8. Cf. IQ 204-6.
[301] Schacht, "*ḥijal*-Literatur“, 223-24.

sich auch auf eine Reihe von Ḥadīṯen stützen könnten, wenn sie zur Zeit der Traditionsbildung schon eine bedeutende Rolle gespielt hätten". So bemerkt er schließlich, „daß sie schon damals zwar bestanden, zu größerer Wichtigkeit aber erst bei abū Ḥanīfa gelangten".[302] Wenn er jedoch mit seinem Unterschied zwischen „Eidkniffen" und „Rechtskniffen" sowie mit der „Übertragung" der ersteren auf die letzteren nicht gemeint hat — da er auch vom „Begriff" spricht —, daß die ersteren der Ursprung der letzteren wären, sollten wir nur annehmen, daß die Eideskniffe lediglich zum Argument für die Ḥiyal im allgemeinen in Form von entsprechenden Überlieferungen, die damals in Umlauf waren, gemacht wurden. Obwohl sie tendenzlos scheinen, steckt doch eine klare Absicht dahinter. Schließlich schufen auch die Autoren der Ḥiyal nichts Neues zugunsten der „Rechtskniffe" — bei Ḫaṣṣāf erscheint ein einziger „juristischer" Ḫadīṯ, der gleich unten erwähnt wird —, obwohl Ibrāhīm an-Naḫaʿī sicherlich zu den bedeutendsten juristischen Autoritäten gehörte, von denen sowohl Abū Yūsuf wie auch Šaybānī Überlieferungen insbesondere von Prophetengefährten, aber auch von den ihnen Nachfolgenden (*āṯār*) sammelten. Diese Gattung von Traditionen spielt, wenn man die grundlegenden Werke des Šaybānī betrachtet, eine offensichtlich große Rolle, durch die Abū Ḥanīfas Lehrmeinungen dargestellt werden. Andererseits weist *Āṯār* des Abū Yūsuf, in das insbesondere Ibrāhīms Ansichten aus allen Bereichen des Rechts aufgenommen werden, nur eine Parallele zu Š 1/7 auf, wenn auch dort viele Überlieferungen über den Eid weggefallen sein sollen;[303] dort rechtfertigt Ibrāhīm den Vorbehalt der beschworenen Scheidung durch Hinzufügen von „wenn Gott will" (*istiṯnāʾ*, s. P 80). Die Zulassung des *istiṯnāʾ*, die vielen anderen Autoritäten ebenfalls zugeschrieben wurde, war offensichtlich weit verbreitet.[304] Im allgemeinen hinterlassen die Überlieferungen von Ibrāhīm und anderen in der Ḥiyal-Literatur ansonsten keine Spur. Somit ist man auf Vermutungen angewiesen, aber es scheint zumindest fraglich, daß man für sehr wichtig hielt, ob sich seine Argumente auf „Eidkniffe" oder auf „Rechtskniffe" beziehen, sofern sie als Argumente dienen könnten, denen eine gewisse Bedeutung beigemessen wurde. Was immer sie auch seien, man hat mit ihrer Hilfe die Grundidee von „Auswegen" dargestellt.

Was dieses *istitnāʾ* angeht, fügt schon Šaybānī in seinem *Aṣl* einen koranischen Beleg hinzu, daß auch Moses es praktizierte, mit den Worten: „Du wirst, so Gott will, finden, daß ich ausdauernd bin" (18;69).[305] In der späteren Ḥiyal-Literatur ist die Tendenz festzustellen, die altkūfischen Traditionen durch die entsprechenden koranischen Verse zu ersetzen; bei Ǧ werden sie ganz weggelassen. Selbst S, Kommentar zu Š, erwähnt daneben zuerst die koranischen Verse: „Auswege" werden, wie erwähnt, durch 65;2 verallgemeinert. Insbesondere in

[302] Schacht, *ibid.*, 224, Anm. 1.
[303] S. Abū Yūsuf, *Aṯār*, 769.
[304] Abū Yūsuf, *ibid.*, 628. Auch ders., *Iḫtilāf*, 215. Š 1/1-16a. Saḥnūn, *Mudawwana*, II 109. Ibn Abī Šayba, *Muṣannaf*, IV 37.
[305] Šaybānī, *Aṣl*, III 194.

bezug auf Umgehungen des Eides nimmt man die Belehrung Gottes für Ayyūb in Anspruch, der schwor, daß er seine Frau hundertmal schlagen würde: „Nimm ein Bündel (Zweige) in die Hand und schlag damit zu (um auf diese Weise den Eid, den du abgelegt hast, einzulösen)."(38;44) Auf die gleiche Weise gab Gott Yūsuf Ratschläge, mit denen er Schwierigkeiten entkommen könnte, dahingehend: „Wir verleihen, wem wir wollen, einen höheren Rang (als den anderen)." (12;76) Gott an sich verwendete gelegentlich auch Strategien und betrog die Scheingläubigen, die ihrerseits versuchten, Ihn zu betrügen: „Sie schmiedeten Ränke. Und wir schmiedeten (ebenfalls) Ränke, ohne daß sie (es) merkten." (27;50) „Die Heuchler möchten Gott betrügen, während (in Wirklichkeit) er sie betrügt." (4;142)[306]

Die späteren Autoren der Ḥiyal sorgen offensichtlich dafür, daß der Koran und die Sunna im Zentrum ihrer Argumentation stehen, wie es auch sonst üblich ist; so gehen S und Ǧ zunächst auf den Koran, dann auf die Sunna, schließlich auf die Übereinstimmung der Gemeinde bzw. die allgemeinen Prinzipien ein. Jedoch führen schon Š und H̱ auch vier H̱adīṯe an, die als authentisch eingestuft werden bzw. eine Version von diesen darstellen; zwei davon wurden schon erwähnt, nämlich die besondere Genehmigung von List und Lüge in bestimmten Fällen. Die anderen zwei beziehen sich auf konkrete Fälle, für die der Prophet selbst den Betroffenen die entsprechenden Ḥiyal verschafft haben soll. In einem von diesen schwor der Prophet in einer Moschee jemandem, der ihn nach einem Vers im Koran fragte, daß er ihn darüber informieren würde, bevor er aus der Moschee hinausginge; daraufhin setzte er einen Fuß aus der Moschee und rezitierte den Vers, bevor er den anderen Fuß vor die Tür setzte. Dies gilt als die Grundlage der ḥanafitischen Umgehungen des Schwurs, etwas nicht zu tun, durch die teilweise Ausführung der zu unterlassenden Tätigkeit (P 17 (2)), weil der Prophet in dem Zustand Wort gehalten hat, in dem er weder draußen noch drinnen war.[307] Der andere H̱adīt, der H̱ von der *Muwaṭṭa'* überträgt, stellt das einzige „juristische" Beispiel unter sämtlichen Argumenten dar, das zum Bereich der *muʿāmalāt* gehört, worauf Schacht aufmerksam macht: Der Prophet sagte zu seinem Geschäftsführer (*ʿāmil*) in H̱aybar, der nach der dortigen Gewohnheit für ihn eine gute Sorte Datteln für eine schlechte Sorte Datteln im Verhältnis von 1 zu 2 besorgte, daß er stattdessen die schlechte Sorte zunächst gegen einige Dirham umtauschen und dann dafür die gute Sorte kaufen müsse. H̱aṣṣāf kommentiert, daß ihm der Prophet befahl, die gute Sorte für das Geld zu kaufen, damit er so vom Verbotenen zum Erlaubten übergehe, während er ihm verbot, von seinem Partner mehr Datteln zu nehmen als seine Sorte.[308] Dieses einfache Verfahren, ein gewöhnlicher Kauf und Verkauf, stellt für die Ḥanafiten eine Ḥīla dar, die einen ungleichen Tausch der gleichartigen *ribā*-Güter gegeneinander, der sonst verboten würde, regelrecht ermöglicht. So zeigt sich auch hier, daß sie die šarīʿarechtlichen

306 S 1/3-5. Ǧ 1/3. IQ 201-7.
307 Von ʿAbdallāh b. Burayda H̱ 1/1, 63/1. Š 1/19. S 1/10, 12-13. IQ 204-5. Eine Version von Ubayy b. Kaʿb S 1/11.
308 H̱ 1/20. Ǧ 1/4. IQ 202. Cf. Schacht, "ḥijal-Literatur", 223, Anm. 2) und 224, Anm. 1).

Verträge an sich für Ḥiyal halten. Nach Ibn Qayyim gehen sie jedoch so weit, damit den Fall zu erlauben, in dem der Unterschied der Qualität, der im Ḥadīṯ einen ungleichen Tausch erforderlich macht, nicht vorhanden ist, wobei Kauf und Verkauf, die nur als Formsache erfolgen, nicht nur den quantitativen Überschuß (*ribā al-faḍl*), sondern auch den Vorteil einer Frist (*ribā an-nasīʿa*) ermöglichen, wie bei der *ʿīna*.[309] Bei Ǧ wird ebenfalls dadurch eine Ḥīla für einen in Menge und Frist ungleichen Tausch von Weizen legitimiert.[310]

Zur Zeit des H̱aṣṣāf hatte man es sicherlich nötig, der zunehmenden Kritik gegenüber, welche schon Buḫārī in seinem *Ṣaḥīḥ* übte, mit entsprechenden Argumenten die einzelnen Punkte zu verteidigen, auf die die Gegner eingehen wollten. Ganz oberflächlich betrachtet, zeigt sich dies in Form und Inhalt des letzten Ḥadīṯ; seine unbestreitbare Authentizität war wohl von Interesse. Ferner steht er mit der damaligen Ḥiyal-Kritik in inhaltlichem Zusammenhang, zumal das *ʿīna*-Geschäft dabei immer einen der Hauptstreitpunkte bildete, wie weiter oben zu sehen ist. Dennoch dürfte man wohl sagen, daß im Rahmen der Argumentation nichts wesentlich Neues beigebracht wurde.

Wir können die Ḥanafiten deshalb als Schöpfer der Ḥiyal bezeichnen, weil sie bei ihrer Behandlung der bestimmten Einzelpunkte, die an sich immer bestanden hatten, diesen eigenartigen Standpunkt entwickelten, und zwar im Rahmen einer gründlichen Bearbeitung der Materialien, die zur Zusammenstellung der Lehrmeinungen des Abū Ḥanīfa führte, dem selbst inzwischen auch einige Ḥiyal zugeschrieben wurden. „Eigenartig", weil sie für die Ḥanafiten „Auswege" darstellen sollen, während die Mālikīten gleichzeitig den gleichen Gedanken in die Gegenrichtung entwickelten, nämlich „Wege", die zum Bösen führen können (*ḏarāiʿ*> s. *ḏarīʿa*). Dies will ich weiter unten nachweisen. Jedenfalls war der letztere Begriff schon Šaybānī in seiner Streitschrift gegen die medinensischen Juristen bekannt.[311] Dort bekommt man den Eindruck, daß Šaybānī seine beste polemische Kunst verwendet um darzustellen, daß sich die Medinenser genauso willkürlich auf ihre Tradition stützen, wie über die Ḥanafiten gesagt wird. Unter diesen Umständen konnte er sich seinerseits in einem anderen Ort ohne Bedenken auf die kūfischen Traditionen stützen. Die lokalen Ḥiyal-Traditionen der Ḥanafiten scheinen zur Zeit des Šaybānī noch als solche anwendbar gewesen zu sein. Wir können sie wohl auf Abū Yūsuf, dessen Schrift Šaybānī überliefert haben soll, zurückführen, mit der Vermutung, daß Abū Yūsuf seinerseits einiges davon Abū Ḥanīfa verdankt. Dabei ist wichtig, daß dies zur Zeit einer umfassenden Sammlung der Materialien geschah, aus denen „die Lehren Abū Ḥanīfas" gebildet werden sollten. Wenn er als „Schöpfer der Ḥiyal" zu betrachten ist, dann vor allem aus demselben Grund, aus dem er als Gründer der ḥanafitischen Jurisprudenz gilt.

---

[309] IQ 234-45.
[310] Ǧ 7/18.
[311] Šaybānī, *Ḥuǧǧa*, II 584.

3. Juristische Diskussionen innerhalb und außerhalb der ḥanafitischen Schule

a. Ibn Qayyim über Ḥiyal in den vier Rechtsschulen

Wie oben kurz erwähnt (I. 3. c.), machen sowohl Ibn Qayyim wie auch Ibn Taymiyya einige interessante Bemerkungen — wenn man deren historischen Wert auch nicht zu hoch einschätzen sollte — zur Geschichte der Ḥiyal und ihrer Stellung in den vier Rechtsschulen. Nach Ibn Taymiyya sollen erst gegen Ende der Nachfolgergeneration solche Rechtsgutachten erschienen sein, die *ribā*, *taḥlīl* und ähnliche Ḥiyal, die er tadelt, beibringen, so daß sie als „Neuerung" betrachtet werden, während die von uns festgestellten scharfen Äußerungen zahlreicher Autoritäten bereits bekannt sind. Dabei wird stillschweigend angenommen, daß die Ḥanafiten als erste damit zu tun hatten, jedoch nicht mit Namen genannt werden. Ebensowenig kommt Abū Ḥanīfa persönlich in Betracht, zumal für die beiden Ḥanbaliten feststeht, daß keiner von den Lehrmeistern (*a'imma*) mit den Ḥiyal zu tun hatte, die ihnen fälschlicherweise zugeschrieben werden. So wurden Šāfiʿī z. B. einige Ḥiyal zugeschrieben, die seine späteren Schüler in Wirklichkeit von „östlichen Gelehrten" übernommen hatten und mit bestimmten Ansichten von ihm in Zusammenhang brachten, obwohl er damit eigentlich keine Ḥīla gemeint hatte. Wenn er gewußt hätte, was mit seinen eigenen Ansichten später gemacht werden würde, hätte er sie vermutlich für sich behalten. Besonders juristische Praktiker wie Richter, *muftī*s und Fachleute der *šurūṭ* waren dafür verantwortlich; das *fatwā* der Abtrünnigkeit (P 1) haben wir bereits gesehen. Die Scheinklage, die eine gerichtliche Bestätigung zugunsten des Angeklagten zum Ziel hat (gemeint sind wohl solche Fälle, die zwar der Form nach P 135 entsprechen, jedoch zu betrügerischen Zwecken angewandt werden, um die bestehenden juristischen Verhältnisse zwischen einer Partei und einem Dritten zu beeinträchtigen), sollen syrische Richter zwischen dem 5. und 6. Jh. H., mit denen Ibn Taymiyya wahrscheinlich einige seiner Landsleute andeutet, erdacht haben.[312] — Diese Darstellung, wenn auch nicht völlig zuverlässig, trifft einige wichtige Punkte; die Ḥiyal entstanden einerseits aus der Zusammenstellung der zu Einzelfällen überlieferten Lehrmeinungen, die als solche keine Ḥiyal darstellen, andererseits aus den damit verbundenen juristischen Diskussionen, mit denen alle möglichen Folgen davon erzielt werden sollten. In dieser Hinsicht kann man Š im Vergleich mit Ḫ sogar als dogmatisch ansehen. Dies führte oft zu einem in der Praxis unmöglichen Fall, der nur theoretisch als Ḥīla gilt, wie P 1. Andererseits drangen die Ḥiyal in die privaten Rechtsverhältnisse ein, wobei die praktische Fachliteratur wie *šurūṭ* eine bedeutende Rolle spielte, worauf Schacht mit Recht

---

[312] IT 88-90, 94-98. IQ 293-94, 298-300.

aufmerksam macht.[313] Bei der Verbreitung solcher Literatur zeigt sich das steigende Interesse an Rechtssicherheit und die gerichtliche sowie außergerichtliche Möglichkeit dafür. Dementsprechend ist bei den Ḥiyal auch die neue Tendenz festzustellen, daß es immer öfter um Rechtssicherheit an sich geht, wie bei Ḫaṣṣāf, der selbst auf die *šurūṭ* spezialisiert war.

Noch interessanter wäre, daß nach dieser Beschreibung, die auf die Verbreitung der Ḥiyal zur Zeit der beiden Ḥanbaliten hinweist, nicht die Ḥanafiten allein beschuldigt werden sollen. Ibn Qayyim geht vielmehr so weit, die anderen drei Rechtsschulen — die Mālikiten, die Šāfiʿiten und seine eigene Schule — zu kritisieren, wobei ihre Ansichten mit denen ihrer Schulbegründer nicht zu identifizieren sind, (was er immer wieder betont). Dies wird zwar anonymen Gegnern in den Mund gelegt, mit denen – so kann man annehmen – die Ḥanafiten gemeint sind. Tatsächlich ist es jedoch vermutlich z. T. Ibn Qayyims persönliche Meinung, zumal er schon im vorangehenden einige Andeutungen über die anderen Schulen macht. Besonders über seine Schulgenossen, die ihm zufolge Ibn Ḥanbal falsche Ansichten zuschreiben, äußert er nicht nur einmal Unzufriedenheit.

Die Widerlegung der anonymen Ḥiyal-Anhänger folgt auf die Aufzählung ihrer Argumente und die daraus abgeleiteten Prinzipien, etwa die juristische Beurteilung nach dem Anschein einer Sache im Gegensatz zur Willenstheorie. Dafür wollen sie daraufhin Zeugnisse, die zu bestimmten Fällen abgelegt werden, bei ihren Kritikern feststellen:

1. Von den Šāfiʿiten kennt man viele Zeugnisse; so vertreten sie, daß die einem Vertrag vorangehende Abmachung ihn nicht beeinträchtigt, daß die Absicht bei einem Rechtsgeschäft außer acht bleibt. Ferner gestatten sie die Verhinderung des Vorkaufsrechts (P 21, denn nach den Šāfiʿiten steht das Vorkaufsrecht den Miteigentümern zu). Dem *ʿīna*-Geschäft machen sie den Weg frei. P 64: Verschaffung des gemeinschaftlichen Eigentums der Gesellschafter an jedem Kapital, um bei einer Kommanditgesellschaft (*šarika*) die Sacheinlage zu ermöglichen (s. S. 71-72). P 13 und 64 werden weiter unten in bezug auf die Ḥanbaliten erwähnt. Speziell auf die Šāfiʿten zu beziehen wären P 90: Einschränkung einer in der Zukunft zu vertretenden Verfügung anstatt einer aufschiebend bedingten Bevollmächtigung (etwa: „Du bist in einem Monat mein Stellvertreter!"), die Šāfiʿī für nichtig hält, und P 14: Surayǧiyya, genannt nach Ibn Surayǧ aus Baġdād, der für die Gestaltung der klassischen šāfiʿitischen Schule (306/918) stehen soll[314]; das ist ein eidlicher Verzicht des Mannes auf jegliche Scheidung, indem er äußert: „Immer wenn ich mich von dir scheiden lasse, bist du davor dreimal geschieden."[315] Derartige Eide, die, wohl meist auf Verlangen der Gattin, zum selben Zweck verwendet werden können, z. B. „Jede Frau, die ich außer dir heirate/jede Sklavin, die ich mir

[313] Schacht, "ḥijal-Literatur", 213-14.
[314] Über ihn Melchert, *Sunni Schools of law*, 87-115.
[315] IQ 211-12. Siehe auch die entsprechenden Stellen in P. Cf. Baz, *Fraude à la loi*, 17.

kaufe, wird dreimal geschieden/freigelassen", werden von den Juristen aller Schulen diskutiert (Ḥiyal für den Mann s. P 48). Ibn Qayyim widmet der Kritik an der Surayǧiyya mehrere Seiten und stellt fest, daß die Frau durch den Eintritt der Bedingung geschieden wird, wobei die unlogische Bedingtheit ignoriert wird.

2. Die Mālikīten sind „am härtesten gegen uns in bezug auf ihre Widerlegung der Ḥiyal", wobei sie sich genau das Gegenteil der Argumentation pro Ḥiyal zum Prinzip machen; sie stellen die Abmachung vor dem Vertrag mit der vertraglichen Vereinbarung gleich, ziehen die Absicht in Betracht und vertreten *sadd aḏ-ḏarāʾiʿ*. Auch bei ihnen finden jedoch die Ḥiyal-Anhänger zwei Zeugnisse, die sie für sich selbst zurückfordern können; die Mālikīten sollen auch die Verhinderung des Vorkaufsrechts zulassen. Nach ihnen wird die Ehe von der Absicht des Mannes nicht beeinträchtigt, der beim Vertrag eine einjährige Ehe vorhatte.[316] Die Absicht der Zeitehe wird in **I. 3. b.** behandelt. In bezug auf Ḥiyal gegen das Vorkaufsrecht ist zumindest in der *Mudawwana* das Gegenteil festzustellen (unten **c.** 6).

3. Die Ḥanbalīten werden als hartnäckige Widersacher der Ḥiyal geschildert; in aller Breite zählen ihre Gegner die Widersprüche in ihren Aussagen auf. Ihnen werden 28 Ḥiyal bzw. damit verbundene Ansichten zugeschrieben. Einige davon sind die schon erwähnten allgemeinen Streitpunkte, welche IQ von IT übernahm: Umgehung des Jagdverbots während des *iḥrām* (**I. 3. b.** 4.), Nichtbeachtung der Absicht des *taḥlīl* bzw. der Zeitehe, die im Vertrag nicht zum Ausdruck kommt (**I. 3. b.**) und die Zulassung des „*tawarruq*", Schwester der *ʿīna*. (oben **I. 3. b.** 11.). Die anderen Fälle stammen höchstwahrscheinlich ebenso vom obengenannten „*K. ibṭāl al-ḥiyal*" des Abū Yaʿlā (s. **I. 3. c.**) wie auch diejenigen, die IQ später in bezug auf die Klassifikation der Ḥiyal auflisten wird. Somit weisen sie viele Gemeinsamkeiten mit P auf: [317]

   a. Die verschiedenen Umgehungen der Eide sind etwas, das „sie von uns geborgt haben", z. B. (i) Schenkung als Umgehung des geschworenen Kaufverzichtes;[318] (ii) zwei Beispiele aus P 48: Umgehung eines Eides, den die Frau von ihrem Mann verlangt (etwa daß er keine Sklavin kaufen oder keine andere Frau heiraten wird) durch den geheimen Vorbehalt; (iii) zu P 63 - Umgehung eines Eides, daß man seinen Sklaven mit seiner Sklavin nie verheiraten werde, durch eine zeitweilige Veräußerung der beiden an jemanden, der sie miteinander verheiratet und danach an ihren Verkäufer verkaufen soll - wird Abū Yaʿlā zitiert, der diese Ḥīla nach der ḥanbalītischen Ansicht gebilligt haben soll.

   b. Almosensteuer: P 33, Umgehung der *zakāt*-Pflicht für eine nicht eintreibbare Forderung (unten **b.** 6).

---

[316] IQ 212.
[317] IQ 212-17.
[318] Š17/22. Ḫ 74/23. S 5/7.

c. Miet-, Pacht-, Werk- und Dienstverträge (*iǧārāt*):

(i) P 50, Bevollmächtigung des Mieters zur Erfüllung des *ḫarāǧ* für das gemietete Grundstück mit einer entsprechenden Erhöhung der Miete, ohne ihn im Vertrag dazu zu verpflichten. Dazu zitiert Ibn Qayyim später Abū Yaʿlās Kommentar, der das Problem in gleicher Weise wie die Ḥanafiten begründet: Da die *ḫarāǧ*-Pflicht durch ein ausschließliches Eigentum verursacht wird, darf sie zu Lasten des Mieters übertragen werden (so daß die Vereinbarung, die ihn dazu verpflichtet, den Vertrag beeinträchtigt. Außerdem besteht in der Miete eine zu einem künftigen Streit führende Unklarheit, die bei den Ḥanafiten stärker betont wird, denn der *ḫarāǧ* ist in diesem Fall wesentlich als Teil der Miete zu betrachten). Wenn er jedoch in einen genauen Betrag umgerechnet und vertragsmäßig zur Miete hinzugefügt wird, beseitigt dies die Unklarheit. Anders jedoch als die Ḥanafiten, die für die Sicherheit des Mieters, der als solcher in einem möglichen Streit mit dem Vermieter seine Behauptung der Übergabe des *ḫarāǧ* nicht geltend machen kann, seine Bevollmächtigung dazu und die Miete in zwei Verträgen auseinanderhalten, wobei der Mieter dem Vermieter den dem *ḫarāǧ* entsprechenden Anteil zunächst übergibt und dann erneut in seiner Eigenschaft als Bevollmächtigter empfängt, geht es bei Abū Yaʿlā lediglich um die Einschließung der Bevollmächtigung in die Miete, wobei der Vermieter dem Mieter erlaubt, einen bestimmten Teil seiner Miete dem für den *ḫarāǧ* Zuständigen zu übergeben.[319] Diese Methode erwähnen zwar die ḥanafitischen Autoren ebenfalls, halten sie jedoch für schwach, denn die Erlaubnis in dieser Form ist für sie keine Bevollmächtigung. Abū Yaʿlā denkt wohl im Rahmen der ḥanbalitischen Jurisprudenz, die die Gewohnheit berücksichtigt: Dies sei genug, weil jeder Ausdruck, der eine Verfügung erlaubt, eine Bevollmächtigung darstellt. Ferner ist aus Gewohnheit anzunehmen, daß die beauftragte Übergabe in ähnlichen Fällen vor Zeugen erfolgen sollte, auch wenn dies nicht ausdrücklich angeordnet wurde; in dieser Hinsicht wäre der Bevollmächtigte selbst dem Dritten gegenüber abgesichert.[320]

(ii) P 51, Parallele zum Reittier, das der Mieter füttern soll.

(iii) P 13, Ḥila für die Vermietung eines mit Obstbäumen bepflanzten Grundstücks, nämlich zunächst das Grundstück für eine bestimmte Miete zu vermieten, dann mit dem Mieter einen Vertrag darüber zu schließen, daß der Mieter für einen Anteil an Früchten nach dem vereinbarten Verhältnis die Bäume pflegt (*musāqāt*).

(iv) P 49, Verkauf von Pflanzen auf dem Grundstück, um es dem Käufer zu vermieten.

d. Bevollmächtigung:

---

[319] IQ 357-58. s. insbesondere ʿA 415-6. Š 4/6. Ḫ 19/35, 65/6.
[320] Cf. Ibn Qudāma, *Muġnī*, V 84-85, 104.

(i) P 53 (1), Rücktritt des Kaufagenten, um eine bestimmte Sklavin, die er seinem Auftraggeber kaufen soll, für sich selbst zu kaufen. Dazu stellt Ibn Qayyim aus ḥanbalītischer Sicht, wahrscheinlich in Anlehnung an Abū Yaʿlā, folgendes fest: Die Sklavin gehört dann dem Kaufagenten, wenn er beim Kaufvertrag seine Absicht offenbar macht, sie für sich zu kaufen, jedoch unter der Bedingung, daß er dadurch das Vertrauen des Auftraggebers nicht enttäuschen wird. Nach Ansicht der Ḥanafiten sei das nicht möglich, weil der Kaufagent in Abwesenheit des Auftraggebers nicht von der Bevollmächtigung zurücktreten könne. Deshalb greifen sie, so Ibn Qayyim, auf die genannte Ḥīla zurück, daß der Kaufagent in einer Art und Weise dem Auftrag widerspricht, daß er die Rechtsfolgen auf eigene Kosten tragen muß, z. B. dadurch, daß er für die Sklavin mehr bezahlt als befohlen oder ohne Erlaubnis einen Unteragenten bestellt usw. Š<u>H</u>S bestätigen, daß diese Methoden auch aus religiöser Hinsicht einwandfrei sind.[321] Was den Verkaufsagenten betrifft, werden Ibn Ḥanbal sowohl die zustimmende als auch die ablehnende Ansicht darüber zugeschrieben, ob er sich selbst das zu verkaufende Objekt verkaufen kann, wobei selbst die zustimmende Ansicht verlangt, daß zwei Bedingungen erfüllt werden: Erstens müsse der Preis in einer angemessenen Höhe bestimmt werden, zweitens müsse die Kundgabe des Preises von einem Dritten vertreten werden.[322] Diese Ansicht wird auch in bezug auf eine Ḥīla in P 53 (2), daß der Verkaufsagent es an jemanden verkauft, der es dann an ihn verkaufen soll, mit den Ḥanafiten geteilt, die feststellen, daß die Ḥīla dann einwandfrei ist, wenn er das Objekt für einen angemessenen Preis verkauft. Jedoch gilt dies bei den Ḥanafiten nur auf rein moralischer Ebene, also „zwischen ihm und Gott", wobei die Wirksamkeit der jeweiligen Handlung auf juristischer Ebene betont wird. Im großen und ganzen finden die Ḥanafiten diese Ḥiyal sowohl für den Kaufagenten als auch für den Verkaufsagenten einwandfrei, ansonsten wären sie keine Ḥiyal mehr.[323] Im Gegensatz dazu zeigt Ibn Qayyim in Anbetracht des prinzipiellen Verbots der Selbstvertretung und dessen Sinnhaftigkeit eine allgemeine Abneigung, läßt jedoch auch die letzte Ḥīla unter strengen Bedingungen zu.

(ii) Rücktritt des Bevollmächtigten, um zugunsten des Auftraggebers eine Zeugenaussage abzulegen. Dieselbe Sachlage findet sich in Q, während bei Š und <u>H</u> die gleiche Methode auf den mit dem Bevollmächtigen gleichgestellten Testamentsvollstrecker (*waṣī*) bezogen wird.[324]

e. Gesellschaft:

(i) P 64.

---

[321] s. Š 6/22. <u>H</u>20/13, 67/23. S 3/2b.
[322] Ibn Qudāma, *Muġnī*, V157-8 zu <u>H</u>iraqī, *Muḫtaṣar*, 99.
[323] Š 6/20-22. <u>H</u> 20/13-14, 67/22-23. S3/2b, 9-9a.
[324] Q IV 74. Š 13/1-6. <u>H</u> 71/1-5.

(ii) Ḥīla ebenfalls für die Sacheinlage bei einer stillen Gesellschaft (*muḍāraba*). (i) und (ii) werden gleich erwähnt.

(iii) Ḥīla für die Haftung des Geschäftsführers einer stillen Gesellschaft für das Kapital.[325]

(iv) Umgekehrt: Haftungsausschluß eines Gesellschafters für das Kapital, das er während einer Geschäftsreise in Unwissenheit um den Tod seines Partners ausgeben könnte, durch ein vorheriges Anerkenntnis des letzteren.[326]

f. Umgehungen des *ribā*-Verbots sowie der anderen religiösen Einschränkungen:

(i) Ḥīla für einen wirksamen Wechsel (*ṣarf*) von 100 Dīnāren, während der Geldwechsler lediglich 500 Dirhams, d. h. die Hälfte des entsprechenden Wertes, bei sich hat (nach ŠH̲): Zuerst kauft man vom Geldwechsler dessen 500 Dirhams für 50 Dīnāre, übergibt ihm jedoch alle 100 Dīnāre und bekommt 500 Dirhams; dann leiht man ihm diese 500 Dirhams, für die er die restlichen 50 Dīnāre kauft, so daß der Geldwechsler durch den Kauf 100 Dīnāre bekommt, während er durch das Darlehen 500 Dirhams schuldig ist. Ibn Qudāma erwähnt dasselbe und findet es einwandfrei, solange es nicht als Ḥīla, sondern als eine „Lösung" (*taḫalluṣ*) betrieben wird — gemeint ist wohl eine einmalige Notlösung im Gegensatz zu Ḥīla mit der Möglichkeit oder Gefahr einer Wiederholung.[327]

(ii) Kauf irgendeines Objekts für Dirhams und sein Verkauf für Dīnāre auf Kredit, um einen gestundeten Wechsel zu ermöglichen.

(iii) P 88.

g. Vergleich (*ṣulḥ*); - eine andere Methode zu P 65 (2), Ḥīla für einen Vergleich mit einem leugnenden Schuldner unter der Bedingung, daß er einen Teil seiner eigentlich gestundeten Schuld sofort erfüllen soll. Dies gilt als heikler Fall, der einige Streitpunkte enthält und dem Ibn Qayyim mehrere Seite widmet. In diesem Sinne soll zunächst in bezug auf die Wirksamkeitsvoraussetzung eines Vergleichs Šāfiʿīs Ansicht ausgeklammert werden, nach der ein Vergleich erst dann zustande kommt, wenn der Angeklagte den Streitgegenstand bereits anerkannt hat, im Gegensatz zu Abū Ḥanīfa und Mālik. H̲iraqī schließt sich an, Ibn Qayyim spricht sich jedoch für beide Möglichkeiten aus.[328] Dann kommt diese Vergleichsbedingung - sofortige teilweise Erfüllung einer gestundeten Forderung - in Frage: Mit Ausnahme einer der beiden Ansichten des Ibn Ḥanbal, der Ibn Taymiyya und Ibn Qayyim folgen, lehnt die Mehrheit diese Möglichkeit ab, weil der

---

[325] Š 22/4. H̲ 12/1, 4-5, 81/1, 3-4. S 6/7, 9. ʿA 431. Ǧ 10/5b-c. ʿU 2224.
[326] Š 16/9. H̲ 73/39. Cf. Ǧ 11/3.
[327] Š 9/39. H̲ 4/9, 79/39. Ibn Qudāma, *Muġnī*, IV 52.
[328] IQ 369-70. H̲iraqī, *Muḫtaṣar*, 95. Ibn Qudāma, *Muġnī*, IV 476-77, 482-85.

Gläubiger aus dem Rest seiner eigentlich noch nicht fälligen Forderung einen Vorteil an Frist zieht, und dies stellt dann *ribā* dar, wenn die beiden Leistungen einer gleichen Kategorie (*ǧins*) der *ribā*-Güter angehören. Statt der ḥanafitischen Lösung, daß anstelle eines Teils dieser Schuld mit einem damit gleichwertigen Objekt aus einer anderen Kategorie operiert wird, wird hier ein anderer Vorschlag gemacht, nämlich daß der ursprüngliche Vertrag, aus dem die Obligation stammt, dementsprechend erneuert wird, was man in einem Vergleich erzielt. Dieser Lösung gibt auch Ibn Qayyim den Vorzug vor der ḥanafitischen, die er nur dann akzeptiert, wenn die Ursache nicht zu ändern ist, wie zum Beispiel bei Anspruch auf Blutgeld.[329]

h. Ritus: P 79.

i. Vermächtnis und damit gleichgestellte Verfügungen: (i) P 59. (ii) P 61.

(iii) Ḥīla für die Erben, den Sklaven/die Sklavin, dessen Dienst/deren Embryo vom Erblasser einem Dritten vermacht wurde, vom Vermächtnisnehmer zu kaufen.[330]

(iv) Ḥīla für eine bedingte Ernennung eines Testamentsvollstreckers von zwei Personen, daß der eine im Fall der Absage des anderen ernannt werden soll.[331]

Hier zeigt sich deutlich, daß Abū Yaʿlā, der einst in der ḥanafitischen Jurisprudenz ausgebildet worden sein soll, nicht nur diese und andere Fälle aus der Ḥiyal-Literatur allumfassend auf seine Weise überliefert, sondern nach ḥanbalītischer Sicht analysiert hat, wobei er sie teils übernommen, teils durch andere Methoden, die der Jurisprudenz seiner Schule entsprechen, ersetzt hat. Sein Werk wäre so als ḥanbalītischer Kommentar zur ḥanafitischen sowie der šāfiʿītischen Ḥiyal-Literatur zu betrachten. Genau das führt Ibn Qayyim auf der Basis der grundlegenden Arbeit seiner Vorgänger fort, die unter umfassender Berücksichtigung des Meinungsunterschiedes, der in der häufig vorkommenden Vielfalt der Überlieferungen von Ibn Ḥanbal reflektiert wird, die ḥanbalītische Jurisprudenz festzulegen versuchte. Manchmal weicht er sogar mit seinen eigenen Ansichten davon ab. Auffällig ist seine stolze Feststellung, daß diese und jene Ḥīla, die er als solche anerkennt, nach der Jurisprudenz seiner Schule eigentlich nicht nötig sei.

So bemerkt er zum Fall P 51, oben c. (ii), für den die Ḥanafiten dieselbe Methode wie P 50 anwenden, daß die Ḥanbalīten es nicht nötig hätten, eine derartige Miete zuzulassen. Sowohl die Ḥanafiten als auch die Ḥanbalīten folgern diesen Fall aus einem Dienstvertrag, mit dem man eine Amme oder einen

---

[329] IQ 370-3. Cf. Ḫiraqī, *Muḫtaṣar*, 95-96, dazu Ibn Qudāma, *Muġnī*, IV 490. Abū Yūsuf, *Iḫtilāf*, 43. Šāfiʿī, *Umm*, V 112.
[330] Š 7/46-49. Ḫ 68/46-48.
[331] Š 13/14-15. Ḫ 71/13-14.

Arbeiter gegen Nahrung und Kleidung anstellt. Die Mehrheit der Ḥanafiten schließt aus der Unklarheit des Lohns auf die Unwirksamkeit dieses Dienstvertrags (*qiyās*), während Abū Ḥanīfa es aufgrund von Gewohnheitsrecht vorzieht, ihn für die Amme zu erlauben (*istiḥsān*). Nach Abū Yūsuf und Šaybānī benötigt man auch für die Amme die betreffende Ḥīla. Obwohl von Ibn Ḥanbal wiederum zwei Ansichten überliefert werden, ist die Mehrheit der Ḥanbaliten mit den Mālikīten über die Zulässigkeit des Vertrages einig, da man so dem Bedürfnis der Allgemeinheit besser entsprechen könne.[332]

Anschließend zu P 13: Die Ḥanafiten lassen die Miete des Obstgartens sowie der Obstbäume an sich nicht zu. Im ersten Fall deshalb, weil der Mieter eines bepflanzten Grundstücks durch das Eigentum des Vermieters, d. h. durch die Bäume, an der Nutznießung des Grundstücks, dem Gegenstand des Mietvertrags, gehindert wird (P 49). Wenn der Mieter aber das Grundstück gerade wegen der Früchte darauf mietet, etwa unter der Bedingung, daß er für einen bestimmten Anteil an ihren Früchten die Bäume pflegt — und das sei ja meistens der Fall —, gilt dafür dieselbe Begründung wie für den zweiten Fall, daß die Früchte als materielles Vermögen (*ʿayn*), das, anders als die Nutznießung, an und für sich einen Wert hat, durch die Miete allein nicht beansprucht werden können.[333] In der ḥanbalitischen Diskussion wird der diesbezügliche Fall, in dem das Grundstück für einen Teil von dessen Getreideertrag vermietet wird, in zwei weitere Fälle unterteilt. Im ersten Fall wird der Anteil nach einer Maßeinheit bestimmt. Dazu werden Ibn Ḥanbal zwei Ansichten zugeschrieben. Seine ablehnende Ansicht, die auch Mālik vertritt, wird durch *sadd aḏ-ḏarāʾiʿ* begründet, was dazu führen soll, daß man statt einer *muzāraʿa*, in der man lediglich einen verhältnismäßigen Anteil hat, durch die Miete das gleiche Ziel erreicht, um dabei etwas Bestimmtes zu beanspruchen, was auch passiert. Die *muzāraʿa* gilt nach der Mehrheit der Juristen als wirksamer Vertrag, während sie Abū Ḥanīfa und Šāfiʿī für anfechtbar halten; über die *musāqāt* (auch *muʿāmala* genannt) besteht derselbe Meinungsunterschied, doch Šāfiʿī erlaubt sie für Datteln und Trauben.[334] Im zweiten Fall, wenn die Miete als relativer Anteil zu betrachten ist, was auf unserer Beispiel zutrifft, wird von Ibn Ḥanbal ihre Zulässigkeit überliefert, an die sich die Mehrheit der Juristen seiner Schule anschließt.[335] Für Ibn Qayyim, der in Anlehnung an Ibn ʿAqīl und seinen Lehrer für Bäume dieselbe Praxis bei den Gefährten des Propheten feststellt, würde ihre Zulässigkeit jedoch ganz

[332] Q 358 sowie die entsprechenden Stellen zu P 50. Šaybānī erwähnt die Ḥīla auch in *Ṣaǧr*, 441.; H̱iraqī, *Muḫtaṣar*, 105 und dazu Ibn Qudāma, *Muġnī*, V 449-51.; Saḥnūn, *Mudawwana*, IV 441.

[333] Saraḫsī, *Mabsūṭ*, XVI 32-33.

[334] Šaybānī, *Ṣaġīr*, 469 sowie *Ḥuǧǧa*, IV 141-3. Abū Yūsuf, *Iḫtilāf*, 41-42 sowie *Ḫarāǧ*, 88-91. Saraḫsī, *Mabsūṭ*, XXIII 9-18.; Šāfiʿī, *Umm*, VII 111-12 sowie Muzanī, *Muḫtaṣar* in IV, 123-124. H̱iraqī, *Muḫtaṣar*, 104 und dazu Ibn Qudāma, *Muġnī*, V 362-63, 382-83.; Ḥiyal für *muzāraʿa* nach Abū Hanīfa und Šāfiʿī s. P 23. Cf. Über die historischen und juristischen Hintergründe des Meinungsunterschieds, s. Johansen, *The Islamic Law on Land Tax and Rent* (London, New York, Sydney; Croom Helm, 1988), 52-54.

[335] Ibn Qudāma, *Muġnī*, V 395-96.

selbstverständlich erscheinen. Er nennt sie „die Gewährleistung des Obstgartens (*ḍamān al-ḥāʾiṭ*)“, womit er ihren Sinn begreift; die Bäume des Vermieters werden durch ihre Früchte, auf die der Mieter abzielt, gewährleistet, genauso wie sein Grundstück durch die Pflanzen darauf gewährleistet wird; dies wäre für die beiden zweckmäßiger, als auf Ḥīla zurückzugreifen. Ferner macht Ibn Qayyim auf die Problematik dieser Ḥīla aufmerksam: Erstens ist sie dann nicht anwendbar, wenn die Bäume bzw. der Garten einer Waise gehören oder eine Stiftung sind, wobei er darauf hinweist, daß die Ḥīla normalerweise derart praktiziert wird, daß die *muzāraʿa* zugunsten des Mieters erfolgt, der davon leben soll; dem Vermieter wird so wenig zugesprochen, etwa 1/1000, daß dessen Nichterfüllung üblich wird. Deshalb darf der Testamentsvollstrecker oder Verwalter einer Stiftung dem ihm anvertrauten Vermögen durch Begünstigungen (*muḥābāt*) eines Dritten keinen übermäßigen Schaden zufügen, also über das Grundstück der Waise oder die Stiftung nicht in dieser Art verfügen. Zum selben Schluß kommt auch die ḥanafitische Lehre; H̱aṣṣāf erwähnt deshalb als Ḥīla für die beiden, die den Vorgang durchführen wollen, daß sie die Miete sowie den Anteil des Mieters genau überprüfen sollen, so daß ihm nicht mehr zugesprochen werde als sein Durchschnittslohn.[336] Zweitens führt, da die *musāqāt* zwar als wirksam, aber nicht als verbindlich gilt, die genannte Ḥīla dazu, daß jeder seinem Partner durch beliebige Aufhebung der *musāqāt* Schaden zufügen kann. — Auf diese Weise stellt „die Gewährleistung des Obstgartens“ die beste Methode für eine Vorgangsweise dar, da sie auf Übereinstimmung mit den Gefährten des Propheten sowie einer richtigen Analogie beruht und überdies dem Wohl der Allgemeinheit dient.[337]

Zu e. (i) (ii) P64: Sacheinlage für eine Kommanditgesellschaft (*šarika*) und eine stille Gesellschaft (*muḍāraba*). Ganz allgemein vertreten die Ḥanafiten mehrheitlich wie auch die Šāfiʿiten die Ansicht, daß das Kapital einer Gesellschaft eine in Umlauf befindliche Währung (*ṯaman*), wie Dirham und Dīnār, sein muß, nach Ibn Abī Laylā und den Mālikiten hingegen ist die Einlage in Sachgütern (*ʿurūḍ* > s. *ʿarḍ*) möglich. Jedoch ist das Problem so heikel, daß diese Verallgemeinerung jeweils Ergänzungen bedarf, hauptsächlich dahingehend, ob es sich um eine stille Gesellschaft oder um eine Kommanditgesellschaft handelt, was angelegt wird und wie, d. h. mit oder ohne Unterschied in Kategorie und Wert. Das Wort „*ʿarḍ*“ an sich ist nicht eindeutig, im allgemeinen sind aber darunter solche Artikel zu verstehen, für die weder Maß noch Gewicht gilt und die durch den Vertrag bestimmt werden; die von den Juristen am meisten genannten Beispiele dafür sind Kleiderstoff (*ṯawb*), Reittiere und Sklaven sowie Sklavinnen, während das Wort oft als Antonym der unbeweglichen Sache auch die bewegliche Sache im allgemeinen bezeichnet.[338] In unserem Fall ist zwischen Lebensmitteln, in erster Linie Getreide, und den unmeßbaren anderen Artikeln zu

---

336 H̱ 19/45-46.

337 IQ 262-63.

338 So z. B. H̱ 2/2, 3/6, 7/3, 11/4, 20/9-10, 29/4, 42/20 (68/33), 53/3, 7, 55/3, 57/15-16. s. auch Lane, I, Art. "ʿarḍ„ 1007.

unterscheiden. Die ablehnende Ansicht der Ḥanafiten bezieht sich auf beides, denn ihrer Ansicht nach gelten die ersteren als den letzteren ähnlich. Das Hauptargument der Ḥanafiten wäre die Unklarheit des Kapitals, die zu einem gewissen Risiko führt, denn praktisch gesehen müssen die Artikel zuerst durch den Verkauf kapitalisiert werden, wobei ihr Marktwert sich ständig ändert. Jedoch werden bei einer Kommanditgesellschaft die ersteren nach Šaybānī durch Vermischung zugelassen, so daß, wenn sie verkauft werden, der Gewinn gemäß der Vereinbarung geteilt wird, während nach Abū Yūsuf, der den Sachverhalt als reine Gemeinschaft betrachtet, im Verhältnis zum Anteil geteilt wird. Darauf bezieht sich P 64 (ii).[339]

Da das Verbot der Sacheinlage für die mittelalterlichen Handelsverhältnissen ein großes Hindernis darstellte, soll diese einfache Methode oft verwendet worden sein, so daß sie, wie Udovitch bemerkt, in das ḥanafitische Recht an sich eingegliedert wurde; so wird sie in den *fiqh*-Büchern gleich nach dem Verbot erwähnt, ohne als „Ḥīla" bezeichnet zu werden.[340] Sie stellt die mālikische Lehre der Kommanditgesellschaft mit Sacheinlage an sich dar, weil sie nach Mālik durch eine Wertberechnung des jeweiligen Kapitals als gegenseitiger Kauf der Anteile wie in dieser Ḥīla erfolgt, ohne daß der Kauf erwähnt wird. Nur die Einlage in Form von Lebensmitteln hält Mālik für verwerflich, während sie Ibn al-Qāsim zuläßt. Nach Mālik werden die Lebensmittel, seien sie *ribā*-Güter, seien sie andere, bei ihrem Austausch gegeneinander mit Gold und Silber gleichgestellt.[341]

Was die stille Gesellschaft angeht, ist die tatsächliche Ansicht von Mālik etwas schwer festzustellen. In den mālikītischen Quellen wird dahingehend berichtet, daß er als Kapital lediglich Bargeld zuließ, während er nach Autoren der anderen Schulen der Einlage in Sachwerten zugestimmt haben soll. Für den Fall, daß die Sache ohne weiteres gegen etwas anderes ausgetauscht wird, ist die stille Gesellschaft auch nach Mālik nichtig, weil das Kapital derart unklar ist, daß es vom Marktwert der Sache abhängt. Selbst wenn die Sache unter der Bedingung an den Geschäftsführer übergeben wird, daß er sie verkauft und kapitalisiert, ist Māliks Ablehnung überliefert. In diesem Fall deshalb, weil der Geschäftsführer im Fall der erfolglosen Kapitalisierung wegen des Absturzes des Marktwertes des Kapitals keinen Lohn für seine Arbeit erhält, während der Kapitalgeber dadurch profitiert. Šaybānīs Darstellung der medinensischen Lehre zufolge wird nach Mālik die stille Gesellschaft in Sachwerten in diesem Sinne dann erlaubt, wenn der Kapitalgeber dem Geschäftsführer für die Ausführung des Verkaufs einen Durchschnittslohn zahlt, so daß der Verkaufspreis rückwirkend vom Tag des

---

[339] Š 15/5. Ḫ 21/6, 73/5.; Saraḫsī, *Mabsūṭ*, XXII 33, XI 160-61. Samarqandī, *Tuḥfa*, III 3, 15. Abū Yūsuf, *Iḫtilāf*, 30. Šāfiʿī, *Umm*, VII 107.

[340] Udovitch, *Partnership and Profit in Medieval Islam* (Princeton, New Jersy; Princeton Univ. Press, 1970), 62-64.

[341] Saḥnūn, *Mudawwana*, V 54-59, 86-88. Ibn Rušd, *Bidāya*, II 208-9.

Verkaufs an kapitalisiert wird.[342] Jedenfalls scheint die zustimmende Ansicht Māliks ein Mißverständnis gewesen zu sein.[343] So sollen nach Udovitch die Mālikīten wie die Ḥanafiten auf eine „Ḥīla" zurückgegriffen haben, die in der *Mudawwana* dargestellt wird, ebenfalls ohne als solche bezeichnet zu werden: Der Kapitalgeber beauftragt den Geschäftsführer damit, seine Sachen zu verkaufen und den Preis in Form einer stillen Gesellschaft zu investieren.[344] Man betrachtet dies als einen mit Risiko behafteten Dienstvertrag und gibt dabei zu bedenken, daß der Geschäftsführer, wenn sich in der stillen Gesellschaft kein Gewinn ergibt, trotz seiner bis dahin aufgewendeten Mühe mit leeren Händen ausgehen wird. In dieser Hinsicht schlägt Ibn al-Qāsim eine Form vor, die er unter anderem „gerecht" findet: Dem Geschäftsführer steht für seine ganze Arbeit sein Durchschnittslohn, der fachmännisch berechnet werden soll, zu, während Gewinn und Verlust aus der stillen Gesellschaft zu Lasten des Kapitalgebers gehen.[345] Die Ḥanafiten schlagen ganz einfach vor, daß der Kapitalgeber selbst seine Sachen an einen vertrauten Dritten verkaufen und dann mit dem Geschäftsführer eine stille Gesellschaft eingehen soll.[346]

Ibn Ḥanbal werden auch hier sowohl zustimmende als auch ablehnende Ansichten zugeschrieben, beides ganz kategorisch. An die ablehnende schließt sich Ibn Qudāma an.[347] In diesem Punkt ist auch Ibn Qayyim etwas vorsichtiger. Zu P 64 meint er: Würde man der zustimmenden Ansicht folgen, so bräuchte man keine Ḥīla. Wenn aber nicht, würde auf die Ḥīla zurückgegriffen.

Man könnte sagen, daß die Ḥanbalīten – zumindest im Vergleich mit den Ḥanafiten und Mālikīten – mehrere Möglichkeiten haben, eine zweckmäßige Ansicht auszuwählen, die Ibn Ḥanbal zugeschrieben wird, zumal in manchen Fällen zwei oder mehrere ihm zugeschriebene Ansichten vorhanden sind. Seine vollständigen Überlieferungen über die dort in Frage kommenden einzelnen Punkte aus allen Bereichen des Rechts können wir bei Ibn Qudāma verfolgen; aus ihnen können Rückschlüsse auf die ḥanbalītische Antwort auf diesen und andere Fälle in der Ḥiyal-Literatur gezogen werden. Dies ist jedoch auf Grund der mir im Moment verfügbaren Frühwerke Ibn Ḥanbals *Masā'l*, die als solche sowohl vollständig als auch fragmentarisch in den anderen Werken der Schule erhalten sind, sowie H̱iraqīs *Muḫtaṣar*, der ganz kurzen ersten Zusammenfassung der ḥanbalītischen Jurisprudenz, etwas schwierig. Zu beachten ist, daß Ibn Ḥanbal eine völlig andere Auffassung von Ḥiyal hatte als die Ḥanafiten, nämlich die von Umgehungen im engeren Sinne. Das kommt im – von IT verfaßten – Nachtrag zu seiner Äußerung **I. 3. a.** 4. (i) („Ich finde die Hīla nicht gut, außer auf erlaubtem Wege") am deutlichsten zum Ausdruck:

---

[342] Saḥnūn, *Mudawwana*, V86-88. Bāǧī, *Muntaqā*, V 156. Ibn Rušd, *Bidāya*, II 195-96. Šaybānī, *Ḥuǧǧa*, III 20-22.
[343] Dazu Udovitch, *Partnership*, 181-82.
[344] Udovitch, *Partnership*, 183. Saḥnūn, *Mudawwna*, V 87-88.
[345] Saḥnūn, *ibid.*, 88.
[346] Š 22/3. H̱ 12/3, 81/3. Cf. Ǧ 10/1. Cf. Udovitch, *Partnership*, 183.
[347] Ibn Qudāma, *Muǵnī*, V 13-15.

Ich (al-Maymūnī) sagte: „Besteht unsere Ḥīla dafür darin, daß wir dann dem folgen, was sie (d. h. die Ḥiyal-Anhänger) vertreten, wenn wir eine damit gemeinsame Ansicht von ihnen gefunden hätten, woran wir uns anschließen, oder?"

Er sagte: „Aber sicher, so ist das."

Ich sagte: „Wir haben jedoch nicht etwa durch eine Ḥīla damit zu tun, oder?"

Er sagte: „Ja."[348]

Nach Ibn Taymiyya hat Ibn Ḥanbal dadurch klargemacht, daß die Befolgung der gesetzlich vorgeschriebenen Wege nicht als Ḥīla zu bezeichnen ist, wenn es auch etymologisch so ausgelegt werden könnte. Diesem Gedanken folgt dann auch Ibn Qudāma, wenn er Ḥiyal speziell für *ribā* und die Verhinderung des Vorkaufsrechts untersagt, während er sich doch in den noch zahlreicheren anderen Einzelpunkten auf das einläßt, was die Ḥanafiten als Ḥiyal darstellen und was er auch so nennen könnte, wenn er wollte. Wie oben deutlich wird, ist der ḥanafitische Begriff von Ḥiyal so umfangreich, daß es sich dort nicht nur um bedenkliche Umgehungen handelt, zumal für die Ḥanafiten die Šarīʿa und ihre Anwendung an sich Ḥiyal darstellen sollen, die den Gläubigen Auswege aus Not und Leid eröffnen. Abū Yaʿlā scheint als erster diesen Standpunkt vertreten zu haben, den dann Ibn Qayyim in vollem Maße sogar weiter als die Ḥanafiten entwickelt hat, indem er zweckmäßige Rechtsauslegung und Interesse (*maṣlaḥa*), wie wir noch sehen werden, wohl gegeneinander abwägt, während die Ḥanafiten mehr zur Zweckmäßigkeit neigen. Damit meine ich jedoch nicht, daß es der ḥanbalitischen juristischen Diskussion an jenem Problembewußtsein gefehlt hätte, mit dem die Ḥanafiten zahlreiche Fälle als Ḥiyal bezeichnen. Es ist mir aber nicht möglich, mehr darüber zu erfahren, weil man diese Materie nicht bis in die Frühzeit der Ḥanbaliten zurückverfolgen kann.

Dennoch haben wir ein Werk aus relativ früher Zeit, das zahlreiche Fälle, welche in der ḥanafitischen Ḥiyal-Literatur zu finden sind, mit gleichem Interesse und in gleicher Art und Weise - wenn auch vom umgekehrten Standpunkt aus – dort darstellt: die *Mudawwana* des Mālikiten Saḥnūn.

b. Ḥiyal in ḥanafitischen Frühwerken

[348] IT 18, 190.

Bevor ich auf die *Mudawwana* eingehe, die ein wertvolles Vergleichsobjekt zu den ḥanafitischen Ḥiyal bildet, will ich kurz die Art und Weise der Darstellung von Ḥiyal in ḥanafitischen Frühwerken behandeln. Das Ziel besteht darin, nachzuweisen, daß Ḥiyal nicht etwa in eine besondere Literaturgattung eingeschlossen waren, sondern daß schon die Diskussionen in den „normalen" juristischen Texten darüber Aufschlüsse geben, wie dies beispielsweise auch auf die *Mudawwana* zutrifft. Der, wie häufig erwähnt, „kasuistische" Stil der frühen juristischen Texte, der insbesondere in der *masāʾil*-Form auffällig ist, hat dazu, wie oben kurz erwähnt wurde, viel beigetragen. Man stößt dort auf eine Reihe von Fällen, die auf den ersten Blick nicht erkennen lassen, warum gerade der einzelne Fall genannt wird, in welchem Zusammenhang sie zueinander stehen und was für ein Problembewußtsein dahintersteckt. In solchen Fällen wird man oft einiges finden, das in anderen Texten als Ḥiyal dargestellt wird, auch wenn es nicht ausdrücklich als solche bezeichnet wird.

Zuerst will ich die im folgenden untersuchten Texte kurz darstellen. Unter den ḥanafitischen Frühwerken wäre vor allem Šaybānīs *Aṣl*, auch in Anbetracht seines Verhältnisses zum *K. al-maḫāriǧ* (s. **I. 2. b.** und **II. 1.**), zu nennen. Dieses Werk bildet im ganzen ein komplettes Rechtskompendium der Ḥanafiten, das in allen Rechtsbereichen als maßgebend galt und somit in den späteren Quellen immer wieder bearbeitet und zitiert wurde. Der berühmteste und wohl ausführlichste Kommentar dazu ist bekanntlich Saraḫsīs *Mabsūṭ*. Von *Aṣl* gibt es leider noch keine vollständige Edition; jedoch enthält die Teiledition von Abūl-Wafāʾ al-Afġānī, der neben al-*Ǧāmiʿ aṣ-ṣaġīr* die folgenden grundlegenden Werke mit größter Sorgfalt ediert hat, einen interessanten Abschnitt, der in **III. 1. a.** behandelt wird. Abū Yūsufs *Iḫtilāf Abī Ḥanīfa wa-Ibn Abī Laylā* kann auch ein Teil des *Aṣl* gewesen sein.[349] Das Werk enthält viele Streitpunkte, denen die ḥanafitischen Ḥiyal zugrunde liegen, die, wie die anderen grundlegenden Werke der Schule, in erster Linie den Meinungsunterschied zwischen Abū Ḥanīfa und seinen Genossen, vor allem Abū Yūsuf und Šaybānī, zum Gegenstand haben; wenn man dort von einer Übereinstimmung spricht, bezieht sie sich manchmal auf diese drei, und wenn man von „unseren Genossen" spricht, meint man auch damit manchmal sie allein. Ibn Abī Laylās gegensätzliche Ansichten sind deshalb interessant, weil sie mit der medinensischen Lehre viele Gemeinsamkeiten aufweisen, während der Meinungsunterschied zwischen den drei Autoritäten im Grunde nicht so groß ist. In diesem Sinne ist Šaybānīs *Ḥuǧǧa ʿalā ahl al-Madīna* ebenfalls von Bedeutung. Dies wäre ein beredtes Zeugnis dafür, daß die Ḥiyal nicht schulisch abgeschlossen waren, wie Schacht behauptet; — Šaybānī spricht von einer „Ḥīla" der Medinenser, die so etwas „versperren"(*sadd aḏ-ḏarāʾiʿ*) sollen (s. oben S. 57). Die beiden *Ǧāmiʿ*s, das „große" und das „kleine", stellen jeweils eine Zusammenstellung der Fallösungen nach Šaybānī dar, und dementsprechend wird der Meinungsunterschied, so es denn einen gibt, zwischen

---

[349] Matern, *Ibn Abī Laylā: Ein Jurist und Traditionarier des frühen Islam* (Diss., Bonn: Rheinische Friedrich-Wilhelms-Universität Bonn, 1968), 7.

ihm einerseits und Abū Ḥanīfa oder Abū Yūsuf andererseits aufgezeigt. Charakteristisch ist die etwas dogmatische Natur der dort ausgewählten Fälle, die vermutlich grundlegender Polemik dienen und somit einige Extremfälle enthalten; nämlich, wie wir gesehen haben, die Eheauflösung durch Abtrünnigkeit der Frau oder ihren Verkehr mit dem Sohn des Mannes, die juristische Beurteilung nach dem Anschein der Sache ganz allgemein, die den Gegnern guten Grund zum Angriff gegeben zu haben scheint (s. **II. 1.**).

Ich greife nun, soweit anhand von P möglich, nur ein paar Beispiele dafür heraus, wie Ḥiyal in juristischen Texten dargestellt werden können und wie einfach sie von der Ḥiyal-Literatur übernommen werden. Die Unterstreichungen stammen von mir.

1. Das einfachste Beispiel; zu P 97 aus dem *Iḫtilāf*:

> Wenn jemand sich für die Forderung eines anderen an einen Dritten verbürgt, meint Abū Ḥanīfa dazu, daß sie der Gläubiger gegen jeden beliebigen von den beiden geltend machen könne; im Fall einer Schuldübernahme(*ḥawāla*) könne er doch den eigentlichen Schuldner nicht verfolgen, weil er dem letzteren seine Schuld bereits erlassen habe — wir schließen uns daran an. Dagegen vertritt Ibn Abī Laylā, daß der Gläubiger auf keinen Fall den Schuldner verfolgen könne, weil er dann dem letzteren seine Schuld erlassen habe, als er zugestimmt habe, seinen Bürgen zu akzeptieren. — Wenn aber dann der Schuldner und der Bürge sich füreinander verbürgt hätten, dann könne der Gläubiger, nach ihrer beider Ansicht, jeden beliebigen verfolgen. [350]

Zum Vergleich:

> Š 8/1. Ḫ 70/1 Abū Ḥanīfa sagte: „Falls einer an einen anderen eine Forderung hat und ein Dritter sich dafür verbürgt, dann kann der Gläubiger gegenüber jedem beliebigen von ihnen die Forderung geltend machen." Jedoch vertritt „ein Jurist (*baʿḍ al-fuqahāʾ*)":„Die Bürgschaft für Forderungen (*ḍamān*) ist ähnlich wie die Schuldübernahme; der Gläubiger kann nach seiner Zustimmung zur Bürgschaft den eigentlichen Schuldner nicht verfolgen, es sei denn, daß es der Gläubiger im Bürgschaftsvertrag zur Bedingung macht, daß sich jeder von den beiden für seinen Partner verbürgt." — Wenn dies vereinbart wird, dann ist dies daher jeder Ansicht nach zulässig.
>
> Ḫ 43/19 Ich fragte: „Was meinst du zu einem Mann, der an einen anderen eine Forderung hat und dem der Schuldner einen Bürgen für diese Forderung gegeben hat?"

[350]Abū Yūsuf, *Iḫtilāf*, 54-55. Cf. Šaybānī, *Amālī*, 47.

Er sagte: „Nach der Ansicht unserer Genossen haften der Schuldner und der Bürge für die Forderung, indem der Gläubiger sie beide verfolgen und die Forderung gegenüber jedem beliebigen geltend machen kann. Jedoch vertritt ‚ein Jurist', daß die Bürgschaft für Forderungen der Schuldübernahme ähnlich ist und daß der Gläubiger den eigentlichen Schuldner nicht verfolgen kann."

Ich sagte: „Was wäre dann die Ḥīla dafür, daß der Gläubiger nach beider Ansicht jeden beliebigen verfolgen kann?"

Er sagte: „Der Bürge bürgt für die Schuld des Schuldners unter der Bedingung, daß sich jeder von beiden für seinen Partner verbürgt und daß der Gläubiger gegenüber jedem beliebigen seine gesamte Forderung geltend machen kann. Wenn er sich unter dieser Bedingung für (den Schuldner) verbürgt, kann der Gläubiger jeden beliebigen verfolgen."

Die Bemerkung nach „wenn aber dann" im *Iḫtilāf* entspricht der Ḥīla in ŠH̱S (umgekehrt besorgt Ibn Qayyim für den Bürgen eine Ḥīla, in Anbetracht des gleichen Meinungsunterschieds außerhalb der ḥanafitischen Schule). Bei Š wird die Darstellung fast wortwörtlich übernommen. H̱ hat sie lediglich in die *masāʾil*-Form umgewandelt, wobei zunächst nach der juristischen Natur der Bürgenhaftung gefragt wird, so daß in der Antwort dieser Meinungsunterschied (jedoch wird dabei Ibn Abī Laylā nicht namentlich genannt) erwähnt wird, und schließlich wird dasselbe nach „jedoch" als Ḥīla beigebracht. Nach *Iḫtilāf* ist die Ḥīla auf Ibn Abī Laylā zurückzuführen.[351]

Der Unterschied zwischen den Formulierungen bei Š und H̱ ist interessant in Hinblick auf die Feststellung von Schacht, daß die kürzere Rezension von H̱, die mit Š gemeinsam vorgeht, früher zu datieren ist als die längere (**I. 1.**).

2. Noch ein ähnliches Beispiel aus *al-Ǧāmiʿ aṣ-ṣaġīr*

Kauft ein Mann seine minderjährige Tochter [von ihrem Mann] für ihre [noch unerfüllte] Brautgabe los, so ist (das *ḫulʿ*) nicht zulässig. Wenn er aber dann sie für 1000 [Dirham?] unter der Bedingung loskauft, daß er dafür haftet, dann kommt das *ḫulʿ* zustande, indem diese 1000 von ihm gefordert werden.[352]

Š 6/29. H̱ 67/30 Ich sagte: „Was meinst du dazu: Wenn die Frau niemanden dazu bevollmächtigt hat, sie von ihrem Mann loszukaufen, aber der Vater der Frau will sie loskaufen, ist das zulässig?"

Er sagte: „Das ist nicht zulässig, es sei denn, daß der Vater sie für [ein Entgelt] auf seine eigenen Kosten von ihrem Mann loskauft."

[351] Cf. Šāfiʿī, *Umm*, VII 118.
[352] Šaybānī, *Ṣaġīr*, 214-15, s. auch Laknawīs Kommentar dazu.

Š 6/30. H̱ 67/31 Ich fragte: „Wenn er sie aber dann für die Brautgabe der Tochter loskauft, die er noch zu erfüllen hat?“

Er sagte: „Das ist nicht zulässig, und die Tochter wird nur mit ihrer Zustimmung geschieden, wenn sie das erfahren hat.“

Š 6/31. H̱ 67/32 Ich sagte: „Wie macht man es dann, daß die Scheidung zustande kommt, indem die Tochter unwiderruflich getrennt wird?“

Er sagte: „Der Vater oder ein Dritter verpflichtet sich zur Haftung für die Vindikation der Brautgabe, für die er sie losgekauft hat.“

Š 6/32. H̱ 67/33 Ich fragte: „Wenn er es so macht, wird dann das *ẖulᶜ* zulässig und erfolgt die Scheidung?“

Er sagte: „Ja.“

Š 6/33. H̱ 67/34 Ich sagte: „Und egal, ob die Tochter minderjährig oder erwachsen ist, wird das *ẖulᶜ* erst dann zulässig, wenn der Vater oder ein Dritter für die Vindikation haftet?“

Er sagte: „Ja.“

H̱ 26/1=Š 6/30. H̱ 67/31.

H̱ 26/2 Ich fragte: „Wenn er sie aber für ihre [unerfüllte] Brautgabe loskaufen will?“

Er sagte: „Die Ḥīla dafür besteht darin, daß er sie für ihre Brautgabe loskauft und daß er dem Mann gegenüber für den Vindikationsanspruch seitens der Tochter haftpflichtig wird. Wenn er sie unter dieser Bedingung loskauft, dann ist das *ẖulᶜ* zulässig.“

Das *ẖulᶜ* der Tochter durch ihren Vater ohne deren Zustimmung ist nach den Ḥanafiten unwirksam, da seine Wirksamkeit von der Genehmigung der Tochter abhängig gemacht wird; es sei denn, daß es – anders als nach den Mālikīten (s. unten c.) – auf seine eigenen Kosten erfolgt. Wenn die Tochter daher das *ẖulᶜ* durch die Entlastung des Mannes von ihrer unerfüllten Brautgabe nicht genehmigt, bleibt sie in der Ehe mit dem vollen Anspruch auf die Brautgabe, während der Mann den Vater nicht regreßpflichtig machen kann. Die in *al-Ǧāmiᶜ* erwähnte Ausnahme, die Vereinbarung der Haftpflicht des Vaters/Dritten für die Vindikation seitens der widerwilligen Tochter, stellt bei H̱ 26/2 ohne weiteres eine Ḥīla dar; die Ehe wird aufgelöst, indem die Tochter ihre Brautgabe von ihrem Mann beansprucht, der dann den Vater regreßpflichtig machen kann. Dasselbe gilt für eine Erwachsene statt einer Minderjährigen und für einen Dritten statt ihres Vaters (s. H̱ 26/3-4).

3. Zu P 42, ein Beispiel einer delikaten Angelegenheit, aus dem *al-Ǧāmiᶜ aṣ-ṣaġīr*:

Hat ein Mann gesehen, daß eine Frau Unzucht begangen hat, so darf er sie ohne Schwangerschaftsfeststellung (*istibrāʾ*) heiraten. Das gilt auch dann, wenn jemand mit seiner Sklavin geschlechtlich verkehrt und sie dann mit jemandem verheiratet hat. Gott weiß es am besten.[353]

Ḫ 4/27 (Vgl. Š 14/7. Ḫ 72/6a) Ich sagte: „Ein Mann will eine Sklavin kaufen, ohne zur Schwangerschaftsfeststellung verpflichtet zu werden. Was wäre die Ḥīla dafür?“

Er sagte: „Die Ḥīla dafür besteht darin, daß der Verkäufer sie vor dem Verkauf mit jemandem verheiratet und sie dann an den Mann verkauft, der sie kaufen will, so daß der Käufer sie empfängt, während sie schon einen Mann hat und ihm daher die Ehe mit ihr verboten ist; dann läßt sich der Mann von ihr scheiden. So obliegt dem Käufer keine Schwangerschaftsfeststellung.“

Der Käufer einer ledigen Sklavin, mit der er geschlechtlich verkehren will, verpflichtet sich dazu, sich des Verkehrs mit ihr zu enthalten, entweder bis zum Ende ihrer ersten Menstruation seit seiner Inbesitznahme oder, falls sie noch keine oder schon keine Menstruation mehr hat, für einen Monat; denn es ist anzunehmen, daß sie vielleicht vom Verkäufer schwanger ist. In diesem Sinne „sollte“ der Verkäufer seinerseits vor dem Verkauf das gleiche tun, falls er schon einmal mit ihr verkehrt hat. In juristischen Texten wird heftig darüber diskutiert, in welchem Fall der Verkäufer dieser Pflicht entkommen kann, die auf der theoretischen Ebene so unzulänglich erweitert wird, daß man dafür Ḥiyal braucht; verkauft man z. B. einer Frau seine Sklavin und erwirbt sie dann wieder durch eine einverständliche Rückgängigmachung (*iqāla*), die juristisch als ein neuer Kauf gilt, so verpflichtet man sich zu ihrer Schwangerschaftsfeststellung — ein Widerspruch, den Ibn Qayyim kritisiert.[354] So wird auch in *al-Ǧāmiʿ* dargestellt, daß sich der Käufer nicht zur Schwangerschaftsfeststellung verpflichtet, wenn er sie vor dem Kauf heiratet. Dies ist nach Abū Ḥanīfa und Abū Yūsuf als einwandfrei und nach Šaybānī lediglich als bedenklich anzusehen. So kann diese Methode zwar als Ḥīla verwendet werden, aber nur, — so kommentiert ʿA, —, wenn der Käufer keine freie Ehefrau hat, denn der Ehemann einer freien Frau darf keine Sklavin heiraten. Lediglich in dieser Hinsicht bietet die Ḥiyal-Literatur Variationen, in denen auf einen Strohmann zurückgegriffen wird, der sich von ihr sofort scheiden lassen solle, ohne sie zu berühren. Dabei muß die Scheidung nach Šaybānī nach der Übergabe der Sklavin an den Käufer erfolgen, und alle Darstellungen in der Ḥiyal-Literatur folgen dieser Ansicht. [355] Ǧ 7/23 tradiert, daß Abū Yūsuf seinem Herrn, dem Kalifen Hārūn ar-Rašīd, diese Ḥīla beigebracht

[353] Šaybānī, *Ṣaġīr*, 179, s. auch Laknawīs Kommentar dazu.

[354] IQ 338. Für das genannte Beispiel, Šāfiʿī, *Umm*, V 96. Muzanī, *Muḫtaṣar*, 226. Die Eigenschaft des Verkäufers kommt nicht in Betracht. Samarqandī, *Tuḥfa*, II 147. Cf. Linant de Bellfonds, “istibrāʾ“ in EI^2, IV 252-53. Saraḫsīs Begründung, *Mabsūṭ*, XIII 146.

[355] s. insbesondere ʿA 408.; auch Samarqandī, *Tuḥfa*, II 147. Ṭaḥāwī, *Muḫtaṣar*, 91.

habe, der daraufhin dem Hofjuristen 10000 (Dīnāre?!) gegeben haben soll.[356] Die Ḥiyal-Literatur hat auch dies ohne weiteres übernommen; nur fügen H̲ 4/29 und Ǧ 7/23c sorgfältig den möglichen Fall hinzu, daß der Mann dem Käufer die Scheidung der Sklavin verweigert.

Die Schwangerschaftsfeststellung wird mit der Wartezeit einer Geschiedenen in dem Sinne gleichgestellt, daß die Zeugung durch den neuen Eigentümer/Mann vor Vermischung geschützt werden soll. So kommen neben den Sklavinnen zusätzlich diejenigen Frauen in Frage, die wegen eines außerehelichen Verkehrs dasselbe erforderlich machen, z. B. im Fall der Unzucht einer ledigen Frau, die in der ersten Hälfte des Zitates erwähnt wird. Nach Abū Ḥanīfa unterliegt sie keiner Wartezeit, denn es gibt ja keine Ehe; ferner darf sie heiraten, auch wenn sie seit ihrer Bestrafung noch keine Menstruation hatte, denn die Schwangerschaftsfeststellung ist in einer erlaubten Ehe nicht verpflichtend. In Anlehnung an Überlieferungen von Abū Bakr, ʿUmar, Ibn ʿAbbās usw. widerlegt Šaybānī die medinensische Lehre, daß die Frau einer Schwangerschaftsfeststellung im Sinne einer Wartezeit von dreimaliger Menstruation unterliegt.[357]

4. Zu P 89 (4) und ähnlichen Fällen aus *al-Ǧāmiʿ al-kabīr*

(i) Hat ein Mann ein Haus unter der Bedingung gekauft, daß der Vorkaufsberechtigte dem Käufer für den Preis bürgt oder daß er dem Käufer gegenüber für die Vindikation haftet, oder hat der Verkäufer [den Kauf] von der Genehmigung des Vorkaufsberechtigten abhängig gemacht und dieser hat den Kauf genehmigt, so gilt all dies als Verzicht auf das Vorkaufsrecht.[358]

H̲ 23/23 (= Ǧ 8/8h. ʿA 423) Und noch eine andere Methode: Wenn der Eigentümer (das Haus) an denjenigen, der es kaufen will, unter der Bedingung verkauft, daß sein Vorkaufsberechtigter die Haftpflicht des Verkäufers gegenüber dem Käufer für die Vindikation übernimmt, dann kann es der Vorkaufsberechtigte aufgrund des Vorkaufsrechts nicht fordern.

H̲ 23/24 (= Ǧ 8/8i. ʿA 423) Das gilt auch dann, wenn der Verkäufer sagt: „Ich verkaufe dir dieses Haus unter der Bedingung, daß dieser N. N. (= der Vorkaufsberechtigte) dir den Kauf genehmigt." Und wenn (der Käufer) unter dieser Bedingung kauft und ihm dieser Genehmigende, d. h. der Vorkaufsberechtigte, den Kauf genehmigt, so wird auch der Vorkaufsanspruch hinfällig und der Vorkaufsberechtigte kann das Haus aufgrund des Vorkaufsrechts nicht fordern.

---

356 s. auch Linant de Bellfonds, EI², IV 253.

357 Šaybānī, *Ḥuǧǧa*, III 269-277, 387-95.

358 ders., *Kabīr*, 310.

H̱ 23/25 (= Ǧ 8/8g. ʿU 2261. ʿA 423) Ich sagte: „Was meinst du dazu, wenn es dieser Käufer unter der Bedingung kauft, daß der Vorkaufsberechtigte dem Verkäufer für den Preis bürgt?"
Die Antwort ist weggelassen, jedoch nach Ǧ, ʿU und ʿA ist auch das möglich.

(ii) Hat jemand ein Haus gekauft und ist dann der Vorkaufsberechtigte erschienen um es aufgrund des Vorkaufsrechts zu fordern, und hat dann der Käufer behauptet, daß dem Verkäufer eine Option auf Rücktritt zustehe, während der Verkäufer abwesend oder anwesend ist, so gilt die Aussage des Käufers, und die Aussage des Vorkaufsberechtigten wird nicht als wahr angesehen, wenn der Kauf durch den Käufer sowie den Verkäufer anerkannt wird, sofern der Vorkaufsberechtigte keine Zeugen für die Wirksamkeit des Kaufs hat.[359]

H̱ 24/3 Ich fragte: „Wenn dann aber der Käufer und der Verkäufer gemeinsam [fälschlich] zugestanden haben, daß der Kauf anfechtbar gewesen sei?"
Er sagte: „Dem Vorkaufsberechtigten steht an (diesem Haus) kein Vorkaufsrecht zu."
H̱ 23/4 Ich sagte: „Und ist das auch dann so, wenn sie einander zugestanden haben, daß der Kauf ein Scheingeschäft (*talǧiʾa*) und unwirksam gewesen sei?"
Er sagte: „Dem Vorkaufsberechtigten steht auch dann kein Vorkaufsrecht zu, wenn sie ihre Aussage wechselseitig bestätigen."
H̱ 23/5 Ich sagte: „Und gilt das auch dann, wenn sie einander zugestanden haben, daß dem Verkäufer die Option auf Rücktritt vom Kauf (*ḫiyār*) zugesprochen worden sei?"
Er sagte: „Dann steht dem Vorkaufsberechtigten ebenfalls kein Vorkaufsrecht zu."

Al-Ǧāmiʿ erwähnt ganz sachlich zahlreiche Fälle, um dadurch die Voraussetzungen für die Entstehung sowie die Ausübung des Vorkaufsrechts klarzustellen, die bei H̱ ohne weiteres als Ḥiyal dargestellt werden. (i) führt zur Nichtentstehung des Vorkaufsrechts, (ii) zur Verhinderung seiner Ausübung nach seiner Entstehung. Mit anderen Worten werden die in (i) genannten Ḥiyal bereits vor dem Kauf des mit dem Vorkaufsanrecht behafteten Objekts angewendet, die unter (ii) genannten erst nach dem Kauf. Über (i) werden Bedenken Šaybānīs überliefert, während nach Abū Yūsuf diese Möglichkeit als einwandfrei gilt. (ii) ist nach einhelliger Ansicht verwerflich. Dieser Meinungsunterschied wird, wie gleich unten erwähnt, auf die Umgehung der *zakāt*-Pflicht übertragen.[360] Der

[359] ders., *Kabīr*, 310-11.
[360] H̱ 23/4, 46/1. S 6/16b-e. Ǧ 8/9c. Auch Samarqandī, *Tuḥfa*, III 68.

Grund für die Bedenken liegt darin, daß (ii) die Verletzung eines bereits vorhandenen Rechts darstellt — dieser und ähnliche Gedanken, für die man Synonyme im modernen Recht feststellen will, sind nicht zu verallgemeinern, obwohl insbesondere spätere Ḥanafiten, zumindest in bezug auf Ḥiyal, zu erwähnen pflegen, daß die zur Rechtsverletzung anderer führenden Ḥiyal verwerflich seien.[361] Jedenfalls findet die Verhinderung des Vorkaufsrechts, insofern sie lediglich als verwerflich beurteilt wird, bei den Ḥanafiten weiteste theoretische Anerkennung; das Vorkaufsrecht steht in erster Linie den Miteigentümern an einer ungeteilten, unbeweglichen Sache für das gemeinschaftliche Interesse zu, um den unwillkommenen Eintritt von Fremden zu verhindern. Da jedoch allein die Ḥanafiten daneben den unmittelbaren Nachbarn dasselbe Recht zuerkennen, wirkt die Institution wiederum gegen dieses Interesse.[362]

5. P 8 aus dem *Aṣl*

Ich fragte: „Was meinst du dazu: Als der Besitzer der Kamele dann befürchtet hat, daß er sich zur Almosensteuer (*ṣadaqa* im Sinne des *zakāt*) verpflichtet, hat er sie einen Tag vor (dem Ablauf eines Steuerjahres) für Kühe oder Dirhams verkauft, weil er dadurch vor dem Almosen flüchten wollte?"
Er sagte: „Er wird zu keiner Almosensteuer verpflichtet, bis über sie unter seinem Besitz ein Steuerjahr (*ḥawl*) abläuft."
Ich sagte: „Wenn er aber die Kamele für Kamele verkauft, bevor er zum Almosen verpflichtet wird, weil er dadurch vor der Almosensteuer flüchten will?"
Er sagte: „Er wird zu keiner Almosensteuer verpflichtet über das, was in seinem Besitz geblieben ist, bis darüber ein Jahr abläuft. Dies und das vorangehende sind gleich."[363]

Ḫ 46/1 Ich sagte: „Du hast in bezug auf das Vorkaufsrecht bereits gesagt, daß ein Jurist die Ḥīla gegen das Vorkaufsrecht besonders genehmigt hat (*r-ḫ-ṣ* II), bevor der Kauf stattfindet, oder?"
Er sagte: „Sicher. Und dieser Fall ist ähnlich dem eines Besitzers von 200 Dirham; als vor dem Ablauf eines Steuerjahres noch ein Tag übrig blieb, schenkte er den Armen davon einen Dirham, und dann kam der Ablauftag, an dem die Dirhams weniger als 200 waren; so wurde er zur Almosensteuer nicht verpflichtet."

---

361 Ḫ² 10. S 1/9. Ǧ 1/15. ʿA 390. Cf. Chehata, "l'abus des droits", 217-224.
362 Cf. Samarqandī, *Tuḥfa*, II 50-51. Baz, *Fraude à la loi*, 51-58.
363 Šaybānī, *Aṣl*, II 13.

H̲ 46/2 Ich fragte: „Dann ist dieser [Besitzer] aber hinsichtlich der Schenkung eines Dirham sündig?"

Er sagte: „Nein."

H̲ 46/2a Ich sagte: „Und gilt das auch für einen Besitzer von 1000 Dīnāren, der, als es noch vor dem Ablauf eines Steuerjahres war, sie einem minderjährigen Sohn von ihm schenkte?"

Er sagte: „Sie sind bereits zum Vermögens des Sohns geworden; daher ist der Vater zur Almosensteuer nicht verpflichtet."

H̲ 46/3 Ich sagte: „Und gilt das auch für den Besitzer eines großen Vermögens, der minderjährige Kinder hat, und der es dann unter sie verteilt, indem er jedem einzelnen etwas von dem Vermögen verstreut schenkt und es damit verschwinden läßt?"

Er sagte: „Es geht von seinem Besitz in den Besitz seiner Kinder über, so daß keiner von ihnen zur Almosensteuer verpflichtet ist."

H̲ 46/4 Ich sagte: „Dann ist er aber in Hinblick darauf sündig, was er getan hat?"

Er sagte: „Er lädt auf sich keine Sünde, so Gott will!"

Der obigen Diskussion im *Aṣl* kann man einen deutlichen Hinweis auf Ḥīla entnehmen. Eigentlich geht es um die grundlegende Voraussetzung für die *zakāt*-Pflicht im allgemeinen, sei es Vieh, sei es Gold und Silber, daß über ihr Mindestmaß (*niṣāb*) seit dem Besitz ein Steuerjahr abläuft. Die Abweichung davon durch Veräußerungen, egal, wie kurz vor dem Ablauf sie geschehen, egal, wie wenig am Mindestmaß fehlt, stellt eine Ḥīla dar, die bei H̲ variiert wird. H̲ 46/1, die Schenkung eines Dirhams am Vortag des Ablauftags, stellt ein extremes Beispiel für die genannte Voraussetzung dar. Der Fall stammt im Grunde auch aus Šaybānīs *Nawādir az-zakāt*.[364]

Šaybānī erwähnt noch weitere Fälle, in denen die Nichtentstehung oder die Ausschließung der *zakāt*-Pflicht in Frage kommt und die somit in einem anderen Kontext alsdann als Ḥiyal gelten können, wie Handelsgüter, mit denen man beim Kauf den Eigengebrauch bezweckt, so daß das Steuerjahr erst bei ihrer anderweitigen Verfügung berechnet werden kann,[365] Verbrauch des Viehs nach dem Ablauf des Steuerjahres, [366] Widerruf einer Schenkung des Mindestvermögens nach dem Ablauf des Steuerjahres, so daß beim Schenkenden ein neues Steuerjahr verstreichen muß,[367] usw. *Aṣl* behandelt noch ein weiteres interessantes Thema, die Präsumtion von Behauptungen, die zur Befreiung von der *zakāt* führen (Näheres s. unten **III. 1.**). Auf jeden Fall kann man, sofern dies in den juristischen Lehrbüchern sachlich besprochen wird, dort keine Spur von

---

364 Saraḫsī, *Mabsūṭ*, III 24-25. Cf. Ṭaḥāwī, *Muḫtaṣar*, 45.

365 Šaybānī, *Saġīr*, 122. *Aṣl*, II 98. Cf. P 11; selbst wenn man am Ablauftag damit den Eigengebrauch bezweckt, gilt es dann als eigenes Vermögen, für das von da an ein weiteres Jahr berechnet wird.

366 *Aṣl*, II 53.

367 Šaybānī, *Kabīr*, 18. *Aṣl*, II 116.

Bedenken finden, die Šaybānī gegen die Umgehung der *zakāt*-Pflicht geäußert haben soll, ebensowenig bei H.[368]

6. Zu P 33 (s. oben **1.** 3. b.) noch ein Beispiel für Almosensteuer aus *al-Ǧāmiʿ al-kabīr*

> Hat jemand an einen Vermögenden oder einen Armen eine Forderung, über die ein Steuerjahr abgelaufen ist, dann schenkt er sie dem Schuldner oder gibt sie als Almosen. Wenn er damit teils die *zakāt* für die Forderung, teils die *zakāt* für sein Besitzgut ersetzen wollte, so reicht ihm das bei dem Vermögenden weder für den Abzug von der Forderung noch für den Abzug vom Besitzgut, während es ihm bei dem Armen lediglich für den Abzug von der Forderung reicht, und er muß für sein restliches Vermögen die *zakāt* erfüllen. Jedoch wenn er sie ohne jegliche Absicht geschenkt hat, und sofern der Schenkungsnehmer arm ist, dann ist er nicht steuerpflichtig für das, was er geschenkt hat. Das gilt auch für denjenigen, der 200 Dirhams, über die unter seinem Besitz ein Steuerjahr abgelaufen ist, ohne jede Absicht als Almosen gegeben hat.[369]
>
> Š 23/11 (vgl. H 37/1-2) Ich sagte: „Was meinst du dazu: Einer hat an einen anderen eine Forderung, und da der Schuldner bedürftig ist, möchte ihm der Gläubiger daher die Schuld erlassen, so daß das zu seiner *zakāt* zugerechnet wird. Wie wäre die Ḥīla dafür möglich, daß es als Teil der *zakāt* zulässig wird?"
>
> Er sagte: „Der Gläubiger gibt dem Schuldner soviel als Almosen, wie ihm der letztere zu zahlen hat, und übergibt es an ihn, so daß es zur *zakāt* zugerechnet wird; dann empfängt der Gläubiger das Geld als Erfüllung seiner Forderung an ihn."
>
> 23/12 Ich sagte: „Aber genügt das ihm, und ist das ihm zwischen ihm und Gott erlaubt?"
>
> Er sagte: „Ja."

In diesem Zusammenhang sind zwei Punkte zu klären: erstens das Verhältnis der *zakāt* zu der Schenkung bzw. dem Almosen (*ṣadaqa*) in unserem Fall, zweitens die Forderung eines Mindestvermögens:

1. Es geht darum, ob man seine *zakāt* einem Bedürftigen übergeben kann, anstatt sie an die Obrigkeit zu zahlen. Nach Šāfiʿī ist das zulässig, weil Bedürftige als Anspruchsberechtigte (s. Koran 9;60) gelten, so daß eine direkte Übergabe an sie zur Befreiung von der Pflicht führen soll. Nach Ansicht der Ḥanafiten muß die *zakāt* unbedingt der Obrigkeit übergeben werden, so daß also die Übergabe an

[368] Cf. ʿA 391.

[369] Šaybānī, *Kabīr*, 21.

den Boten (*sāʿī*) von seiten der Obrigkeit für die Befreiung vorausgesetzt wird. Nach dieser Auffassung wird die *zakāt* als obligatorische „Steuer“ vom spontanen, formfreien Almosen (*ṣadaqa*) unterschieden, obwohl dies im juristischen Sprachgebrauch nicht unbedingt reflektiert wird. In diesem Zusammenhang stellt Šaybānī insbesondere die *zakāt* für Vieh mit dem Zehnt (*ʿušr*) gleich (cf. **III. 1. a.**). Da er jedoch erwähnt, daß man den Zehnt, statt an die Staatskasse zu zahlen, den Bedürftigen geben kann, da ihm das „zwischen ihm und Gott“ genügt, so gelte es auch für die *zakāt*.[370]

2. Der Gläubiger ist für seine Forderung steuerpflichtig, vorausgesetzt, daß sie das Mindestvermögen erreicht und daß sie der Schuldner anerkannt hat. Nach Ansicht der Ḥanafiten muß er jedoch die *zakāt* nicht beim Ablauf des Steuerjahres, sondern erst beim Erfolg ihrer Eintreibung erfüllen, im Gegensatz zu Šāfiʿī.[371] Die Forderung an einen Zahlungsunfähigen ist aber umstritten; nach Abū Ḥanīfa und Abū Yūsuf muß der Gläubiger in diesem Fall vor der Eintreibung die *zakāt* erfüllen, nach Šaybānī aber ebenfalls erst bei der Eintreibung, jedoch unter der Bedingung, daß der Schuldner gerichtlich für zahlungsunfähig erklärt wird.[372] Jedenfalls ist der Gläubiger in unserem Fall eben steuerpflichtig, indem er keine gute Aussicht auf die Eintreibung der Forderung hat. Andererseits hat er auch andere Forderungen, für die er im einzelnen die *zakāt* aus der jeweiligen Kategorie erfüllen muß. Wenn er sich aber dann durch die Schenkung der Forderung an den bedürftigen Schuldner zumindest die Mühe der Erfüllung ganz oder teilweise ersparen will, wird ihm das nur als *zakāt* für die Forderung angerechnet, so in *al-Ǧāmiʿ*, weil durch die Schenkung einer Forderung weder die *zakāt* für materielles Gut (*ʿayn*) noch die für eine andere Forderung ersetzt werden kann, genauso wie die verschiedenartigen religiösen Verpflichtungen nicht gegeneinander austauschbar sind.[373] — Die anschließend in *al-Ǧāmiʿ* nach „jedoch“ erwähnte Ausnahme davon wird auch in ŠH̱ als Ḥīla dargestellt. ʿA erwähnt, daß die früheren Schulgenossen die genannte Ḥīla für harmlos hielten und sie mit ihren zahlungsunfähigen Schuldnern zu praktizieren pflegten.[374]

7. Zu P 59 aus *Aṣl*

Ich sagte: „Was meinst du zu einem Mann, der bei Gesundheit mit einem seiner Sklaven einen Freilassungsvertrag geschlossen hatte und, als er dem Ende nah war, sagte: ‚Ich habe von dir bereits das ganze Lösegeld (*mukātaba*) empfangen‘, wobei das doch lediglich durch seine Aussage

---

[370] Šaybānī, *Aṣl*, II 146-7, 171. Saraḫsī, *Mabsūṭ*, II 161-62, III 8. Cf. Ibn Abī Šayba, *Muṣannaf*, III 46-49. T.H.Weir-[A.Zysow], “ṣadaqa“ in EI², VIII 709, 711.

[371] Šaybānī, *Aṣl*, II 82, 95-6. Saraḫsī, *Mabsūṭ*, II 194-5. Cf. Ibn Abī Šayba, *ibid.*, 52-54.

[372] Saraḫsī, *Mabsūṭ*, II 197. Vgl. *Ṣaġīr*, 122. Ṭaḥāwī, *Muḫtaṣar*, 51.

[373] ʿA 391. Ǧ 4/2.

[374] ʿA 391.

bekannt war, und dies während seiner Todeskrankheit? Wie lautet die Ansicht dazu?"

Er sagte: „Die Aussage des Herrn wird für wahr erachtet und (der Sklave) wird freigelassen."

Ich sagte: „Warum?"

Er sagte: „Weil der Herr schon bei Gesundheit mit ihm den Freilassungsvertrag geschlossen hat."[375]

Š 13/33 (H 71/32) Ich sagte: „Was meinst du zu einem, der an einen anderen eine Forderung hat: Der Gläubiger wird krank, darauf vermacht er dem Schuldner seine Schuld, die er ihm zu zahlen hat; jedoch befürchtet der Kranke, daß dies seine Erben [nach seinem Tod] nicht genehmigen, obwohl er ein großes Vermögen hat, von dem ein Drittel diese Forderung in sich einschließt, und er befürchtet, daß die Erben behaupten: ‚Der Verstorbene hat nichts anderes als diese Forderung hinterlassen.' Wie wäre die Sicherung in diesem Zusammenhang sowie die Ḥīla für den Schuldner möglich?"

Er sagte: „Wenn der Kranke vor Zeugen zugesteht, daß er bereits seine Forderung an N. N. von ihm erfüllt bekommen hat, ist das zulässig."

Š 13/34 (H 71/33) Ich sagte: „Wenn der Kranke sagt: ‚Ich habe von N. N. gar nichts zu fordern', ist das auch zulässig?"

Er sagte: „Ja."

Im Prinzip ist das Anerkenntnis des Todkranken zugunsten eines Nichterben, anders als die mit dem Vermächtnis gleichgestellten Begünstigungen, die für das Interesse der Erben auf ein Drittel beschränkt werden, für seine gesamten Aktiva gültig, im Gegensatz zum Anerkenntnis zugunsten eines Erben, das auf alle Fälle von der Genehmigung der anderen Erben abhängig ist. Nur wenn seinerseits Schulden bestehen, die er bei Gesundheit vor Zeugen eingegangen ist oder anerkannt hat, werden sie im Interesse der Gläubiger vorzugsweise erfüllt. Sowohl bei *Aṣl* wie auch bei ŠH geht es um das Anerkenntnis des Empfangs (*qabḍ*) einer Forderung an einen Nichterben, und dafür gilt dasselbe Prinzip.[376] Jedoch muß dies je nach Fall detailliert werden. In bezug auf den Freilassungsvertrag (*mukātaba*, auch im Sinne des dort vereinbarten Lösegelds, das mit einem Aufschub oder auf Raten erfüllt wird) gilt für das Anerkenntnis der Einnahme des gesamten Lösegelds durch den todkranken Herrn dann die Eindrittel-Schranke, wenn er nicht nachweisen kann, daß der Vertrag an sich im Zustand der Gesundheit geschlossen wurde; erstens deshalb, weil der Sklave in diesem Fall erst mit diesem Anerkenntnis freigelassen wird, so daß dies mit einer Freilassung während dieser Krankheit gleichgestellt wird, zweitens deshalb, weil

---

[375] Šaybānī, *Aṣl*, IV 90.

[376] *Kabīr*, 132. Saraḫsī, *Mabsūṭ*, XVIII, 24, 31-32. Samarqandī, *Tuḥfa*, III 280-81, 284.

in diesem Sinne der Verdacht auf Absprache (*muwāḍaʿa*) der Betroffenen besteht, die auf diese Weise eine Freilassung ermöglichen wollen. Hätte der Herr in unserem Fall deshalb nichts anderes als diesen Sklaven, müßte er zwei Drittel des Lösegelds durch seine Arbeit ersetzen.[377] Šaybānīs letzte Antwort weist darauf hin, daß er dieses Anerkenntnis deshalb für einwandfrei hält, weil dort der Vertrag tatsächlich noch bei Gesundheit erfolgt ist; ansonsten wäre es verwerflich.

ŠH̱ stellt ganz klar, in welcher Situation das gleiche Anerkenntnis zur Anwendung kommen sollte. Gleicherweise geht es in P 60 um einen Freigelassenen vor den Erben, die als Unterdrücker (*ẓālim*) zu betrachten sind. Jedoch enthält das Anerkenntnis hier so etwas wie eine Lüge, im Gegensatz zu Š 13/34 (H̱ 71/33) = Ǧ 14/3, 21/2; so würde das Anerkenntnis der Tatsache genau entsprechen. Diese ganz allgemeine Formulierung wird, zusammen mit ähnlichen, die zu jeder Sachlage passen sollen, beim Gerichtsverfahren häufig als Erwiderungstechnik des unterdrückten Angeklagten angewendet (P 67, 72, 82).

8. Fast alle Beispiele der Eideskniffe sind in den Werken des Šaybānī festzustellen; es ist nicht zuviel gesagt, wenn man behauptet, daß die Kapitel über verschiedenartige Eide in der Ḥiyal-Literatur eben daraus diesbezügliche Diskussionen übernommen haben. Das liegt aber, wie oben erwähnt, in der Natur der Sache und erfolgte nicht etwa deshalb, weil man an derartigen Umgehungen größeres praktisches Interesse hatte als in anderen Bereichen. Beim Eid geht es immer lediglich um Brechen oder Erfüllen, das beides in juristischen Texten unter verschiedenen Gesichtspunkten - juristisch, grammatikalisch usw. - geklärt wird, und davon werden alle möglichen Tatbestände des Erfüllens, manchmal ungeachtet ihrer rein theoretischen Natur, in die Ḥiyal-Literatur übernommen. Selbst in der Ḥiyal-Literatur stehen im Zentrum an sich solche Diskussionen, die wie eine nützliche Übung für Juristen aussehen. So versteht man, warum die Juristen — nicht nur die Ḥanafiten — diesem Thema so viele Seiten widmen. Freilich gibt es einige „Umgehungen", die unter bestimmten Umständen von praktischer Bedeutung sein sollen, z. B. vor Gericht oder zusammen mit einem Gestaltungsakt (Scheidung, Freilassung usw.). Daneben kann man den Eidkniffen entnehmen, worin das Interesse der juristischen Diskussionen liegt.

(i) Wenn jemand bei der Fußreise zum „Gotteshaus" geschworen hat, womit er irgendeine Moschee Gottes außer der Kaaba gemeint hat, dann hat er nichts davon zu erfüllen, weil alle Moscheen ohne Weihe zu betreten sind, während er die Kaaba nur im Zustand der Weihe betreten kann.[378]

[377] Saraḫsī, *Mabsūṭ*, VII 232-33. Cf. Ḥalwānīs Kommentar zu P60 in ʿA 403.
[378] Šaybānī, *Aṣl*, III 183.

Š 11/12 (H84/10. (Im vorangehenden geht es um die Auswege eines Mannes, von dem seine Frau vor seiner Geschäftsreise einen Eid verlangt, daß jede Nebenfrau, die er inzwischen heiratet, geschieden sei.)

Ich sagte: „Wenn sie dann sagt: ‚Ich will es dich bei einer Fußreise zur Kaaba schwören lassen!'?"

Er sagte: „Wenn er sagt: ‚Ich gehe zur Kaaba zu Fuß, wenn ich dies und das gemacht habe?', indem er mit seinem Wort ‚Ich gehe?' keine Antwort, sondern eine Frage meint, dann wird er nicht eidbrüchig, wenn er es gemacht hat."

Š 11/13 (H 84/11) Ich sagte: „Wenn er aber damit eine Moschee seines Stadtviertels meint?"

Er sagte: „Das schadet dir nicht, und das wäre auch ein guter Ausweg!"

Die Ḥīla, die im Zusammenhang mit den obengenannten kūfischen Traditionen auf Ibrāhīm an-Naḫaʿī zurückgeführt wird, findet ohne weiteres Anwendung da, wo man unter Druck steht.[379]

(ii) Wenn jemand geschworen hat, daß er nichts von irgendeiner Nahrung (*ṭaʿām*) essen werde, die N. N. kauft, und dann etwas von einer Nahrung gegessen hat, die N. N. sowie ein Dritter gemeinsam gekauft haben, so ist er eidbrüchig, es sei denn, daß er meint, daß N. N. sie allein kauft. Meinst du etwa nicht, daß N. N. bereits einen Teil davon gekauft hat und daß das, was N. N. gekauft hat, eine Nahrung ist? Das gleiche gilt auch dann, wenn er geschworen hätte, daß er nichts von irgendeiner Nahrung essen werde, die N. N. besitzt.

Wenn er aber geschworen hätte: „Ich ziehe kein Kleid (*ṯawb*) an, das N. N. kauft/besitzt", und dann ein Kleid angezogen hätte, das N. N. und ein Dritter gemeinsam gekauft haben, so würde er nicht eidbrüchig, weil in diesem Fall N. N. nicht das Ganze gekauft hätte. Wenn er einen Teil davon kauft/erwirbt, ist dieser Teil kein Kleid! Meinst du etwa nicht, daß er, würde er sagen: „Dieses Kleid gehört N. N.", lügen würde, während er, würde er sagen: „Diese Nahrung — d. h. ein Teil davon gehört N. N.", das Richtige sagen wurde?[380]

H 78/7 Ich sagte: „Was meinst du zu jemandem, der geschworen hat, daß er keine Nahrung von N. N. kosten werde; wenn er dann eine Nahrung, die N. N. sowie einem Dritten gehört, ißt, ist er eidbrüchig?"

Er sagte: „Ja. Wenn er aber geschworen hätte, daß er kein Kleid von N. N. anziehen werde, und dann ein Kleid angezogen hätte, das N. N. und einem Dritten gehört, wäre er nicht eidbrüchig."

[379] Von Ibrāhīm Š 1/23. H 1/3, 63/3. S 1/32. s. auch H 61/14-15, 23.
[380] *Aṣl*, III 295.

Ḫ 78/8 (Š 21/9) Ich sagte: „Was meinst du zu jemandem, der geschworen hat, daß er für immer kein bißchen Nahrung von N. N. essen werde, und dann eine Nahrung ißt, die dem genannten Menschen und einem Dritten gehört?"

Er sagte: „Er ist nicht eidbrüchig."

Ḫ 78/9 (Š 21/10) Ich sagte: „Aber warum?!"

Er sagte: „Weil jeder Bissen, den er ißt, dem genannten Menschen sowie dem Dritten gehört, so daß jeder einzelne Bissen nicht dem genannten Menschen gehört, während er lediglich mit dem Essen eines Bissens eidbrüchig wird, auf den niemand [außer N. N.] Anspruch hat."

(iii) Wenn jemand geschworen hat, daß er das Haus des N. N. nie betreten werde, und man ihn dann dorthinein bringt, wobei er aber widerwillig ist, so ist er nicht eidbrüchig.[381]

Š 19/15 (Ḫ 76/15, 56/9) Ich sagte: „Was meinst du zu jemandem, der geschworen hat, daß er das Haus des N. N. nie betreten werde, und es dann unter Zwang betritt, ohne es abwehren zu können?"

Er sagte: „Er ist nicht eidbrüchig."

Š 19/15 (Ḫ ibid.) Ich sagte: „Aber warum?!"

Er sagte: „Weil er lediglich dorthinein gebracht wurde, ohne daß er es betreten hat."

Auf diese Weise stellt die Ḥiyal-Literatur die Diskussionen juristischer Texte von einem besonderen Standpunkt aus als Ḥiyal dar; sie sind nichts anderes als Auslegungen und Anwendungen der Schulmeinungen zu einem bestimmten Zweck, und genau das wäre etwas aus den schlichten Sätzen in den Lehrbüchern, das erst in der Ḥiyal-Literatur ans Licht kommt. Wie schon oft erwähnt, ist in diesem Zusammenhang zu bemerken, daß die Ḥiyal nicht unbedingt als solche bezeichnet dargestellt werden; sie bestehen im Problembewußtsein der Juristen, die sie oft in ihrem schlichten, wortkargen Stil vor uns geheimhalten, und so müssen wir sie finden. Dies gilt auch für die im folgenden zu erwähnende *Mudawwana*, das mālikītische Frühwerk.

c. Saḥnūns *Mudawwana*

Von einer „mālikītischen Ḥīla" spricht man wohl ungern, besonders wegen ihrer Anwendung des „*sadd aḏ-ḏarāʾiʿ*", aber auch deshalb, weil die Mālikīten das Wort nicht benutzen. Das letztere Bedenken wird aber durch das vorangehende wohl aufgehoben. So stellte Šaybānī auch eine medinensische Ḥīla fest (oben **III. 1.**, Anm. 276).

[381] *Aṣl*, III 269.

Saḥnūn (ʿAbū Saʿīd ʿAbdassalām b. Saʿīd b. Ḥabīb b. Ḥassān b. Hilāl b. Bakkār b. Rabīʿa al-Tanūḫī, 240/855) aus Qairawān, Jurist und Qāḍī unter den Aġlabīden, sammelte von Māliks Schülern deren Ansichten, die Ansichten des Mālik selbst und die medinensische Lehre vor ihm. Dies wurde in der *Mudawwana* hauptsächlich in *masāʾil*-Form zwischen ihm und Ibn al-Qāsim (Abū ʿAbdallāh ʿAbdarraḥmān b. al-Qāsim b. Ḫālid b. Ǧunāda al-ʿUtaqī, 191/806) zusammengestellt. Der letztere gilt als einer der besten Schüler Māliks und zog von Medina nach Ägypten, wo er starb. Somit wurden die *Mudawwana* aus Qairawān und Yaḥyā b. Yaḥyās Rezension des *Muwaṭṭaʾ* aus Córdoba als die beiden maßgebenden Texte der mālikītischen Lehre angesehen.[382] Auffällig ist Saḥnūns kritische Haltung gegenüber Ibn al-Qāsim; er pflegt den letzteren sorgfältig zu fragen, ob es Māliks Ansicht oder seine eigene sei, und gegebenenfalls macht er dazu bissige Bemerkungen.

Calder stellt in Form und Inhalt viele Gemeinsamkeiten der *Mudawwana* mit Šaybānīs *Aṣl* fest und schätzt die beiden so ein, daß ihre Kompilation ungefähr gleich früh zu datieren ist und daß sie ähnliche Stufen in der Entwicklung des islamischen juristischen Gedankengutes in Qairawān und Baġdād vertreten.[383] Gleichermaßen finden wir in der *Mudawwana* zahlreiche inhaltliche Gemeinsamkeiten mit der ḥanafitischen Ḥiyal-Literatur, die als Ergebnis der Zusammenstellung der grundlegenden Ansichten des Abū Ḥanīfa, des Abū Yūsuf und des Šaybānī in allen Bereichen des Rechts anzusehen sind.

Im folgenden nenne ich 19 Parallelen zwischen ŠḪ und der *Mudawwana*. Für 1-11 werden Mālik bzw. Ibn al-Qāsim Ansichten zugeschrieben, nach denen die entsprechenden Ḥiyal nicht zustande kommen, wobei die Befürchtung ihrer möglichen Anwendung spürbar ist. 12-19 enthalten ebenfalls Streitpunkte zwischen der ḥanafitischen Seite und Mālik, für die jedoch seine eigenen Lösungen festzustellen sind, die sich zu ŠḪ teils abweichend, teils aber übereinstimmend verhalten.

1. Die meisten Eideskniffe von ŠḪ werden abgelehnt:
   a. Schwört man, daß man kein Gewebe tragen werde, das N. N. gesponnen hat, so ist man nicht eidbrüchig, wenn man ein Gewebe trägt, das N. N. und ein Dritter gesponnen haben. Nach Ibn al-Qāsim ist man eidbrüchig.[384]
   b. Schwört man, daß man mit N. N. nie zusammenwohnen werde, so ist man nicht eidbrüchig, wenn zusammen mit dem letzteren, jedoch in getrennten Zimmern im selben Haus mit ihm wohnt. Nach Ibn al-Qāsim soll sich Mālik dagegen geäußert haben.[385]

---

382 Calder, *Studies in Early Muslim Jurisprudence* (Oxford: Clarendon Press, 1993), 17.
383 Calder, *ibid.*, 52-53, 18.
384 *Mudawwana*, II 137. Š 17/4. Ḫ 74/7.
385 *Mudawwana*, II 131. Š 19/1. Ḫ 56/1, 76/1. S 5/8. Nach Šāfiʿī nicht eidbrüchig. *Umm*, VII 71-72.

c. P 17 (1): Schwört man, daß man seinen Sklaven/etwas anderes nie verkaufen werde, und befiehlt man jemandem, ihn/es zu verkaufen, so ist man nach den Ḥanafiten nicht eidbrüchig, es sei denn daß man sich normalerweise nicht selbst damit beschäftigt, wie etwa ein Machthaber. Ibn al-Qāsim schreibt Mālik die Gegenansicht zu, wozu Saḥnūn doch bemerkt: „In bezug auf die Ansicht des Mālik glaube ich ihm das nicht!"[386] — Es kann vermutet werden, daß Mālik diese und jene Eide derart systematisch beurteilt, daß ihren möglichen Umgehungen Einhalt geboten wird. Im folgenden Beispiel zeigt sich eine sinngemäße Auslegungsregel der Eide, die für jene Hiyal ungünstig wirkt, die der buchstäblichen Auslegung zugrunde liegen:

d. Schwört man, daß man keine Nahrung/ keinen Kleiderstoff/ kein Haus von N. N. essen/ anziehen/betreten werde, und kauft man dies vom letzteren oder bekommt dies geschenkt, so hat in bezug auf den Kauf auch Ibn al-Qāsim nichts dagegen einzuwenden. In bezug auf die Schenkung tradiert er Māliks *fatwā* über denselben Fall, in dem der Sohn des Vereidigten vom im Eid genannten Menschen etwas zu essen bekommen hat, das der Vater mitgegessen hat, ohne zu wissen, daß er eidbrüchig geworden ist. Ibn al-Qāsim selbst schließt sich daran an, indem er eine interessante Auslegungsregel des Mālik über derartige Eide erwähnt; man schwöre so etwas meist aus Zorn gegenüber dem genannten Menschen, womit man meine, daß man nicht vom Essen des letzteren profitieren wolle. Wenn man es dann kaufe, bestehe kein Profit in dem Sinne, daß man seinerseits dafür bezahlt, im Gegensatz zur Schenkung.[387] Folglich, wenn man umgekehrt geschworen hat, z. B. daß man für N. N. (oder seine Frau) kein Kleid besorgen werde, und dann dem letzteren Geld schenkt, das dafür verwendet werden soll, ist man nach Mālik eidbrüchig, anders als bei ŠH.[388] Šāfiʿī erwähnt dies als mālikitisches Prinzip, das er selbst für zu weit gefaßt hält.[389]

e. P 63: Schwört man bei Freilassung seines Sklaven, daß man dies und das nie tun werde, will es aber dann doch tun, so verkauft man ihn an jemanden und tut es, während der Sklave dem Käufer gehört. Nach Ansicht der Ḥanafiten ist mit keinerlei rechtlichen Sanktionen zu rechnen, wenn man danach den Sklaven zurückkauft und erneut dasselbe tut, weil sich der Eid lediglich auf das Eigentum zur Zeit des Eides bezieht und nicht mehr auf das neue Eigentum. Der Verkäufer wird durch die Handlung sicher eidbrüchig, und somit wird der Eid aufgelöst, jedoch ohne die Folge des Eidbruchs, nämlich die Freilassung, denn der Gegenstand fehlt. Nach Mālik bleibt der Eid nach dem Rückkauf immer noch bestehen, so daß der Vereidigte eidbrüchig wird,

---

[386] *Mudawwana*, II 141. Š 18/13. H 53/11, 75/13. Cf. ʿA 399. Šaybānī, *Aṣl*, III 343. Nach Šāfiʿī eidbrüchig, es sei denn daß man damit meinte, daß sich er selbst nicht damit beschäftigt.

[387] *Mudawwana*, II 135, s. auch 144-145. Š 21/3. H 59/5, 78/3. ʿA 399.; Š 17/9-10. H 74/11-12. S 5/1.; cf. H 56/4-5.

[388] *Mudawwana*, II 145. Š 17/16. H 54/1, 74/4.; Dasselbe für den Unterhalt (*nafaqa*) H 55/1. ʿA400.

[389] Šāfiʿī, *Umm*, VII 86.

solange die Bedingung eintritt, wenn ihm der Sklave gehört. Das gilt auch für die Schenkung bzw. das Almosen als Ursache des Rückerwerbs, weil dies der Vereidigte ablehnen kann. Nur im Fall der Vererbung ist er nach Mālik nicht eidbrüchig, weil sie nicht von ihm selbst hervorgerufen wird.[390] — Diese Diskussion deutet auch Māliks ablehnende Haltung Ḥiyal gegenüber an.

f. Parallel dazu und eine Variante von P 15: Schwört man bei dreimaliger Scheidung seiner Frau, irgendetwas nicht zu tun, will es aber dann doch tun, so läßt man sich von ihr einmal scheiden und widerruft es nicht, bis ihre Wartezeit abgelaufen ist, dann führt man die Handlung aus, während man kein eheliches Eigentum an ihr hat, und heiratet sie danach erneut. Im Gegensatz zu Ibn Abī Laylā vertritt die Mehrheit der Ḥanafiten, daß man durch den Eintritt der Bedingung eidbrüchig wird, wodurch der Eid ausgelöst wird, ohne daß die Scheidung erfolgen kann. Dies ist auch mit dem *ẖulʿ* (P 15), nicht aber mit dreimaliger Scheidung möglich, denn die Frau muß dann inzwischen einen anderen als den Vereidigten heiraten. Mālik regelt den Fall ganz anders: Der Mann verfügte zur Zeit des Eides über drei volle Scheidungen, übte aber davon nur eine aus; wenn die Frau dann zu ihm zurückkommt, nachdem die Bedingung des Eidbruchs bereits eingetreten ist, treten automatisch die übrigen zwei Scheidungen in Kraft — nach Mālik bleibt der Eid also bestehen, solange von den dem Mann zur Zeit des Eides zugestandenen Scheidungen etwas übrig ist. Folglich wäre eine dreimalige Scheidung mit der darauffolgenden Heirat der Frau, die erst mit dem Tod des neuen Mannes endet, der einzige Ausweg (es sei denn – was wünschenswert wäre - , daß dieser sie sofort verstößt).[391]

g. P15 an sich: Schwört man, daß seine Frau dann (dreimal) geschieden werde, wenn sie das Haus betrete, so schließt man mit ihr einen Vergleich (im Sinne des *ẖulʿ*).[392] Nach Mālik wird man dann nicht eidbrüchig, wenn sie sofort nach dem Vergleich das Haus betritt, denn in bezug auf den gleichen Fall, in dem man bei Scheidung geschworen hat, daß man seinem Gläubiger bis zu einer bestimmten Frist seine Schuld erfüllen werde, war Mālik der Meinung, daß man dann nicht eidbrüchig sei, wenn man nach dem Vergleich die genannte Frist nicht eingehalten habe. Jedoch als Antwort auf Saḥnūns Frage, ob es selbst dann so sei, wenn man mit dem Vergleich lediglich den Eid umgehen wollte, mit der Absicht, die Frau gleich danach zu heiraten, tradiert Ibn al-Qāsim Māliks Bemerkung dazu: „Man ist zwar nicht eidbrüchig, aber was man getan hat, ist sehr schlecht!"

[390] *Mudawwana*, II 156-57, 163. P 63 sowie Š 11/23-24. Ḫ 59/1-4, 84/20. S 7/13.; Ḫ 53/22.; Ḫ 62/10a.

[391] *Mudawwana*, III 5-11. Abū Yūsuf, *Iḫtilāf*, 101-102. Ḫ 53/21. Ǧ 26/19.

[392] Bei den Mālikīten wird das Wort „Vergleich (*ṣulḥ*)" häufig für *ḫulʿ* verwendet (s. *Mudawwana*, II 352). Zum Vergleich im engeren Sinne (Koran 4;128) *Mudawwana*, II 335.

h. P 48: Der Eid eines Ledigen, daß jede Frau, die er heirate, geschieden werde, ist nach Mālik der medinensischen Lehre zufolge nicht verbindlich, es sei denn, daß dort eine bestimmte Frau (persönlich oder in bezug auf eine bestimmte Eigenschaft, wie Herkunft) zum Gegenstand gemacht wird oder daß der Eid befristet wird. Über die Freilassung wird die Parallele diskutiert, etwa „Kaufe ich diesen Sklaven, so wird er freigelassen!", wobei es sich darum handelt, ob solch eine Verfügung vor der Eigentumsverschaffung möglich ist (s. unten 15.).[393] Der Eid eines Verheirateten, daß jede Frau, die er neben seiner Frau heirate, geschieden werde (s. unten 14.), wird, parallel zur Regelung f. (oben), erst dann hinfällig, wenn er seine Frau nach dreimaliger Scheidung heiratet und dann eine andere heiratet; wenn er sie aber weniger als dreimal verstößt und dann heiratet, wird jede Frau, die er danach heiratet, geschieden, so daß die ḥanafitische Ḥīla, Doppelehe nach der Heirat mit der bereits einmal geschiedenen Frau, nicht zustande kommt.[394]

i. Das *istiṯnā'* ist nach Mālik nur bei einem Eid bei Gott wirksam, daher, anders als nach den Ḥanafiten, nicht bei einer Scheidung. Für einen Eid bei einer Fußreise zur Kaaba gilt dasselbe, aber der geheime Vorbehalt, daß man mit dem „Haus Gottes" irgendeine Moschee in seiner Nähe meint (s. oben **3. b.** 8. (i)), ist auch nach Mālik zulässig.[395]

2. P 42 (s. oben **3. b.** 3): In bezug auf die verheiratete Sklavin fragt Saḥnūn, ob der Käufer dann ohne Schwangerschaftsfeststellung mit ihr verkehren könne, wenn ihr Mann sie noch vor dem Vollzug der Ehe nach dem Kauf verstoßen hat. Dazu tradiert Ibn al-Qāsim Māliks Ansicht, daß sich der Käufer enthalten soll, bis sie in seinem Besitz einmal menstruiert, wenn sie aber danach immer noch in der Wartezeit ist, bis zum Ablauf der Wartezeit.[396]

3. P 138 (1): Will eine dreimal geschiedene Frau ihren ehemaligen Mann wieder heiraten, hat aber Angst vor einer dafür erforderlichen Zwischenehe, weil sie dabei möglicherweise nie geschieden wird, so schenkt sie einem Vertrauten Geld, mit dem er dann einen minderjährigen Sklaven kauft und ihn vor Zeugen mit ihr verheiratet; nach dem Vollzug der Ehe schenkt er ihr dann den Sklaven, so daß die Ehe nichtig wird, weil sie ihren eigenen Mann erworben hat. Nach der Wartezeit besteht kein Ehehindernis mehr zwischen ihr und dem vorletzten Mann, sofern sie den Sklaven verkauft und irgendwohin wegschickt, damit die Sache nicht ans Licht kommt. Nach H̲ sollte der Sklave deshalb minderjährig sein, weil ein Erwachsener den Platz allzu leicht durchschauen könnte. Nach Ansicht der Ḥanafiten wird für die

---

[393] *Mudawwana*, III 27, 88, 154. Vgl. Samarqandī, *Tuḥfa*, II 269-70, 377-8. Cf. Ibn Abī Šayba, *Muṣannaf*, VIII 404-405. Cf. H̲ 4/17, 22/11, 79/16. ʿA 407.
[394] *Mudawwana*, III 17-27. Cf. Abū Yūsuf, *Iḫtilāf*, 102-103. Šaybānī, *Kabīr*, 33-35. *Ḥuǧǧa*, III 278-89, 293-98.
[395] *Mudawwana*, II 85-86, III 13-17. Cf. Ibn Abī Šayba, *Muṣannaf*, IV 37-38.
[396] *Mudawwana*, III 135.

Aufhebung des Ehehindernisses (*taḥlīl*) im allgemeinen Sinne) lediglich der Ehevollzug vorausgesetzt, sei es in einer wirksamen oder unwirksamen Ehe. Ibn al-Qāsim tradiert von Mālik, daß der Ehevollzug eines Minderjährigen mit einer vorher dreimal Geschiedenen kein *taḥlīl* für sie mit sich bringt, indem er den Geschlechtsverkehr als Voraussetzung für das *taḥlīl* mit dem als Voraussetzung für die Strafbarkeit der Unzucht (*iḥṣān*) gleichstellt.[397] Ibn Ḥanbal findet diese Ḥīla auch deshalb problematisch, weil bei der Ehe einer Freien mit einem Sklaven die Voraussetzung der Ebenbürtigkeit fehlt.[398]

4. Mālik äußerte sich gegen das in der letzten Ḥīla verwendete Verfahren in bezug darauf, daß man seiner Sklavin, die man mit seinem Sklaven verheiratet hat, ihren eigenen Mann schenkt; wenn man dies offensichtlich mit der Absicht getan hat, das Konkubinat mit ihr wiederherzustellen, ist dies nicht zulässig, so daß zwischen ihr und ihrem Mann kein Ehehindernis auftritt. Die Ḥīla zum selben Zweck wäre bei ŠH vielmehr P 108 als dies, weil für die Schenkung die Annahme erforderlich ist.[399]

5. P 40: Verkauf zweier Sklaven für 100 Dīnāre auf ein Jahr und Kauf eines von ihnen für 1(!) oder 99 Dīnāre in bar. Dies wird bei H für die *ʿīna* verwendet, indem die Preissenkung im zweiten Vertrag durch die Verringerung des Wertes des Objekts legitimiert wird. Nach Mālik ist dies nicht zulässig, weil dann ein Kauf (der zweite Vertrag in bar) und dadurch ein Darlehen (*salaf*; denn der erste Käufer begleicht bei Fristablauf nur noch die Differenz, indem der ihm ausgezahlte erste Preis an den zweiten Käufer zurückgegeben wird) in einem Handschlag zusammentreffen.[400]

6. Was die Verhinderung des Vorkaufsrechts angeht, hält Ibn al-Qāsim einen Parallelfall zu P 21(3), in dem der Verkäufer dem Käufer ein Haus im Wert von 100 Dirham für 1000 Dirham verkauft und ihm nach dem Erwerb durch den Vorkaufsberechtigten 900 Dirham davon erläßt, für einen „Weg" (*ḏarīʿa*) zwischen dem Verkäufer und dem Käufer, mit dem sie dem Vorkaufsberechtigten wahrscheinlich die Lust verderben sollten; daher weist Ibn al-Qāsim auf die Nichtigkeit dieses Schulderlasses hin.[401] In bezug auf die unentgeltliche Schenkung eines Anteils an jemanden, der dann dem Schenkenden unerwartet ein Entgelt gegeben hat, stellt er fest, daß der Vorkauf dieses Anteils erst dann verhindert wird, wenn diese Schenkung zwischen Verwandten bzw. in Form eines Almosens ohne jegliche Erwartung eines Entgelts erfolgt ist;[402] nach seiner Ansicht wäre P 21(2), daß der Verkäufer dem Käufer die Sache schenkt, der sie dann dem Verkäufer

[397] *Mudawwana*, II 291-96 (fälschlich zitiert von Bāǧī, *Muntaqā*, III 331). Vgl. Šaybānī, *Ṣaġr*, 107. *Ḥuǧǧa*, III 107-27. Muzanī, *Muḫtaṣar M*, 197.
[398] Ibn Qudāma, *Muġnī*, VI 649.
[399] *Mudawwana*, II 252. Cf. H 22/9.
[400] *Mudawwana*, IV117-18. H 3/3-4.
[401] *Mudawwana*, V 409.
[402] *Mudawwana*, V 440.

entsprechend bezahlt, weniger erfolgreich. In diesem Zusammenhang tradiert er Māliks *fatwā* für einen Vorkaufsberechtigten, der seinen Miteigentümer, der seinen Anteil verschenkt hat, dies vor Gericht eidlich bestätigen lassen will, weil er ihn im Verdacht hat, daß er das Objekt in Wirklichkeit heimlich verkauft, den Verkauf jedoch fälschlich als Schenkung angegeben hätte, um ihn von der Übung des Vorkaufsrechts abzuhalten; Mālik antwortet, daß sich der Schenkende zum Eid verpflichten muß, solange er verdächtig ist.[403] Diese vorbeugenden Feststellungen werden durch die Verwendung der sogenannten Indizienbeweise charakterisiert, wie später erwähnt wird (**III. 1. c.**).

7. P 53 (2) (s. oben **3. a.** d. (i)) über den Testamentsvollstrecker: Nach Mālik darf sich der Testamentsvollstrecker auf keinen Fall etwas vom Nachlaß kaufen, auch kann er weder einen Stellvertreter bestellen noch einen Dritten dazu anstiften.[404]

8. Wenn in einer stillen Gesellschaft die Teilnahme des Kapitalgebers an der Geschäftsführung vereinbart wird, wird der Vertrag nichtig, so daß, ähnlich wie in einem Dienstvertrag, dem Geschäftsführer sein Durchschnittslohn zusteht, dem Kapitalgeber der ganze Gewinn. Will der Kapitalgeber aber doch zusammenarbeiten, so übergibt er zuerst dem Geschäftsführer das Kapital ohne Vereinbarung; dann wird ihn der Geschäftsführer entweder um Hilfe zu bitten oder ihm das Kapital in einem Kommissionsverkauf (*bidāʿa*) übergeben. Mālik findet den ersten Fall bedenklich, es sei denn, daß die Teilnahme des Kapitalgebers geringfügig ist.[405]

9. Leugnet der Depositar/Darlehensnehmer/Käufer den (nicht nachweisbaren) Depot-/Darlehens-/Kaufvertrag, indem er dem Depotberechtigten/Darlehensgeber/Verkäufer etwas deponiert/geliehen/verkauft hat, was dem letzteren entgangen ist, so darf der letztere seinerseits bei der Herausgabe/Zahlungsklage des ersteren den Vertrag leugnen, um dadurch seinen Verlust auszugleichen. Bei ŠH̲ werden verschiedene Situationen dargestellt, in denen auch die Unterdrückung der anderen Partei als Billigkeitsmoment gilt und somit die Eidkniffe vor Gericht nach dem Prinzip des Ibrāhīm erlaubt werden. Die Ḥanafiten diskutieren über den grundlegenden Fall, daß, usurpiert der Gläubiger eine Gattungssache von seinem Schuldner oder stiehlt sie ihm, sie durch seine Gattungsschuld automatisch kompensiert wird, solange sie ihr quantitativ und kategorisch gleichsteht. In diesem Fall wird der Gläubiger, weil er irgend etwas aus der Gattung zu fordern hat, auch nicht wegen des Diebstahls bestraft, so daß seine Aneignung mit Recht die *ḥadd*-Strafe ausschließt; der Meinungsunterschied besteht allein für den Fall, daß das Gestohlene zu einer anderen Kategorie als die Schuld gehört. Sarah̲sī spricht sich für Strafbarkeit im letzteren Fall aus, aber mit dem

---

[403] *Mudawwana*, V 460.
[404] *Mudawwana*, V 20.
[405] *Mudawwana*, V 111. Ǧ 10/4. Cf. Š 22/4. H̲ 12/4-5, 81/4. S 6/9.

Vorbehalt, daß der Gläubiger nicht bestraft wird, wenn er behauptet, er habe dadurch seine Forderung befriedigen wollen, weil der Meinungsunterschied der Juristen einen Zweifel (*šubha*) darstellt, der eine *ḥadd*-Strafe ausschließen soll. Außerdem hat sich der Gläubiger in seinem „Streben nach der Beurteilung (*iǧtihād* !)", was er sich aneignen (*ẓ-f-r*) darf, geirrt, und ein Fehler beim *iǧtihād* in umstrittenen Fällen, die das *iǧtihād* ermöglichen, zählt nicht. — Ein wichtiges Prinzip![406] Dies führt Ibn Qayyim unter der Bezeichnung „Fall der Aneignung (*masʾalat aẓ-ẓafar*)" auf die Frage zurück, ob sich jemand, dessen Kind sich unter Gewalt eines anderen befindet, seinerseits das Kind des letzteren aneignen und es dann töten dürfe, wenn der letztere sein Kind töte.[407] Šāfiʿī äußert sich dagegen. Der zustimmenden Ansicht liegt ein Ḥadīṯ zugrunde, das üblicherweise dafür beigebracht wird, daß sich die Frau ihren Unterhalt während der Abwesenheit ihres Mannes oder bei seiner Erfüllungsverweigerung in angemessenem Maße von seinem Vermögen nehmen darf.[408] Ibn al-Qāsim soll Mālik mehrmals nach unserem Fall gefragt haben, wonach Mālik das Leugnen in diesem Fall verboten habe.[409]

10. Eine Variante von P 91: Begeht man mit einer Sklavin eines anderen Unzucht und behauptet, daß man sie davor von ihrem Herrn gekauft habe, was dieser aber leugnet, und haben die beiden keine Zeugen für ihre Aussage, so gilt die Behauptung des Besitzers, so daß ihm die Sklavin zivilrechtlich zugesprochen wird. Nach Ibn al-Qāsim sind sowohl der Besitzer wie auch die Sklavin strafbar, solange der Kauf nicht nachgewiesen werden kann, ansonsten würde die *ḥadd*-Strafe nie vollstreckt. Dies liegt Māliks Ansicht zugrunde, daß ein Mann und eine Frau, die beide ein nicht nachweisbares Eheverhältnis miteinander behaupten, bestraft werden, sofern sie ihren Geschlechtsverkehr eingestanden haben.[410]

11. Verschiedene Tatausführungen des Diebstahls, die die *ḥadd*-Strafe ausschließen (cf. P 27): Ist man in den Aufbewahrungsort eingebrochen, hat die Sache genommen und sie seinem Partner draußen übergeben, indem man bis zur Festnahme drinnen geblieben ist, so werden nach Ansicht der Ḥanafiten beide von der *ḥadd*-Strafe ausgeschlossen, weil der eine die Sache nicht aus dem Ort herausgebracht hat, während der andere den Ort nicht betreten hat. Dasselbe gilt auch dann, wenn der eine die Sache nach draußen geworfen hat, die dann der andere aufgehoben hat. Mālik soll nach Ibn al-Qāsim über den letzteren Fall und den Fall, daß der eine drinnen die Sache mit einem Seil bindet, mit dessen Hilfe der andere sie an sich zieht, einst die

[406] Šaybānī, *Amālī*, 2-3. Samarqandī, *Tuḥfa*, III 27, 207. Saraḫsī, *Mabsūṭ*, IX 178.
[407] IQ² 25.
[408] Šāfiʿī, *Umm*, V 103-104.
[409] *Mudawwana*, VI 160. Š 23/16-17. Ḫ 82/12.; s. auch Š 10/7. Ḫ 31/18, 80/8. S 6/5-5a.; P 137. Cf. Š 9/10-11. Ḫ 4/13-14, 79/10-11.
[410] *Mudawwana*, VI 206, 241.

Strafbarkeit von beiden vertreten, aber dann doch die Frage offengelassen haben, da er meinte, daß er darüber nicht diskutieren wolle.[411]

12. P 34: Kauft man Pflanzen/Erd-/Baumfrüchte vor der Reife, so wird der Kauf nach einhelliger Ansicht nur unter der Bedingung wirksam, daß der Käufer sie sofort abmäht/ausgräbt/pflückt; wenn der Käufer den Verkäufer im Vertrag dazu verpflichtet, sie bis zur Reife auf dem Grundstück/den Bäumen belassen, ist nach der Mehrheit der Juristen der Kauf nichtig. Über dieselbe Bedingung in bezug auf Früchte nach dem Beginn der Reife sind die Juristen geteilter Meinung.[412]

Folglich ist die Ḥīla bei ŠH̱ dafür, zuerst die Pflanzen/Früchte unter der Bedingung des sofortigen Abmähens/Erntens zu kaufen, dann entweder so vorzugehen, daß der Verkäufer, d. h. der Eigentümer des Grundstücks, dem Käufer bis zur Reife freien Zutritt zum Grundstück gewährt, oder aber daß der Käufer das Grundstück mietet; — dementsprechend wäre P 49, Vermietung des bepflanzten Grundstücks durch den Verkauf der Pflanzen an den Mieter, dann dieselbe Ḥīla, wenn der Mieter eigentlich auf die Pflanzen abzielt. Nach Ibn Ḥanbal ist auch der Kauf unter der Bedingung des Abmähens/Ausgrabens/Pflückens dann nichtig, wenn die Pflanzen/Früchte aus irgendeinem Grund — sei es wegen einer Krankheit des Käufers, sei es wegen seiner Verzögerung — bis zur Reife stehengelassen werden, da der Käufer erwartet, daß dies eine Ḥīla für ihn sein kann.[413]

Wohl aus demselben Grund ist nach Mālik weder durch den Zugang zum Grundstück noch durch seine Vermietung zulässig, die Pflanze auf dem Grundstück zu belassen, so daß ihm und Ibn Ḥanbal zufolge diese Ḥiyal bei ŠH̱ nicht zustande kommen. Ibn al-Qāsim ist der Meinung, daß, kauft man zuerst unter der Bedingung des Abmähens die Pflanzen und dann das Grundstück, dies zulässig ist. — Das wäre die mālikītische Ḥīla dazu und entspricht der für Erdfrüchte geeigneten Methode, sie nämlich mit ihrer Wurzel zu kaufen (P 99).[414]

13. P 50: Über die Miet-/Dienstbedingungen steht die mālikītische Lehre in scharfem Gegensatz zur ḥanafītischen Lehre, insofern sie die meisten Ḥiyal nicht nötig hat.[415] Die Reparaturpflicht des Mieters ist jedoch auch nach Mālik nicht zulässig. Mālik erwähnt eine freiere Lösung als die Ḥanafiten,

---

411 *Mudawwana*, VI 273. Cf. Samarqandī, *Tuḥfa*, III 204-5. Saraḫsī, *Mabsūṭ*, X 147-49.

412 Abū Yūsuf, *Iḫtilāf*, 20-21. Samarqandī, *Tuḥfa*, II 68-70.; H̱iraqī, *Muḫtaṣar*, 84, dazu *Ibn* Qudāma, *Muġnī*, IV 80-87.; Muzanī, *Muḫtaṣar* 80.

413 Ibn Qudāma, *Muġnī*, IV 84-85.

414 *Mudawwana*, IV 556-57.

415 *Mudawwana*, IV 441 (vgl. P 51), 464 (Miete eines Reittiers unter der Bedingung, daß es der Vermieter ein bis zwei Tage reiten kann), 511 (vgl. Š 4/11. H̱ 19/73, 65/11), 547-48 (Š 4/9-10. H̱ 19/71-72, 65/9).

daß nämlich die Miete einschließlich der Reparaturkosten vereinbart werden soll. [416]

14. P 47: Die Vereinbarungen zugunsten der Frau beim Ehevertrag, etwa daß der Mann sie nie aus ihrer Heimat wegbringen dürfe, daß er keine Nebenfrau/Konkubine haben dürfe u.ä., sind nach der Mehrheit der Juristen mit Ausnahme der Ḥanbalīten juristisch unverbindlich, da ja die Ehe wirksam bleibt. [417] Die erste Ḥīla für die Verbindlichkeit derartiger Vereinbarungen wäre dann, sie in Form von eidlichen Bedingungen zu bringen, von deren Eintritt die Scheidung jeder geheirateten Nebenfrau bzw. die Freilassung jeder gekauften Sklavin abhängig gemacht wird (s. oben 1. h.). Auf diese Möglichkeit weist Mālik auch dahingehend hin, daß, verpflichtet den Mann solch eine Vereinbarung zu einer bestimmten Folge, sie als nichtig gilt, außer bei Scheidung und Freilassung. [418] P 48 stellt verschiedene Umgehungen dieser Eide dar, die alle auf dem geheimen Vorbehalt und damit verbundenen zweideutigen Redeanwendungen des Mannes beruhen.

P 47 stellt eine andere Methode als die Eide des Mannes vor, die der Frau solche Vereinbarungen dadurch zusichert, daß sie die Angabe (*tasmiya*) der Brautgabe darin einschließt. Bei ŠH̲ geht es um einen Fall, bei dem eine im Vergleich mit dem Durchschnitt höhere Brautgabe erwähnt wird, die der Mann beim Verstoß zahlen soll; nach Abū Ḥanīfa wird sie beim Verstoß auf ihren Durchschnittswert beschränkt, während nach Šaybānī und Abū Yūsuf gemäß der Vereinbarung zu verfahren ist. [419] Als Ḥīla heiratet die Frau ihn für eine bestimmte Brautgabe unter der Bedingung, daß sie beim Verstoß des Mannes den vollen Durchschnittswert ihrer Brautgabe beanspruchen kann, und der Mann erkennt vor Zeugen ihre durchschnittliche Brautgabe an, deren Wert höher ist als die vertragliche. Der Fall ist auf zweierlei Weise auszulegen:

1. Eine schon angemessene Brautgabe wurde bestimmt, so daß der Mann fälschlich mehr als ihren Durchschnittswert anerkennt. Dies wäre effektiver, ist aber nach ʿA umstritten, einerseits deshalb, weil die Ḥīla nach Abū Ḥanīfa nicht erfolgreich ist, sobald der Mann das Anerkenntnis verweigert, andererseits wegen der moralischen Bedenken dieses Anerkenntnisses.

2. Die vertragliche Brautgabe wurde niedriger als ihr Durchschnittswert bestimmt, und nun wird so viel anerkannt, wie eine Frau wie sie eigentlich hätte beanspruchen können. [420]

---

416 *Mudawwana*, IV 508-9.

417 *Muḫtaṣar Ḫ*, 137, dazu *Ibn* Qudāma, *Muġnī*, VI 548-50. Vgl. *Mudawwana*, II 198, 219. Bāǧī, *Muntaqā*, III 396.; Šāfiʿī, *Umm* V 83-84, dazu Muzanī, *Muḫtaṣar*, 182. Cf. Ibn Abī Šayba, *Muṣannaf*, III 326-7.

418 *Mudawwana*, II 198.

419 Šaybānī, *Saġīr*, 181.

420 Cf. ʿA 394.

Dem letzteren nähert sich Māliks Ansicht, daß, verzichtet die Frau unter der Bedingung der Einhaltung der Vereinbarung auf einen Teil ihrer durchschnittlichen Brautgabe, sie diesen beim Verstoß ihres Mannes zurückfordern kann; der einzige Unterschied liegt darin, daß ihr Verzicht nach Mālik nicht im Ehevertrag mit vereinbart wird, sondern erst nach dem Vertrag erfolgen darf. Mālik sagt nämlich: Schließt sie mit dem Mann für die Brautgabe von 2000 die Ehe und verzichtet dann auf 1000 davon unter der Bedingung, daß er sie nie aus Fusṭāṭ wegbringe, so kann er sie wegbringen, ohne dafür zu zahlen. Wenn sie aber für 1000 heiratet und danach unter dieser Bedingung darauf verzichtet, dann kann sie das bei seinem Verstoß von ihm zurückfordern. — Aus dem Kontext geht hervor, daß 1000 ihre durchschnittliche Brautgabe ist.[421] Dies wäre die mālikītische Ḥīla dazu.

15. Ähnliches Beispiel: Verpflichtet der Verkäufer eines Sklaven den Käufer im Kaufvertrag zur Freilassung — sei es eine bedingungslose (*ʿitq*), sei es eine von Todes wegen (*tadbīr*) — nach dem Kauf, so wird der Kauf nach Auffassung der Ḥanafīten durch diese Vereinbarung nichtig. Wenn aber der Käufer den Sklaven nach der Übernahme, d. h. bereits in seinem Besitz befindlich, freigelassen hat, wird der Kauf nach Abū Ḥanīfa seinem Gutdünken (*istiḥsān*) zufolge wirksam, so daß der Käufer den Kaufpreis zu zahlen hat, während er nach Abū Yūsuf und Šaybānī nichtig bleibt, so daß der Käufer dem Verkäufer anstatt des Sklaven seinen Marktwert zurückgibt. Die Freilassung von Todes wegen ist jedenfalls nichtig, auch wenn der Käufer sie bereits zuvor erklärt hat.[422] Die Ḥīla bei ŠH für die Möglichkeit der Freilassung durch den Käufer besteht darin, daß der Käufer vor dem Kauf vor Zeugen schwört: „Kaufe ich diesen Sklaven von dir, so wird er freigelassen." (s. oben 1. h.) Dieselbe gilt auch für den Verkauf zum Zweck der Freilassung von Todes wegen und, in bezug auf die Sklavin, den Verkauf zum Zweck der Kinderzeugung, so daß sie *umm walad* wird (*istīlād*).[423]

Nach Mālik ist der Verkauf von Sklaven/innen unter der Bedingung der Freilassung zulässig – anders als unter der Bedingung der Freilassung von Todes wegen, deren Erfolg als riskant gilt, denn es ist möglich, daß der Sklave vor dem Herrn stirbt usw. Jedoch beeinträchtigt die Vereinbarung der Freilassung zwar nicht den Vertrag, ist aber nach Mālik, wie oben 14., an sich nicht verbindlich, so daß, setzt der Käufer nach dem Kauf die vereinbarte Freilassung nicht in die Tat um, der Verkäufer ihn nicht dazu zwingen kann. Hierzu tradiert Ibn al-Qāsim von Mālik: Kauft er den Sklaven in der Art und Weise, die Freilassung eintreten zu lassen (*ʿalā īǧāb al-ʿitq*), so wirkt sie für ihn verbindlich. Nach Bāǧī bedeutet das

---

[421] *Mudawwana*, II 219-20, 198. Auch Bāǧī, *Muntaqā*, III 296-97.

[422] Samarqandī, *Tuḥfa*, II 67-68.

[423] Š 9/17-19. Ḫ 4/15-17, 25, 22/10-11, 79/15-16. ʿA 407.

nichts anderes als dieselbe Methode mit ŠH, d. h. eine mit dem Kauf eidlich bedingte Freilassung.[424]

16. P 97 (s. oben **3. b.** 1): Verfolgt der Gläubiger eines Abwesenden einen von drei Bürgen wegen seiner Forderung, so kann er auch nach Mālik von dem Bürgen lediglich ein Drittel davon eintreiben. Sucht er aber nach einer Möglichkeit, das Ganze von jedem einzelnen einzutreiben, so schlägt Mālik dieselbe Methode mit ŠH vor, daß er allen dreien beim Bürgschaftsvertrag die Bedingung auferlegt, daß sie sich füreinander verbürgen.[425]

17. Oben **3. b.** 2: Nach Mālik verfügt der Vater über die Zwangsgewalt, seine minderjährige Tochter auf eigene Kosten oder für ihre unerfüllte Brautgabe von ihrem Mann loszukaufen, so daß jedenfalls eine widerrufliche Scheidung erfolgt. Jedoch in bezug auf den letzteren Fall, Entlastung des Mannes von der Brautgabe, ist Māliks Ansicht mit der ḥanafitischen Auffassung vom Fall ihrer Genehmigung des *ḫulᶜ* darüber einig, daß die Tochter dem Mann gegenüber den Anspruch auf ihre Brautgabe behält, während er aber auf den Vater keinen Regreß nehmen kann, denn der letztere ist nicht dazu befugt, über das Vermögen der Minderjährigen zu ihren Ungunsten zu verfügen. Daher greift Mālik auf dieselbe Methode mit der ḥanafitischen Ḥīla zurück, daß der Vater die Braut nach dem Ehevollzug für die dadurch voll zu beanspruchende Brautgabe unter der Bedingung, daß er dafür haftet, loskauft.[426]

18. Eine auffällige Parallele zu ŠH: Wollen die Erben mit der Frau des Erblassers über seinen Nachlaß, der Bargeld, bewegliche und unbewegliche Sachen (und zwar hier außer der *ribā*-Kategorie gemeint, *ᶜarḍ* im engeren Sinne) umfaßt, einen Vergleich eingehen, daß ihr lediglich der Anteil an Dīnāren/Dirhams zusteht, während das Gewicht des gesamten Bargelds jedoch im Moment unklar ist, so ist der Vergleich nicht zulässig. Da ein Vergleich mit Kauf und Verkauf im Sinne des Synallagmas gleichgestellt wird (ein Sprichwort der Juristen lautet: „Beim Vergleich ist das zulässig, was bei Kauf und Verkauf zulässig ist"), muß die gesamte Problematik des letzteren, Unklarheit des Entgelts und *ribā* in unserem Fall, beseitigt werden. Da die Frau für ihre gesamten Anteile ihren Anteil an Dīnāre/Dirhams kauft, muß die Vergleichsbedingung mehr als das betragen, so daß ihre Dīnāre/Dirhams gegen ihren Anteil an der gleichen Kategorie, Dīnār/Dirham, im gleichen Maße getauscht wird, während der Rest für die anderen Kategorien bezahlt wird. Die erste Ḥīla bei ŠH besteht darin, daß sich die Erben mit ihr für einige Dīnārs und Dirhams, die sie ihr aus eigener Tasche bezahlen, vergleichen. In diesem Fall erfolgt ein zweifacher Wechsel (*ṣarf*), einerseits ihre Dīnāre gegen

[424] *Mudawwana*, IV 152. Bāǧī, *Muntaqā*, IV, 212-13.
[425] *Mudawwana*, V 261.
[426] *Mudawwana*, II 350. Cf. Ibn Qudāma, *Muġnī*, VII 83-84.

ihren Anteil an Dirhams, andererseits ihre Dirhams gegen ihren Anteil an Dīnāre, indem die anderen Kategorien einem Teil von Dirhams und Dīnāren entsprechen. Nach ʿA ist diese Ḥīla jedoch nicht ohne Problem, denn für den Wechsel wird das Übergeben und Entgegennehmen auf der Stelle vorausgesetzt.[427] In diesem Sinne wäre die zweite Ḥīla noch besser, daß nämlich die Vergleichsbedingung anstelle von Dīnāren und Dirhams irgendein *ʿarḍ* wie Tuch ist.[428] Mālik äußert Bedenken gegen die erste Lösung, insofern sie durch Dīnāre/Dirhams erfolgt. Er erwähnt dann die zweite Lösung und findet sie einwandfrei, jedoch unter der Bedingung, daß alle Vermögen tatsächlich vorhanden sind, insofern die Zahl oder der Betrag jedes einzelnen genau angegeben wird.[429] Nach Ibn Ḥanbal ist der Vergleich eines bestimmten Erben — er weist darauf hin, daß insbesondere die Frau des Erblassers betroffen wird — mit den anderen zu seiner Ausschließung auf alle Fälle unwirksam, solange er nicht weiß, wie viel der Erblasser hinterlassen hat, weil er es möglicherweise unterschätzt und zustimmt, während die anderen vom Gegenteil wissen. Auch wenn es bekannt ist, wird dann ein derartiger Vergleich nicht gestattet, wenn das Ziel darin liegt, sein Recht zu verletzen.[430]

19. P 92 (3), das letzte, hier episodenhafte Beispiel: Abū Ḥanīfa wurde nach einer Ḥīla für den Fall gefragt, daß jeder von zwei Brüdern je eine von zwei Schwestern geheiratet, aber jeweils mit der anderen, die ihm aus Versehen zugeschickt wurde, die Ehe vollzogen hat. Seine Antwort lautet: Jeder Mann soll sich von seiner Ehefrau (endgültig) scheiden lassen und ihre Schwester heiraten, mit der er verkehrt hat und die wegen der Scheidung vor dem Ehevollzug keiner Wartezeit unterliegt, indem jeder Frau sowohl Anspruch auf die Hälfte ihrer Brautgabe gegenüber ihrem Exmann wie auch Anspruch auf eine volle Brautgabe gegenüber ihrem neuen Mann zustehen. Mālik regelt den Fall so, daß jede Frau bei der Ehe mit ihrem juristischen Mann bleibt, mit dem sie jedoch bis zum Ablauf der Wartezeit von 3 Monaten (im Sinne der Schwangerschaftsfeststellung) nicht verkehren darf, und daß ihr Anspruch auf ihre Brautgabe (im Sinne von *ʿuql*, Schadenersatz für einen außerehelichen Geschlechtsverkehr aus einem die Unzucht ausschließenden Grund, in einer ungültigen Ehe nach der vertraglichen Brautgabe, so diese benannt bzw. nach der durchschnittlichen Brautgabe berechnet worden ist) zusteht. In einer anderen Version bei S, die aus den *Manāqib Abī Ḥanīfa* („Ruhmestaten Abū Ḥanīfas") stammen soll, wird Māliks Ansicht auf Sufyān aṯ-Ṯawrī zurückgeführt, der seinerseits ʿAlī b. Abī Ṭālibs Regelung eines irrtümlichen Geschlechtsverkehrs folgte und den jungen Abū Ḥanīfa wegen seiner Abweichung davon tadelte. Abū Ḥanīfas Erwiderung wird

[427] Ṣ 7/30-32. Ḫ 42/18-19, 68/30-32. ʿA 426-27.
[428] Ṣ 7/33. Ḫ 42/20, 68/33. ʿA 427.
[429] *Mudawwana*, IV 362-63.
[430] Ibn Qudāma, IV 492.

mit Lob zitiert, daß nämlich gerade seine Lösung dem Sachverhalt entspreche und allen Betroffenen Mühe und Leid erspare. — Dieser Fall, den man auf jeden berühmten Juristen beziehen mag, stellt wohl eine Referenz dar. Ibrāhīm an-Naḫaʿī soll darüber auch Alīs Ansicht vertreten haben, so daß Abū Ḥanīfa hierbei von der kūfischen Tradition isoliert erscheint. Auch Šāfiʿī und Ibn Ḥanbal schließen sich ʿAlī an.[431]

Aus diesen Diskussionen geht zuerst das nahe beieinanderliegende Problembewußtsein der Juristen hervor, das sich in ihrer Normfindung für die Einzelfälle reflektiert. Festzustellen ist ferner, daß sie dabei notwendigerweise bestimmten Methoden, die diese Probleme lösen werden, in der Art und Weise berücksichtigt haben sollen, daß sie dort nicht unbedingt als „Ḥiyal" erwähnt werden. Man könnte sagen, daß das auch für die Mālikīten gilt, obwohl sie diese nie als solche bezeichnen wollen.[432]

---

[431] *Mudawwana*, II 248. Ibn Qudāma, *Muġnī*, VI 546.
[432] Cf. oben S. 99 zur Sacheinlage für eine stille Gesellschaft.

III. Ḥiyal in Theorie und Praxis

1. Mit Ḥiyal vergleichbare Begriffe

a. *Istiḥsān* als religiöses Urteil jedes einzelnen über das Erlaubte und das Verbotene nach eigenem Gutdünken

Dieser Abschnitt wird dem Leser einen völlig anderen Inhalt des Begriffes *istiḥsān* zeigen, der sich von dessen technischer Bedeutung in der Rechtsmethodik deutlich abhebt: *istiḥsān* erscheint hier nämlich als das religiöse Urteil jedes einzelnen Gläubigen über das Erlaubte und das Verbotene – nach dessen Gutdünken, ohne formaljuristische Beweise. Dies ist ein notwendiges Instrument, das dem Einzelnen Handlungsfreiheit und Privatautonomie ohne Verstoß gegen die göttlichen Gebote und Verbote zusichert, so daß jeder Gläubige in seinem Alltag Gott allein gegenübersteht. Zu bemerken ist, daß gerade die Ḥiyal für die ḥanafitischen Autoren, die sich nicht nur um ihre formaljuristische Legalität, sondern auch um ihre moralische Durchsetzbarkeit bemühten, da sie ansonsten keine Bedeutung mehr hätten, ebenfalls ein solches Instrument waren. In der Tat weist die Theorie des *istiḥsān* in der früheren ḥanafitischen Jurisprudenz auffällige Gemeinsamkeiten mit den Diskussionen in der Ḥiyal-Literatur auf. Anscheinend versuchten die Ḥanafiten aber, aus Angst vor dem Zwiespalt zwischen Moral und Recht innerhalb der Šarīʿa, den sie gewissermaßen zuließen, die Ausübung des *istiḥsān* durch Privatpersonen theoretisch zu beschränken, so daß sich selbst außer Gericht die individuelle Beurteilung möglichst auf der Bahn der formaljuristischen Beurteilung der Justiz bewegt und daß sich vor Gericht die letztere behauptet.

Nach der maßgebenden Definition bildet der *istiḥsān* das Antonym für die Analogie (*qiyās*), wie Saraḫsī in seinem Kommentar zum *K. al-istiḥsān* in Šaybānīs *Aṣl* formuliert: „Aufgabe der Analogie und Befolgung dessen, was für die Menschheit angemessener ist (*tark al-qiyās wa-aḫḏ mā aufaq li'n-nās*)". Er erwähnt ferner noch zwei weniger technische, eher einfache Definitionen, die sich dem Begriff *ruḫṣa* nähern (s. unten **b.**).[433] So unterscheidet sich der *istiḥsān* von der Analogie als juristischem Argument auf der Basis einer „Präferenz", die aus seinem wörtlichen Sinne „etwas gut finden (*ḥ-s-n* X)" hervorgeht. Den Ḥanafiten wurde eine derart „willkürliche" Argumentation vorgeworfen, die in den engeren Sinn des *ra'y* fallen soll. Daher versucht die spätere ḥanafitische Rechtstheorie (*uṣūl al-fiqh*), nach dem 3./9. Jh. nach Hallaq, es in eine systematischere Form auf Grundlage der Sunna, des *iǧmā* und der Notwendigkeit (*ḍarūra*) zu bringen, sogar als eine „unsichtbare" Analogie (*al-qiyās al-ḫafī*) im Gegensatz zur „sichtbaren

[433] Saraḫsī, *Mabsūṭ*, X 145.

(*al-qiyās aǧ-ǧalī*)“, wie Saraḫsī auch beides formuliert. Nach ihm ist die kausale Effektivität des Rechtsgrundes (*aṯar*) bei der „unsichtbaren“ stärker als bei der „sichtbaren“. Man spricht vom *istiṣlāḥ*, als einem Argument auf der Basis des allgemeinen Wohls (*maṣlaḥa*) der Mālikīten, wie von *istiḥsān* der Ḥanafiten. Ursprünglich faßt beides die nicht analogen Argumentationen zusammen und wird somit ohne wesentliche Unterschiede wechselseitig verwendet.[434] — In früheren juristischen Texten findet das Wort im Sinne einer Präferenz allgemeine Anwendung, manchmal in Verbform, wie in der *Mudawwana* (Calders Feststellung, daß einige technische Wörter im *Aṣl* des Šaybānī, insbesondere *istiḥsān* und *qiyās*, in der *Mudawwana* trotz vieler Gemeinsamkeiten beider Werke nicht festzustellen seien, ist eindeutig ein Fehler!),[435] meist neben einer autoritativen Ansicht bzw. einer regelrechten Lösung, von der man abweicht.

In der Ḥiyal-Literatur wird das Wort in dieser Weise auf den Meinungsunterschied bezogen. In P 51 z. B. wird die gegebene Ḥīla für die Sicherheit so aufgebaut, daß sie nach der Analogie zustande kommt, die ansonsten zu Ungunsten des Betroffenen wirkt. Der *istiḥsān* einzelner Gelehrter, der in der Ḥiyal-Literatur gewissermaßen der Erwähnung wert ist, wird dennoch nicht ohne weiteres zur Ḥīla, aber darauf werde ich unten zurückkommen. Hier will ich auf die juristische Natur des *istiḥsān* eingehen, die mit den Ḥiyal vor allem in der ḥanafitischen Jurisprudenz in Zusammenhang gebracht werden kann, anhand des obengenannten *K. al-istiḥsān* des Šaybānī.

Dort gibt Šaybānī zwar keine Definition, stellt aber eine Reihe von Fällen zusammen, die wohl den Urbegriff des *istiḥsān* darstellen sollen. Er ist als Urteilsbildung einzelner Gläubiger über das Verbotene (*ḥarām*) und das Erlaubte (*ḥalāl*) nach seinem besten Glauben (*akbar ar-raʾy*) ohne formaljuristische Beweise dafür wiederzugeben, wobei „*akbar ar-raʾy*“ hier durch das Wort „*ġārib aẓ-ẓann*“, nämlich „die höchste Wahrscheinlichkeit“, zu ersetzen ist. Die Diskussion befaßt sich mit vier Kategorien:

1. Körperteile der anderen, die man sehen bzw. berühren darf, im Gegensatz zu den Schamteilen (*ʿawrāt* > s. *ʿawra*) der beiden Geschlechter, die grundsätzlich nicht zugänglich sind. Diese Diskussion wird zunächst nach dem gesehenen Gegenstand grob in vier Fälle geteilt: (i) zwischen Männern, (ii) zwischen Frauen, (iii) Frauen sehen Männer, (iv) Männer sehen Frauen; (iv) wird ferner nach den gesehenen Frauen in vier Kategorien unterteilt: a. eigene Ehegattinnen und Sklavinnen, b. verwandte Frauen, für die aber ein Ehehindernis besteht, c. Sklavinnen in fremden Händen, d. Nichtgattinnen in freiem Stand. Es geht darum, ob man bei einem eigentlich erlaubten Sehen

[434] Hallaq, *A History of Islamic Legal Theories* (Cambridge University Press, 1999), 107-9. Ders., "Development of logical Structure in sunnī legal theory“, *Der Islam*, 64 (1987), 44-46. Ders., "Non-analogical arguments in sunnī juridical *qiyās*“, *Arabica*, 36 (1989). Peters, R., "istiḥsān and istiṣlāḥ„, EI², IV 255-59.

[435] Calder, *Muslim Jurisprudence*, 52-53. Vgl. z. B. *Mudawwana*, II 323, IV 175 (qiyās und istiḥsān im Vergleich). Auch *istiḥsān* allein, s. II 238, III 275, 410, IV 262, 297-98, VI 27, 271.

bzw. Berühren daran glaubt, daß man dadurch den Gesehenen oder Berührten begehren würde; wenn ja, soll es unterlassen werden, wenn es auch eigentlich erlaubt ist.[436]

2. Die Beurteilung von *ḥarām* oder *ḥalāl* in religiösen Angelegenheiten (*umūr ad-dīn*), d. h. im Ritus (*ʿibādāt*), aufgrund der Zeugenaussage eines Einzelnen, am Beispiel des Wassers zur rituellen Waschung vor dem Gebet (*uḍūʾ*) oder eines Essens, dessen religiöse Reinheit von einem einzigen Zeugen bestritten wird. Im Prinzip wird in religiösen Angelegenheiten, anders als vor Gericht (*fiʾl-ḥukm*), das Zeugnis eines/einer Gläubigen, auch im Sklavenstand, ungeachtet der formaljuristischen Voraussetzungen dafür (zwei Männer oder ein Mann und zwei Frauen) mit Ausnahme der Qualifikation der Unbescholtenheit (*ʿadāla*) zugelassen. In dem Sinne, daß das einzige Zeugnis zwar juristisch nichts anders als eine Nachricht (*ḫabar*), im Ritus aber verbindlich ist, kann die Voraussetzung der persönlichen Unbescholtenheit für die Zeugenaussage durch die Voraussetzung der persönlichen Vertrauenswürdigkeit für die verbindliche Nachricht erfüllt werden. Wenn also der Zeuge ein Unbescholtener oder aber Vertrauenswürdiger (*ṯiqa*) ist, den man als solchen kennt, muß man die trockene Waschung (*tayammum*) verrichten/sich des Essens enthalten. Wenn seine Vertrauenswürdigkeit nicht bekannt, aber höchst wahrscheinlich ist, sollte man sich nicht nach dem eigenen Urteil, sondern nach der Zeugenaussage richten, anders als im folgenden Beispiel. Im gleichen Sinne darf man in diesem Fall das Wasser/Essen verbrauchen, wenn man sicher ist, daß der Zeuge lügt.[437]

3. Die Anwendung des *istiḥsān* aufgrund eines einzigen Zeugnisses wird in den zwischenmenschlichen Angelegenheiten (*muʿāmalāt*) derart gelockert, daß die formale Voraussetzung der Unbescholtenheit des Zeugen durch die temporale Ehrlichkeit ersetzt werden darf: (i) Der Mann einer Frau/der Käufer einer Sklavin „sollte" sich aufgrund auch nur eines einzigen Zeugnisses für die Milchverwandtschaft zwischen den Eheleuten/die angeborene bzw. erworbene Freiheit der Sklavin des Geschlechtsverkehrs enthalten, und (ii) derjenige, der ein Objekt aus irgendeinem Grund, sei es Kauf, sei es Schenkung, übernimmt, „sollte" sich aufgrund eines einzigen Gegenzeugnisses, daß sein Vorbesitzer es eigentlich von jemandem usurpiert haben soll, dessen Nutznießung enthalten, solange er davon überzeugt ist, daß der/die gläubige Zeuge/Zeugin in seiner Überzeugung vertrauenswürdig (*ṯiqa*) ist oder, wenn nicht, daß er/sie zumindest in diesem Moment die Wahrheit sagt. Im Gegensatz zu 2., wenn er dennoch die (i) geschlechtliche oder (ii) vermögensrechtliche Nutznießung wagen würde, wäre sie für ihn zulässig, obwohl (i) im Sinne der Unwiederbringlichkeit noch ernsthafter ist als (ii).

Der Unterschied liegt darin, daß es sich in den *muʿāmalāt* großenteils um menschliche Ansprüche handelt, die vor Gericht geregelt werden. Das

[436] Šaybānī, *Aṣl*, III 48-63. Dazu Saraḫsī, *Mabsūṭ*, X 146-155.
[437] Šaybānī, *Aṣl*,III 80-101. Saraḫsī, *Mabsūṭ*, X 162-167.

Nichtbestehen des vermögensrechtlichen sowie ehelichen Eigentums wird auch lediglich vor Gericht, d. h. durch die formaljuristisch vollkommenen Beweise nachgewiesen. (ii) zeigt, daß man sich umso mehr auf juristische Indizien, daß vor Gericht die Behauptung des Besitzers gelten würde, als Grundlage für seine abwägende Entscheidung gegen das einzige Zeugnis stützt.[438] So verhält es sich in bezug auf ein Objekt im Besitz des Verkäufers/Schenkenden, von dem der Käufer/Schenkungsempfänger weiß, daß es früher einem anderen als diesem Besitzer gehörte; begründet der glaubwürdige Besitzer dies mit einem juristisch möglichen und friedlichen Verlauf der Sache, etwa einem rechtmäßigen Eigentumsübergang vom genannten Vorbesitzer durch Kauf, Schenkung usw. oder dessen Bevollmächtigung zum Verkauf, so darf der Käufer/Schenkungsempfänger, nachdem er sich davon überzeugt hat, es von ihm übernehmen, bis ein anderes, widersprechendes juristisches Indiz, etwa Eigentumsklage von seiten des Vorbesitzers, diese Überzeugung bricht. Im Gegensatz dazu wird eine Behauptung des Besitzers, die vor Gericht zu seinen Ungunsten wirken würde, etwa die Usurpation durch den Vorbesitzer und die eigenmächtige Besitzkehr danach, nicht berücksichtigt, wenn auch der Besitzer glaubwürdig ist.[439]

1. Diese Kategorie gilt für Saraḫsī in dem Sinne als Grundlage für den *istiḥsān*, daß selbst das grundsätzliche Verbot des Zugangs zu den Schamteilen aufgrund der Billigkeitsgründe, die insbesondere zwischen Andersgeschlechtlichen eine höchst dringende Notwendigkeit (*ḍarūra*) darstellen sollen, aufgehoben wird, während aus der Analogie auch in solchen Fällen das Verbot folgt.[440] Zu betonen ist aber auch „der beste Glaube" in bezug auf Nichtschamteile, was in der folgenden Diskussion als Stichwort vorkommt.

2. Diese kann mit der ähnlichen Kategorie der „Selbstentscheidung (*taḥarrī*)", die im *Aṣl* gleich vor dem *istiḥsān* im *K. al-taharrī* behandelt wird, in Zusammenhang gebracht werden. *Taharrī* gibt Saraḫsī etymologisch als „das Erstreben (*ṭalab*, *ibtiġā*)" wieder. In der juristischen Terminologie hat das Wort *taḥarrī* ein Synonym, *tawaḫḫī*, jedoch wird das erstere im Ritus (*ʿibādāt*), das letztere im zwischenmenschlichen Bereich (*muʿāmalāt*) benutzt.[441] Somit steht beides dem Begriff *iǧtihād* nahe; in der Tat verwendet Saraḫsī im Laufe der Diskussion das Wort *iǧtihād* statt *taḥarrī*.[442] Charakteristisch ist, daß es sich in den meisten Beispielen um die materielle Unterscheidung bei einem möglichen Verwechseln des Erlaubten mit dem Verbotenen handelt, wie im Fall eines rechtmäßig geschlachteten Tieres und eines toten Tieres, daß man sich nämlich für eines davon entscheiden und es verbrauchen kann. In diesem Zusammenhang

---

[438] Šaybānī, *Aṣl*, III 104-18. Saraḫsī, *Mabsūṭ*, X170-73.
[439] Šaybānī, *Aṣl*, III 119-29, 134-136. Saraḫsī, *Mabsūṭ*., X 173-177, 178.
[440] Šaybānī, *Aṣl*, III 63-67. Saraḫsī, *Mabsūṭ*, X 145, 155-157.
[441] Saraḫsī, *Mabsūṭ*, X 185.
[442] Saraḫsī, *Mabsūṭ*, X 187-88.

wird das Prinzip aufgestellt, daß die Selbstentscheidung lediglich für jene Sachen gilt, die, wenn auch verboten, bei dringender Notwendigkeit erlaubt werden können, so wie man im Notfall auch ein totes Tier essen darf. Einige weitere Beispiele werden in der Ḥiyal-Literatur behandelt: Ǧ und Q enthalten in bezug auf die rituelle Waschung vor einem Gebet unterwegs eine parallele Diskussion über zwei Gefäße, in denen sich jeweils reines und unreines Wasser befindet: daß man sich dann mit Sand u.ä. waschen müsse, ohne sich für das eine Wasser zu entscheiden. Da diese trockene Waschung lediglich bei Mangel an reinem Wasser zulässig ist, wird dafür eine Ḥīla genannt, sich auf alle Fälle mit Sicherheit mit Sand waschen zu können: daß man nämlich beide Wasser weggießen oder miteinander vermischen soll, so daß beide unrein werden.[443] Ǧ erwähnt ferner Auswege für einen Mann, der eine seiner vier Frauen/Sklavinnen endgültig verstoßen/freigelassen hat, dann aber vergessen hat, welche es gewesen ist; weil nach dem obigen Prinzip für sexuelle Nutznießung keine Selbstentscheidung gilt, darf er im Grunde mit keiner von ihnen verkehren, bis er wieder genau weiß, welche die Verstoßene/Freigelassene ist.[444]

Im Ritus, in den wichtigen Angelegenheiten im Alltag des Gläubigen, gilt die eigene Entscheidungsmöglichkeit an sich schon als Ausweg bzw. Erleichterung für die Gläubigen, und wohl in diesem Sinne erwähnt Ǧ die Parallele über jemanden, der sich vor dem Gebet wäscht, der aber währenddessen durch den Gedanken gestört wird, eine Unwirksamkeit der Waschung verursacht zu haben, daß er sie fortsetzen darf, insofern sie nach seinem besten Glauben wirksam ist, ohne daß er durch den Zweifel — er kommt vom Teufel! — gequält wird. Ein Betender, der nicht mehr weiß, wie weit er mit dem Gebet schon gekommen ist, darf gleichfalls von dem ausgehen, was er glaubt schon gebetet zu haben, ohne von vorne an alles wiederholen zu müssen.[445] Im Grunde darf man sich also im Ritus auf sich selbst verlassen. Das Kriterium für die eigene Entscheidung verhält sich aber dann etwas anders, wenn man auf juristische Angelegenheiten eingeht.

3. Diese Kategorie bezieht sich auf das Erlaubtsein bzw. Verbotensein der Nutznießung eines Fremdgutes für seinen gutgläubigen Erwerber; nach Šaybānī ist sie ihm verboten, aber keine Sünde, während Abū Yūsuf sie ihm für erlaubt befindet.[446] Betont wird die Gewohnheit der Allgemeinheit (*umūr an-nās*), daß man alltägliche Geschäfte ohne formaljuristisch erforderliche Beweise — Zeugenaussage zweier Männer bzw. eines Mannes und zweier Frauen, die für unbescholten erklärt werden — für Rechte und Befugnisse seines Partners eingeht; ansonsten könnte man von Gesellschaftern, Agenten u.ä. praktisch nichts kaufen, und dies wäre eine bedrängende Beschränktheit (*ḍayyiq wa ḥarağ*) für die Gläubigen, die Šaybānī für abstoßend (*qabīḥ*) erklärt.[447] Somit billigt in den

[443] Ǧ 2/1. Q IV 20. Šaybānī, *Aṣl*, III 29.
[444] Ǧ 26/14-14b, 15-15b. Šaybānī, *Aṣl* III, 31-36.
[445] Ǧ 2/2, 3/7. Šaybānī, *Aṣl*, III 162-63.
[446] ʿU 1710.
[447] Šaybānī, *Aṣl*, III 129-132. Saraḫsī, *Mabsūṭ*, X 177.

muʿāmalāt vor allem die Gewohnheit der Allgemeinheit, den *istiḥsān,* zu, so wie in Kategorie 1 die Notwendigkeit das religiöse Verbot aufhebt.

Es folgen weitere Beispiele für den *istiḥsān* in zwischenmenschlichen Angelegenheiten, die ihm immer höhere Stufen zuweisen.

4. Ferner gilt der *istiḥsān* für alle menschlichen Ansprüche im zwischenmenschlichen Bereich, auch wenn sie von unwiederbringlicher Natur sind, wie z. B. sexuelle Nutznießung aus Ehe und Konkubinat in 3. (ii), und in diesem Sinne sogar Tötung und Verletzung: So darf sich ein Hausbesitzer im guten Glauben an das Vorhandensein einer Gefahr für die Notwehr gegen einen bewaffneten Fremden in seinem Haus entscheiden.[448] Nur diese beiden Angelegenheiten fordern jedoch gemäß ihrer unwiederbringlichen Natur vom einzelnen eine höhere Überzeugung, die gewisse juristische Indizien in Anspruch nimmt, und, falls widersprechende Indizien auftreten, die Vergewisserung darüber aus Vorsicht.

5. Darüber hinaus, wie 3. zeigt, ist in zwischenmenschlichen Angelegenheiten zu unterscheiden zwischen dem, was, wie im Ritus, von den formaljuristischen Erfordernissen abweicht, und dem, was nicht davon abweicht, zumal die meisten dieser Fälle der Gerichtsbarkeit der Justiz unterliegen. Im letzteren Fall ist der *istiḥsān* auf juristische Indizien angewiesen, die vor Gericht berücksichtigt werden. Dafür nennt Šaybānī noch einige Beispiele, wovon nur eines angeführt sei: Der Fall, daß einer einem Mann, der vorher seine Ehe nicht vollzogen hat, unterwegs mitteilt, (i) daß seine Frau während seiner Abwesenheit abtrünnig geworden sei, so daß die Ehe aufgelöst worden sei, oder (ii) daß sie bereits am Tag der Ehe abtrünnig bzw. seine Milchschwester gewesen sei. In (i) darf der Mann erneut vier Frauen außer der Abtrünnigen heiraten, solange der Informant nach seiner Meinung vertrauenswürdig ist oder, wenn nicht, in dieser Sache doch ehrlich erscheint, zumal diese Informationen an sich einen möglichen Verlauf der Sache aus nachträglichen Ursachen beinhalten, ohne die eigentliche Sachlage, die der Informand selbst erkannt hat, d. h. seine wirksam bestandene Ehe, zu bestreiten. Dies steht im Gegensatz zu (ii): Er darf dort nicht aufgrund eines einzigen Zeugnisses vier neue Frauen haben, sondern erst durch das Zeugnis zweier Unbescholtener, also durch einen formaljuristisch geltenden Beweis, weil das eigentliche Nichtbestehen der Ehe, das der eigenen Erkenntnis des Informanden widerspricht, - und das ist die Sache -, juristisch durch ein einziges Zeugnis nicht nachgewiesen werden kann.[449] So erweist sich der *istiḥsān* als eine präsumtive Abwägung; nach Saraḫsī wird in bezug auf (i), wo die Gegebenheit umstritten ist, die Präsumtion des Fortbestehens des anfänglichen Zustands (*istiṣḥāb al-ḥāl*) durch ein Indiz für seine nachträgliche Aufhebung gebrochen, so daß ihr mögliches Vorkommen präsumtiv stärker gilt. In bezug auf (ii), wo das anfängliche Nichtbestehen der Ehe behauptet wird, gilt die Erkenntnis der Ehe durch den

[448] Šaybānī, *Aṣl,* III 133. Saraḫsī, *Mabsūṭ,* X 177-78.
[449] Šaybānī, *Aṣl,* III 137-146. Saraḫsī, *Mabsūṭ,* X 179-181.

Informanden, die das Bestehen der Ehe notwendigerweise folgern läßt, als das stärkste Indiz, zumal das Gegenteil lediglich so nachzuweisen ist wie vor Gericht.[450]

Daraus geht hervor, daß die eigene Erkenntnis als das stärkste Indiz gilt, aus dem das sichere Wissen (*yaqīn*) folgt, so daß man mit der eigenen Erkenntnis das stärkste *istiḥsān* erlangt. Der *istiḥsān* erfolgt nach bestem Glauben da, wo man nichts Genaues weiß; dort kann das sichere Wissen durch den besten Glauben der einzelnen ersetzt werden, wie es bei einem einzigen Zeugnis der Fall ist.[451] In dieser Hinsicht ist im obigen Konfliktfall, in dem das Gegenindiz gegen die individuelle Erkenntnis formaljuristisch vollkommen sein muß, zu berücksichtigen, daß die formaljuristischen Beweise deshalb als solche gelten, weil sie vor Gericht als Grundlage des Urteils das sichere Wissen erwecken. Folglich können sie an sich, anders als ein einziges Gegenzeugnis, das gleichgewichtige Gegenindiz gegen die eigene Erkenntnis ihres Anhörenden sein, die er trotz seines Wissens in Betracht ziehen soll:

6. Der eigene Augenschein des Mordes läßt dem Vergeltungsberechtigten die Vergeltung zu. Dasselbe gilt für sein Anhören des Geständnisses des Täters, das im Sinne seiner eigenen Erkenntnis der Tat fällt, wenn auch der Täter einen Billigkeitsgrund, z. B. die Abtrünnigkeit des Ermordeten, behauptet. Wenn nicht der Täter selbst, sondern zwei Unbescholtene die Abtrünnigkeit des Ermordeten bezeugen, sollte sich er dessen vergewissern.[452]

   Im umgekehrten Fall, daß zwei unbescholtene Augenzeugen der Tat/des Geständnisses des Täters auftreten, die/das er selbst nicht erkannt hat, ist die Vergeltung aufgrund ihrer Zeugenaussage nicht zulässig, bis sich ein Urteil daran anschließt. Andererseits darf der Vergeltungsberechtigte dem Täter dann selbst ohne eigene Erkenntnis die Tat vergelten, wenn ein Urteil dafür gefällt wird. Wenn nach dem Urteil für die Vergeltung zwei Unbescholtene oder solche, die keine Zeugenfähigkeit haben, für einen Billigkeitsgrund für den Mord beigebracht werden, so „wäre" es besser, wenn er sich noch darüber Gewißheit verschaffte, aber dieser *istiḥsān* erfolgt lediglich in Anbetracht der unwiederbringlichen Natur der Sache; der gegenteilige *istiḥsān* für die Vergeltung ist auch zulässig, zumal der Richter ihm dazu nunmehr jederzeit verhilft.[453] — Dasselbe gilt auch für die eigenmächtige Rechtsausübung am Vermögen: Wenn zwei Zeugen gegen den Besitzer eines Vermögens aussagen, daß er es von einem Verstorbenen usurpiert habe, darf der Erbe ohne eigene Erkenntnis der Usurpation keine Selbsthilfe ausüben, bis er ein Urteil aufgrund dieser Zeugenaussage bekommt. Wenn jedoch das Urteil dafür verkündet wird, darf er das Erbe dem Besitzer mit allem Mitteln entziehen. Er kann nämlich

[450] Sarahsī, *Mabsūṭ*, X 180.
[451] Sarahsī, *Mabsūṭ*, X 153.
[452] Šaybānī, *Aṣl*, III 146-147, 148. Sarahsī, *Mabsūṭ*, X 181.
[453] Šaybānī, *Aṣl*, III 147-8, 149.

von der Richtigkeit der Zeugenaussage erst dann überzeugt sein, wenn sich das Urteil darauf stützt.[454]

Dies stellt den Ausnahmefall dar, in dem die formaljuristisch vollkommenen Gegenzeugnisse gemäß der Natur der Sache ohne Urteil das sichere Wissen erwecken. 5. (ii), daß in bezug auf die Milchverwandtschaft erst das Zeugnis zweier Unbescholtenen dafür die Erkenntnis des Mannes dagegen bricht, kann ebenfalls in dieser Hinsicht erklärt werden:

7. Bezeugen zwei Unbescholtene vor einer Frau die Tatsache ihrer dreimaligen Scheidung durch ihren Mann, der diese aber bestreitet, so muß die Frau der Zeugenaussage zufolge den Mann verlassen, ehe sich das Urteil daran anschließt; erstens gibt es bei der Scheidung, anders als bei Mord für die Rechtsfolgen keinen Aufhebungsgrund (etwa die Vergebung der Tat durch den Vergeltungsberechtigten), den die Zeugen nicht wissen, und zweitens werden die Scheidungsformeln eindeutig als solche erkannt und ziehen mit unbestreitbarer Folge die Scheidung nach sich, anders als verschiedene Handlungen, die den Anschein einer Usurpation(*ġaṣb*) haben können. Zusammenfassend kann festgestellt werden: In unserem Fall wird die Erkenntnis der Zeugen mit der Erkenntnis der Frau - als ob sie ihren Mann vor ihren Augen die Scheidungsformel aussprechen gehört hätte - gleichgestellt. Dasselbe gilt auch dann, wenn zwei Unbescholtene die Milchverwandtschaft der Frau mit ihrem Mann bezeugen.[455]

So kommt unser Fall zu einem eigenartigen Schluß: Die Frau darf einerseits nicht bei ihrem Mann bleiben, wodurch sie, falls nötig, sich ihm mit allen Kräften verweigern und vor ihm fliehen muß; andererseits ist es ihr juristisch auch nicht zulässig, ihre Wartezeit einzuhalten und dann einen anderen Mann zu heiraten, denn die Ehe bleibt juristisch immer noch bestehen. — Saraḫsī kommentiert, daß für sie vor den Augen Gottes eine neue Ehe zulässig sei, d. h. sie würde für diese Handlung im Jenseits nicht bestraft, während diese im Diesseits als Unzucht gelte. Dieser Schluß wird auf den Fall zurückgeführt, daß der Mann vor Augen seiner Frau ihre Scheidung erklärt hat, dies aber dann vor Gericht eidlich bestreitet, so daß der Richter sie zu seiner Frau erklärt. Ḫ und Ǧ erwähnen Ḥiyal für die Frau, damit sie ihrem Mann entkommen könne, wenn sie unter seiner Gewalt nicht fliehen kann. Nach Ǧ besteht Uneinigkeit darüber, ob sie ihn dann töten darf, wenn sie sich ihm nicht auf andere Weise verweigern kann.[456]

Bis dahin bleibt die Sache außer Gericht. Auch vor Gericht ist eine stufenweise Parallelentwicklung des individuellen *istiḥsān* mit dem Gerichtsverfahren und folglich ein merkbares Zeichen von Autorität des Urteils festzustellen. Als Beurteilung der Justiz steht es im Grunde im höchsten Rang bezüglich seiner Verbindlichkeit für alle Beteiligten vor Gericht (weiteres unten s. **2. b.** § 1). In

[454] Šaybānī, *Aṣl*, III 151-154. Saraḫsıı, *Mabsūṭ*, X 182-3.
[455] Šaybānī, *Aṣl*, III 155-157. Saraḫsī, *Mabsūṭ*, X 183.
[456] Šaybānī, *Aṣl*, III 157-58. Saraḫsī, *Mabsūṭ*, X183. Ḫ 31/15-17. Ǧ 26/20-20b.

Hinblick darauf, daß es sich dabei auch um eine individuelle Beurteilung eines Richters handelt, sieht man sich jedoch mit der Beurteilung eines anderen konfrontiert, wie in einer Variante von 7.; dort wird vorausgesetzt, daß der Mann eine übliche, ausdrückliche (*ṣarīḥ*) Scheidungsformel verwendet hat. Im folgenden geht es um eine der metaphorischen Formeln (*kināyāt* > s. *kināya*), über die Uneinigkeit in bezug auf die Frage besteht, ob daraus eine Scheidung folgt, und wenn ja, wievielmal und von welcher Natur, widerruflich oder nicht:

8. Sagt der Mann zu seiner Frau: „Wähle [mich oder dich]!", und wählt sie dann „sich selbst", und ist weiters der Mann der Ansicht, daß daraus eine einmalige, unwiderrufliche Scheidung folgt (wie die Ḥanafiten, nach deren Ansicht jede Auflösung der Ehe seitens der Frau bzw. aus juristischer Ursache als Eheanfechtung mit Folge von unwiderruflicher Scheidung gilt),[457] während die Frau dies nicht für eine Scheidung hält und daher vor einem Richter, für den dies ebenfalls als einmalige, widerrufliche Scheidung gilt (wie Šāfiʿī, Mālik und Ibn Ḥanbal, nach deren Ansicht daraus so viel folgt wie der Erklärende damit meint),[458] ihrem Mann gegenüber ihren Anspruch auf Unterhalt und Kleidung geltend macht, so daß der Richter sie zu seiner Frau erklärt, so darf der Mann kraft dieses Urteils die Ehe mit ihr fortsetzen, obwohl er selbst vom Gegenteil überzeugt ist. Gleiches gilt, wenn im umgekehrten Fall die Frau dies für eine unwiderrufliche Scheidung hält: Solange der Mann an das Bestehen der Ehe glaubt, ist es für sie nicht zulässig, seinen Widerruf der Scheidung kraft des Urteils zu verweigern.[459]

Hier tritt der *istiḥsān* als qualifiziertes Anstreben der eigenen Urteilsbildung im Rahmen der Šarīʿa (*iğtihād*) auf, zu dem sowohl der Richter wie auch der Mann berechtigt (*muğtahid*) ist, in bezug auf einen der umstrittenen Fälle, die ihnen solch ein Anstreben einräumen (*muğtahadāt*). Die Problematik und den ḥanafitische Meinungsunterschied darüber erwähnt auch Ḫaṣṣāf in seinem *Adab al-qāḍī* an fast gleichen Beispielen. Im Rahmen der *muğtahadāt* gilt das Prinzip, daß jeder *muğtahid* im Recht ist, so daß sein *iğtihād* durch einen anderen, gleichgewichtigen *iğtihād* nicht annulliert wird, wie die Richterurteile untereinander. Daraus folgt auch, daß für jeden *muğtahid* sein eigener *iğtihād* als verbindlich gilt, so daß die Befolgung eines fremden *iğtihād* (*taqlīd*) prinzipiell nicht zulässig ist.[460] Gilt das auch zwischen einem Richter und einem Nichtrichter, so daß der letztere in religiöser Hinsicht seiner Ansicht zufolge vom Urteil, oder umgekehrt dem Urteil zufolge von seiner Ansicht abweichen darf? So entwickelt sich eine parallele Diskussion zur Verbindlichkeit eines faktisch falschen Urteils für die Parteien, die dadurch in Gewissenskonflikt geraten sollen (**II. 1.**).

---

[457] Samarqandī, *Tuḥfa*, II 253-55, 262-3.
[458] Ibn Qudāma, *Muġnī*, VII 132. Bāğī, *Muntaqā*, IV 18-19. Šāfiʿī, *Umm*, V 258-61.
[459] Šaybānī, *Aṣl*, III 158-161.
[460] Cf. Ḫaṣṣāf, *Adab*, § 319-20, 385, 391, 417-18.

Unser Fall hier wird in Hinblick darauf, was das Urteil mit sich bringt - das Erlaubtsein (*ḥalāl*) der Sache oder ihr Verbotensein (*ḥarām*) für den Nichtrichter, der ans Gegenteil glaubt - in zwei Formen unterteilt: Erstens, im Gegensatz zu unserem Fall, wenn der Nichtrichter, ein *muǧtahid*, eine Ansicht vertritt, die ihm etwas erlaubt, das jedoch nach Ansicht des Richters verboten wird, dann darf er von seiner Ansicht abweichen und dem Urteil folgen. Zweitens, wie in unserem Fall, wenn er die verbietende Ansicht vertritt, während der Richter der erlaubenden Ansicht ist, dann tritt eine grundlegende Uneinigkeit zwischen den ḥanafitischen Lehrmeistern auf: Nach Abū Yūsuf muß er es sich nach seiner eigenen Ansicht aufgrund der prinzipiellen Treuepflicht eines *muǧtahid* zu seinem eigenen *iǧtihād* verbieten. Nach Šaybānī darf er sich das erlauben, was ihm das Urteil zugesprochen hat, obwohl er anderer Meinung ist. Für Šaybānī ist beides in dem Sinne gleich, daß er jedenfalls dem Urteil folgen *muß*; die Treue zum eigenen *iǧtihād* gilt lediglich unter Privaten, deren Ansichten füreinander nicht verbindlich sind. Dem Richter steht dagegen die obrigkeitliche Gewalt (*wilāya*) zu, das *iǧtihād* eines Nichtrichters zu annullieren, so daß kein *iǧtihād* dem Urteil widerspricht. Nach Abū Ḥanīfa ist einerseits das Richterurteil, wie oben erwähnt (**II. 1.**), in jeder Hinsicht, religiös sowie säkular, verbindlich, andererseits aber ist auch der *taqlīd* für einen *muǧtahid*, Richter oder Nichtrichter, in Art und Weise zulässig, daß dies an sich einen *iǧtihād* darstellt, so daß er dem erlaubenden Urteil folgen *darf*, indem er sich jedoch nicht seiner autoritären Verbindlichkeit beugt, wie Šaybānī. Andererseits zeigen die späteren Autoren eine stillschweigende Übereinstimmung darüber, daß ein Laie, der sich über seinen Fall überhaupt kein eigenes Urteil bilden kann (*ġā'ib*), auf alle Fälle dem Urteil folgen muß.[461]

Die Ansicht des Šaybānī, der ganz offen die obrigkeitliche Autorität des Urteils anerkennt, ist besonders auffällig, zumal er in bezug auf ein faktisch falsches Urteil gleicher Meinung mit Abū Yūsuf war. Jedenfalls vertreten er und Abū Ḥanīfa die mehrheitliche Ansicht der Ḥanafiten in diesem Zusammenhang. So stellt sich die Frage, warum sie zu diesem Schluß kamen. Vermutlich reflektiert sich in der Theorie des *istiḥsān* ein gewisses Bemühen der Juristen um die Einheit der Norm in der islamischen Gemeinde im realistischen Hinblick auf die obrigkeitliche Rechtsordnung, mit der die individuelle Normfindung möglichst in Einklang gebracht werden soll. Wie erwähnt, waren sie sich des Zwiespalts zwischen Moral und Recht in der Šarīʿa bewußt und akzeptierten ihn auch gewissermaßen. Gleichzeitig waren sie sich aber auch der Notwendigkeit einer Einheit der Norm bewußt, einerseits wohl im Hinblick auf die moralische Krise der islamischen Gemeinde durch die aus den politischen und gesellschaftlichen Unruhen seit ihrer Gründung heranwachsende Vielfalt der Gedanken, die erst im 4./10. Jh. mit der Feststellung der Orthodoxie endete. Andererseits führt die Normeneinheit auf juristischer Ebene zur Rechtssicherheit der Gläubigen, deren alltäglichen Handlungen gegen das Gesetz verstoßen können.

---

[461] Saraḫsī, *Mabsūṭ*, X 184. Ḫaṣṣāf, *Adab*, § 385-7, 428.

In dieser Hinsicht soll man sich auch in einem außergerichtlichen Fall demnach danach orientieren, was sich vor Gericht ergeben würde, zumal die *muʿāmalāt* in die Gerichtsbarkeit der diesseitigen Justiz fallen. In diesem Zusammenhang sind 4. und 6. bemerkenswert, zumal sich bei den menschlichen Ansprüchen dort — Selbstverteidigung, Selbsthilfe und die private Ausübung des Vergeltungsrechts — die Frage stellt, wie weit die Eigenmacht der Justizkontrolle unterzogen werden soll. Anzunehmen ist dabei, daß die eigenmächtigen Handlungen mehr im öffentlich-rechtlichen als im privatrechtlichen Bereich erschwert werden sollen und daß die Entwicklung je nach Zeit und Ort auf andere Weise vor sich ging.[462] Im Privatrecht läßt zumindest die ḥanafitische Theorie, wie wir schon im „Fall der Aneignung(*masʾalat aẓ-ẓ*afar, **II. 3. c.** 9.)" gesehen haben, breiten Raum für die private Rechtshilfe, sei es durch Usurpation, sei es durch Diebstahl. Der letztere zeigt sich als Überschneidung von privatem Anspruch (*ḥaqq al-ʿabd*) auf das Vermögen und göttlichem Anspruch (*ḥaqq Allāh*) auf die *ḥadd*-Strafe, der durch die Obrigkeit vertreten wird, wobei sich die obrigkeitliche Strafgewalt zurückzieht, sobald die Sache zur privatrechtlichen Auseinandersetzung wird.[463] In bezug auf die Ausübung des Vergeltungsrechts bzw. die Hinrichtung der Abtrünnigen durch einen Privaten z. B. sind sich die Juristen über die ausschließliche Zuständigkeit der Obrigkeit dafür nicht einig; die Ḥanafiten gehen anscheinend im allgemeinen von der theoretischen Möglichkeit der Vergeltung ohne obrigkeitlichen Eingriff aus, während Abū Yūsuf darauf hinweist, daß der Vergeltungsberechtigte im Grunde durch die Obrigkeit dazu zugelassen werden solle, aber auch, daß, wenn ein Verletzter ohne Genehmigung seine Körperverletzung vergilt und dabei den Tod des Täters verursacht, er für seinen Tod das Blutgeld allein tragen muß. Er wird aber nicht dafür bestraft, daß er ohne obrigkeitliche Genehmigung gehandelt hat.[464] Ibn Qudāma aus dem 6./12. Jh. stellt fest, daß nach Ibn Ḥanbal und Šāfiʿī die Vergeltung nur vor Gericht geltend gemacht werden kann, in bezug auf die Vergeltung für die Tötung aber mit Vorbehalt; daß sie ansonsten auch zulässig sein kann, wahrscheinlich in Anbetracht dessen, daß die Vergeltung für Körperverletzungen, die auf dem genauen Äquivalenzprinzip beruht, besser von einem qualifizierten Fachmann durchgeführt werden soll.[465] Die Hinrichtung der Abtrünnigen fällt ebenfalls, in einhelliger Ansicht mit Ausnahme von Šāfiʿī, in die obrigkeitliche Gerichtsbarkeit. Nach Ṭaḥāwī wird einem auch nicht vergolten, daß man einen Abtrünnigen tötet, bevor die Obrigkeit diesen zum Wiederbekenntnis ermahnt hat, aber man wird von der Obrigkeit gezüchtigt.[466] In bezug auf die *ḥadd*-Strafe für Diebstahl ist Saraḫsī derselben Meinung: Eine Privatperson, die einem verurteilten Dieb die Hand abhaut, wird dafür gezüchtigt, obwohl, da die Hand

---

[462] Cf. Eine in diesem ganzen Zusammenhang sehr aufschlußreiche Arbeit von Johansen, "Eigentum, Familie und Obrigkeit: Das Verhältnis der privaten Rechte zu den Forderungen der Allgemeinheit in ḥanafitischen Rechtskommentaren", *Die Welt des Islam*, XLX, 1-73.

[463] Cf. Saraḫsī, *Mabsūṭ*, X 149-50.

[464] Abū Yūsuf, *Ḫarāǧ*, 160. Cf. Ḫaṣṣāf, *Adab*, § 678.

[465] Ibn Qudāma, *Muġnī*, VIII 690-91.

[466] Ibn Qudāma, *Muġnī*, VIII 128. Ṭaḥāwī, *Muḫtaṣar*, 261.

durch das Urteil keinen Wert mehr hat, kein Blutgeld fällig ist.[467] — In dieser Hinsicht soll der *istiḥsān* dazu dienen, den Privaten in allen Rechtsgebieten selbständige Handlungen einzuräumen. Da sie sich jedoch je nach der Natur der Sache dem obrigkeitlichen Ergriff gegenüberstehen, wird von ihnen verlangt, sich nach der Entscheidung des Zuständigen orientieren zu lassen oder ggf. ihre eigene Entscheidung davon abhängig zu machen.

Die Übereinstimmung des *istiḥsān* mit der formaljuristischen Beurteilung liegt jedoch nicht nur in der Norm, sondern auch in seiner Form als juristischem Argument. Im vorangehenden erscheint der *istiḥsān* in Form der juristischen Präsumtion vor Gericht. Die Präsumtion des Fortbestehens eines anfänglichen Zustands bis zum Auftreten eines Gegenindizes bildet die Basis für das Beweisrecht, in dem die bestreitende Behauptung und ihre Leugnung, wie in 5., in Anbetracht einer in dieser Hinsicht logischen Kausalität abgewogen werden. Das Argument der Präsumtion kann durch die rationale Induktion (*istidlāl*) charakterisiert werden, die praktisch auf sichtbaren Zeichen (*dalīl ẓāhir*) basiert, was erfahrungsgemäß die dem Anschein nach vorhandene Sache indiziert.[468] Genau dasselbe kommt in der Jurisprudenz als Rechtsformalismus, der lediglich den Anschein der Sache in Betracht zieht, zum Ausdruck, am klarsten bei den Šāfiʿīten, aber auch bei den Ḥanafīten zugunsten der Ḥiyal, wie schon mehrmals erwähnt. Zu bemerken ist noch, daß dieser Rechtsformalismus zu einer *a priori* Präsumtion zugunsten der Gläubigen führt. Wie gleich unten erwähnt, als Šāfiʿī „*isitiḥsān*" kritisiert, deutet er in erster Linie auf *sadd ad-ḏarāʾiʿ* der Mālikīten hin, genauso wie Šaybānī die Medinenser kritisiert, weil sie über die Gläubigen im Gegensatz zu ihrem Anschein ein unrechtes Urteil fällen und ihre Rechtsgeschäfte lediglich aus Verdacht für nichtig erklären. Die juristische Präsumtion setzt voraus, daß jedes Ding in seinem anfänglichen Zustand (*aṣl*) ist, der *a priori* bestimmt wird, sofern kein Gegenindiz hervortritt. Das betrifft die juristische Qualifikation, die sowohl für eine Sache wie auch für eine Person grundsätzlich gilt: die Reinheit eines Wassers, die angeborene Freiheit eines Menschen, sein angeborenes Unvermögen (da man ganz nackt zur Welt kommt), sein Glaube (in der islamischen Welt) usw. Die Unbescholtenheit eines/einer Gläubigen, die Abū Ḥanīfa vertreten haben soll, gilt lediglich bis zu den Nachfolgenden der Nachfolgergeneration, zu denen er auch gehört, so daß jeder Zeuge seitdem für unbescholten erklärt werden muß.[469]

Im *Aṣl* des Šaybānī sind diesbezügliche Diskussionen festzustellen. Das erste Beispiel im *K. at-taharrī* bezieht sich auf die Beurteilung eines Steuerpflichtigen, ob derjenige, dem er seine Almosensteuer für Vermögen geben will (cf. **II. 3. b. 6.** zu P 33), bedürftig ist oder nicht: Wenn er nichts vom Empfänger erkennen konnte, da der Anschein weder seine Armut noch seinen Reichtum indiziert hat, hat er bereits seine Steuerpflicht erfüllt, wenn auch der letztere sich danach als

[467] Saraḫsī, *Mabsūṭ*, X 175.
[468] Cf. Hallaq, *History*, 113-15.
[469] Cf. Ḫaṣṣāf, *Adab*, § 283, 326-28, 337, 492. Saraḫsī, *Mabsūṭ*, X 163-64.

reich erweist, weil er, wie erwähnt, zunächst als bedürftig gelten konnte. Im Prinzip darf er ihm geben, wenn er ihn nach seinem besten Glauben für bedürftig hält; in diesem Fall wird seine Erfüllung aber dann, anders als oben, ungültig, wenn danach das Gegenteil bekannt wird, es sei denn, daß er nach einem sichtbaren Indiz, d. h. einem indizierenden Anschein, wie z. B. Betteln, an die Bedürftigkeit des Empfängers geglaubt hat. Wenn dies der Fall war, bleibt nach Abū Ḥanīfa und Šaybānī seine Erfüllung gültig, weil das Gesetz ihm lediglich befiehlt, seine Almosensteuer jemandem zu geben, der (vielleicht) nicht in Wirklichkeit, sondern seinem Eindruck nach bedürftig ist; die Verpflichtung richtet sich demnach nach der eigenen Erkenntnisfähigkeit, und das ist in diesem Fall die Induktion der Armut des Empfängers aus einem sichtbaren Indiz. Abū Yūsuf vertritt das Gegenteil mit folgender Begründung: Das Gesetz sieht, wie bezüglich der Almosensteuer, je nach den persönlichen Eigenschaften - Armut oder Reichtum - unterschiedliche Rechtsfolgen vor, sein Zweck liegt also nicht im *iǧtihād* der Verpflichteten an sich, sondern darin, daß jeder Anspruch seinem Berechtigten erfüllt wird, so daß das *iǧtihād* des Steuerpflichtigen, das sich in diesem Punkt als falsch erwiesen hat, nunmehr als nichtig betrachtet wird. Die Ansicht des Abū Ḥanīfa und des Šaybānī, die für den Steuerpflichtigen erleichternd wirkt, beruht auf der Notwendigkeit, daß dieser einerseits steuerpflichtig bleibt, andererseits aber, da es ein Almosen ist, nach einhelliger Ansicht vom falschen Empfänger nichts zurückfordern kann, so daß ein Teil seines Vermögens ohne die erwartete Wirkung verlorengehen würde.[470] Auch die beiden fordern jedoch vom Steuerpflichtigen etwas mehr als die Präsumtion, daß der Empfänger im eigentlichen Zustand (*aṣl*), d. h. bedürftig ist, die eigentlich gelten würde.

Im *K. az-zakāt* bewegt sich die vergleichbare Diskussion über die Argumente für die Steuerbefreiung eines Viehbesitzers gegenüber dem Steuereinnehmer, etwa daß er soviel schuldig sei wie den Marktwert seines gesamten Viehs, oder daß es sein einziges Vermögen sei, oder daß er es erst seit ein paar Monaten besitze, oder daß es jemand anderem gehöre. All diese Behauptungen werden für wahr erachtet, jedoch unter der Bedingung, daß der Besitzer dies unter Eid behauptet. Mit anderen Worten darf der Steuereinnehmer daran glauben, ohne weiter *iǧtihād* auszuüben; nach Saraḫsī *muß* er dies sogar, weil man in bezug auf seine Almosensteuer juristisch als Treuhänder (*amīn*) erachtet wird, dessen Behauptung im Ritus, also vor Gott, immer gilt. Dennoch wird ihm hier der Eid lediglich deshalb auferlegt, weil der Steuereinnehmer als sein „Leugner (*mukaḏḏib*)" gilt. Aber die Behauptung, daß er seine Almosensteuer für Vieh bereits einem Bedürftigen gegeben habe, gilt nicht, auch nicht unter Eid; in dem Sinne, daß die Almosensteuer für Vieh unbedingt an den zuständigen Steuereinnehmer (von seiten der Obrigkeit) übergeben werden muß, darf er diese Behauptung nicht annehmen, ansonsten würde die Almosensteuer nie

[470] Šaybānī, *Aṣl*, III 1-5. Saraḫsī, *Mabsūṭ*, X 186-88.

eingetrieben [471] — Diese Befürchtung soll jedoch eigentlich für alle anderen Behauptungen gelten. Sie wären im anderen Fall ja die einfachsten Ḥiyal für Steuerflucht.

So kommt die Problematik *Staat und Individuum* wieder ins Blickfeld: Die Almosensteuer wird einerseits als religiöse Pflicht durch *istiḥsān* erleichtert, andererseits unterliegt sie aber als quasi Staatssteuer dem obrigkeitlichen Rechtssystem. Mit anderen Worten hat der Eid in diesem Zusammenhang nicht mit dem persönlichen Bestreben des Steuereinnehmers zu tun, das in dieser Situation bereits erfüllt wird, sondern mit seiner Verpflichtung gegenüber der Obrigkeit. Die Befreiung unter Eid bedeutet nicht etwa, daß der Eid ein Indiz für die Wahrheit der jeweiligen Behauptung sei, sondern entspricht vielmehr, worauf Saraḫsī hinweist, dem prozeßrechtlichen Prinzip, daß der Angeklagte in Abwesenheit von Zeugen den Eid leistet, der an sich nicht als Beweis, sondern lediglich als seine Befreiung von dem anhängigen Streit gilt, was eine künftige Verfolgung mit Zeugen durch denselben Ankläger nicht ausschließt. Darüber hinaus wird der Eid auf Antrag des Anklägers in dessen Interesse geleistet, so daß der Angeklagte ihm den Eid verweigern kann, weil die Verweigerung des Eides (*mukūl al-yamīn*) zum Urteil zu seinen Gunsten führt.[472] In unserem Fall vertritt der Steuereinnehmer das Interesse der Obrigkeit, des eigentlichen Anklägers; in dem Moment, da der Besitzer einen an sich möglichen Grund wie seine eigene Armut oder seinen Fremdbesitz beibringt, wird er von einer etwaigen Nachforderung vorläufig befreit, sofern er seine Argumente unter Eid bestätigt. Würde er aber den Eid verweigern, könnte der Steuernehmer seinen Besitz der Staatskasse einverleiben. Die Übergabe der Almosensteuer für Vieh darf dagegen, wie Šaybānī erwähnt, an sich eigentlich nicht an einen Bedürftigen erfolgen. Zur Begründung betont Saraḫsī die quasi staatliche Natur dieser Almosen (nicht als Anrecht, sondern) als materiellen Zahlungsanspruch der Obrigkeit kraft ihrer Justizgewalt. [473] — In Zusammenhang mit diesem durchaus realistischen Standpunkt des Saraḫsī erwähnt Ǧ den Meinungsunterschied der früheren Autoritäten darüber, ob die Steuerzahler durch Zahlung an die Obrigkeit, die – „wie die Obrigkeit unserer Zeit" - sie nicht zum rechten Zweck verwendet, (vor Gott) entlastet werden. Die Ḥila dafür besteht darin, daß man bei der Zahlung beabsichtigt, nicht den Anspruchsberechtigten, sondern der Obrigkeit zu geben. Der Grund liegt jedoch nicht im Erhebungsrecht der Obrigkeit, sondern ironischerweise in ihrer „Bedürftigkeit" in dem Sinne, daß ihr nichts übrig bliebe, wenn sie alles, was sie sich (unrechtmäßig) angeeignet hat, zurückgäbe. Im gleichen Sinne wird man, wenn man mit einer ungerechten Beschlagnahmung seines Vermögens einen Teil seiner Almosensteuer sowie seines Zehnts meint, (vor Gott) entlastet.[474]

---

[471] Šaybānī, *Aṣl*, II 6-7, 33-34, 44-45, 58, 79, 103, 153. Saraḫsī, *ibid.*, II 161-162.
[472] Cf. Ḫaṣṣāf, *Adab*, § 269, 426, 438, 592-3, 595.
[473] Saraḫsī, *Mabsūṭ*, II 162.
[474] Ǧ 4/4, 4c-4d.

Hier stehen *istiḥsān* und Ḥiyal in einem engeren Zusammenhang, in dem sich die Privatautonomie im Rahmen der Šarīʿa gegen die Obrigkeit behauptet.

b. *Ruḫṣa*: Erleichternde Regelung in bestimmten Fällen

Wie oben bereits erwähnt (**II. 2.**), liegt der Begriff „*ruḫṣa*" dem ḥanafitischen Begriff der Ḥiyal, „Auswege", im Sinne der Befreiung eines Betroffenen aus seiner Notsituation nahe. In der Tat setzt der Autor der Ǧ beides miteinander gleich, wenn er in seiner Einleitung sagt: „Ich habe die Fälle der Ḥiyal sowie der Erleichterungen aus Schriften der früheren Lehrmeistern der Religion gesammelt und aus Rechtsgutachten der späteren Gelehrten und Rechtskundigen der Gläubigen zitiert..." [475] Er tradiert ferner einen Ḥadīṯ des Propheten als Grundlage für die Ḥiyal: „Gott liebt denjenigen, der Seine erleichternde Vorschrift (*ruḫsa*) genauso wie Seine regelrechte Vorschrift (*ʿazīma*) befolgt."[476]

„*Ruḫsa*", wörtlich „Erlaubnis, Zulassung", wird in der rechtstheoretischen Terminologie im Gegensatz zur „*ʿazīma*", also „Härte" einer ursprünglichen, allgemeingültigen Rechtsbestimmung als ihre Erleichterung unter bestimmten Umständen gebraucht. Das allgemeine Leitprinzip, das sie deckt, wird aus dem Koran 2;286 „Gott verlangt von niemand mehr, als er (zu leisten) vermag" abgeleitet. Die häufig zitierten Beispiele finden sich im Koran, wie die trockene Waschung bei Mangel an reinem Wasser vor einem Gebet (4;43, 5;6), die Aufhebung der Fastenpflicht während einer Reise oder Krankheit im Ramaḍān (2;185), oder in der Sunna, wie die schon erwähnte Sondergenehmigung der Lüge (**II. 2.**); aber die wohl bekannteste *ruḫṣa* dieser Gattung wäre der *ʿāriya*-Vertrag, in dem - als Ausnahme vom Verbot des ungleichmäßigen Tausches von *ribā*-Gütern derselben Kategorie gegeneinander - eine bestimmte Menge getrockneter Datteln für die schätzungsweise gleiche Menge frischer Datteln am Baum getauscht wird, wobei die Notwendigkeit, daß sich ein Bedürftiger sonst keine frischen Dattel leisten könnte, in Betracht kommt. Sie wird nicht ohne weiteres lediglich aufgrund der erheblichen Notwendigkeit erlassen, sondern aufgrund eines indizierenden Klartextes (*nuṣṣ*). Charakteristisch ist die dort vorläufige Natur der Erleichterung, die bei der fehlenden Bedingung aufgehoben wird. Dementsprechend lautet ein wichtiges Prinzip, daß die Ausnahme ohne ausdehnende Auslegung im gegebenen Einzelfall bleibt.[477] So widerlegt in bezug auf das prophetische Verbot der Veräußerung der Objekte vor dem Empfang z. B. Šaybānī die medinensische Lehre, daß aufgrund der *ruḫṣa* des Ibn ʿAbbās, der es

---

[475] Ǧ 1/12.
[476] Ǧ 1/4b.
[477] Peters, "Ruḫsah", *EI²*, VIII 595. Hallaq, *History*, 127, 177-78. Muḥammad b. Ibrāhīm, *Al-ḥiyal al-fiqhiyya*, 115-16.

in einer Überlieferung auf Getreide bezieht, einige andere nicht eßbare Waren ohne Empfang weiter veräußert werden können.[478]

Zu bemerken ist die begriffliche Annäherung von *ruḫṣa* an *istiḥsān*, als Saraḫsī, wie erwähnt, in bezug auf die maßgebende Definition von *istiḥsān* weitere zwei Vorschläge von Juristen erwähnt, nämlich „Befolgung der Weitherzigkeit (*saʿa*) in Suche nach der Milde (*daʿa*)" und „Befolgung der Großmut (*samāḥa*) in Suche nach der Ruhe (*rāḥa*)", und sie zusammenfaßt: „Aufgabe der Schwierigkeit (*ʿusr*) um die Leichtigkeit (*yusr*)", die gerade die Grundlage der Religion sein soll.[479] In juristischen Texten wird die *ruḫsa*, wie der *istiḥsān*, auf eine persönliche Ansicht eines Juristen, des Abū Ḥanīfa, des Mālik usw., bezogen, der eine Ausnahmeregelung vorzieht. Insofern ist der methodische Unterschied zu *istiḥsān* als juristische Präferenz unklar. Offensichtlich sprechen die Juristen im allgemeinen dann von einer *ruḫsa*, wenn sie die erleichternde Natur besonders berücksichtigen wollen. Die Kriterien für die Präferenz der Erleichterung sind jedoch, wie bei *istiḥsān,* aus Einzelfällen nicht immer zu ersehen. So erwähnt Ḫ, wie oben zu sehen ist, die *ruḫsa* der Umgehungen des Vorkaufsrechts durch Abū Yūsuf, die lediglich vor der Entstehung eines Anspruchs besteht; nach seiner Entstehung wird sie aufgehoben, und die Ḥiyal gelten als verwerflich. Dies kann wohl auf den Gedanken, daß eine Rechtsverletzung durch die Ḥiyal vermieden werden soll (**II. 3. b.** 4.), zurückgeführt werden. Ḫ spricht ferner von Abū Yūsufs *ruḫsa*, daß der Bürge eines Hausmieters mit der ihm zugesandten Miete, die er im Auftrag des letzteren dem Vermieter geben soll, Handel treiben und den Gewinn nach Abzug der Miete selbst behalten darf, während er nach Abū Ḥanīfa den Gewinn als Almosen geben sollte. Da der Bürge in diesem Fall lediglich ein Bote ist, wird er wegen seiner Verfügung über das Vermögen des Mieters ohne dessen Erlaubnis als Usurpator erachtet, der seine Ersatzpflicht bereits erfüllt hat, so daß er nach Abū Ḥanīfa gegenüber dem Mieter keine Verantwortung mehr, auf den Überschuß aber kein Recht hat. Die *ruḫsa* des Abū Yūsuf wird nicht begründet. Da die Ḥīla des Bürgen für den Gewinn lediglich nach Abū Yūsuf zustande kommt, wird über zwei weitere Ḥiyal dafür nach Ansicht des Abū Ḥanīfa informiert, der Abū Yūsuf eine davon selbst beigebracht haben soll.[480] Zumindest in diesen beiden Beispielen wird die *ruḫsa* auf eine verwerfliche Handlung bezogen, die man wagen darf, jedoch lieber unterlassen sollte, und bei der es sich nicht um juristische Wirksamkeit handelt.

Ebenfalls spricht Ibn al-Qāsim von Māliks *ruḫṣa*, als er sich dafür ausgesprochen hat, daß man in den gegorenen Dattelwein ein Gärungsmittel wie Weizenmehl hineinmischt; er soll dies später verboten haben.[481] In einem anderen Beispiel soll Mālik einem Testamentsvollstrecker der Beduinen, der in den Städten mit dem Verkauf zweier Kamele seines verstorbenen Auftraggebers für

---

[478] Šaybānī, *Ḥuǧǧa*, II 662-667.
[479] Saraḫsī, *Mabsuṭ*, X 145.
[480] Ḫ 64/25-29. Š 2/25-30.
[481] *Mudawwana*, VI 261.

einen vernünftigen Preis Schwierigkeiten hatte, erlaubt haben, sie sich zu kaufen, obwohl Mālik es im Grunde verbietet. Ibn al-Qāsim hält dies für seine *ruḫsa*, die auf die Geringfügigkeit der Sache und die Bemühungen des Vollstreckers zurückgeführt werden soll.[482] Zu bemerken ist, daß Ibn al-Qāsim die *ruḫsa* im Sinne des *istiḥsān* verwendet, im Gegensatz zur Analogie. Das Beispiel bezieht sich auf umstrittene Vereinbarungen im Kaufvertrag zugunsten der einen Partei: Mālik hält die Vereinbarung, daß der Verkäufer des Sesams daraus Öl pressen soll, für nicht zulässig, weil das als Verkauf eines Produkts des Objekts erachtet wird, das zur Zeit des Vertrages noch nicht vorhanden ist. Die Vereinbarung, daß der Verkäufer des Weizens ihn mahlen soll, läßt Mālik zu, findet sie aber etwas „schwer", während Ibn al-Qāsim sie für „leicht" hält. Nach Ibn al-Qāsim findet Mālik das Mahlen des gekauften Weizens naheliegend und wendet darauf die Erleichterung an, jedoch im Sinne der Analogie, daß das Mehl auch ein Produkt des Objekts sei, was für ihn ein Problem darstellt. Er soll einst dagegen Bedenken geäußert, dann jedoch zur Erleichterung geneigt haben. Als Überlieferer Māliks stellt Ibn al-Qāsim eine Auslegungsregel von dessen Ansichten fest, daß nämlich die früheren meistens der Analogie folgen, während die späteren in die erleichternde Richtung des *istiḥsān* gehen, nicht umgekehrt.[483]

Theoretisch unterscheiden sich *istiḥsān* und Analogie durch ihre Methoden, *ruḫsa* und *ʿazīma* aber durch ihre Natur als Rechtsnormen. In diesem Sinne überschneiden sich *istiḥsān* und *ruḫsa* eigentlich nur dann, wenn man im Interesse des Betroffenen von der Analogie zu ihrer Erleichterung abweichen kann, was aber im allgemeinen Wortgebrauch der Juristen häufig der Fall ist. Dies kann wohl darauf zurückgeführt werden, daß sie meist mit der Abweichung die gleiche Erleichterung erzielten, wie einige von ihnen sie mit Ḥiyal erzielten. Beides bezweckt also dasselbe, und genau dies scheint der Grund für die vorsichtige Haltung gewesen zu sein, die nicht wenige Juristen gegenüber der *ruḫsa* zeigten.

Die Basis für derartige Erleichterung scheint das Interesse ohne Grundlage eines Klartextes (*maṣlaḥa mursala*) zu sein, das zu tatsächlich verschiedenen Ausdrucksformen kommen kann, etwa daß der Gesetzgeber mit der Šarīʿa schließlich das Wohlergehen seiner Geschöpfte wünscht. Die Spur dieses Gedanken ist bereits in der ḥanafitischen Argumentation ihrer „Auswege" festzustellen, daß die Šarīʿa an sich sie verkörpere, wonach das Gesetz der individuellen Zweckmäßigkeit dienen solle. Es war dies wahrscheinlich der Grund dafür, daß die Diskussion über das Interesse (*maṣlaḥa*) und den gesetzgeberischen Zweck im Vordergrund der Kritik der späteren Autoren wie Ibn Qayyim und Šāṭibī gegen die *ruḫsa* sowie die Ḥiyal stand. Wie schon erwähnt, argumentiert Ibn Qayyim, daß die Ḥiyal vielmehr das gesetzgeberische Ziel, das in jedem Rechtsgeschäft vorgesehen ist, zunichte machen, weil sie es nicht zu seinem rechten Zweck verwenden (**I. 3. c., II. 3. a.**). Gleicherweise stellt Šāṭibī in seiner Ḥiyal-Kritik fest, daß die willkürliche

[482] *Mudawwana*, VI 20.
[483] *Mudawwana*, IV 297-98.

Befolgung der erleichternden Regelungen aus den Lehren der Rechtsschulen (*tatabbuʿ ruḫas al-maḏāhib*) das Interesse (*maṣlaḥa*) zunichte macht; — wie später erwähnt, wird in der Ḥiyal-Literatur bisweilen angewiesen, sich an einen Richter einer bestimmten Rechtsschule zu wenden.[484]

Dieser Sinn kommt in einer Überlieferung des baṣrischen Traditionariers Sulaymān at-Taymī (143/760-61), die sein Sohn tradiert, in IQ am klarsten zum Ausdruck: Als er seine Gedichtrezitation, die der Vater tadelte, mit den beiden großen Vorbildern al-Ḥasan al-Baṣrī und Ibn Sīrīn rechtfertigte, ermahnte ihn Sulaymān: „Wenn du das Böse des Ḥasan und das Böse des Ibn Sīrīn nachahmst, dann bekommst du alle Böse zusammen.“ In einer Variante heißt es: „Wenn du von jedem Rechtsgelehrten seine *ruḫṣa* aufnimmst,... .“[485] Ähnliches tradiert Ibn Ḥanbal vom Traditionarier Yaḥyā b. Saʿīd al-Qaṭṭān: „Wenn man jede *ruḫsa*, etwa die kūfische Lehre über den Dattelwein, die medinensische über den Gesang und die mekkanische über die Zeitehe, befolgen würde, wäre man dadurch ein Sünder.“[486] Für die Gegner stehen die Ḥiyal der *ruḫsa* genauso nahe wie für ihre Anhänger, und dies führt zur Zurückhaltung gegenüber der Erteilung einer *ruḫsa*; bereits Ibn Baṭṭa tradiert von ʿAlī b. Abī Ṭālib, daß ein echter Rechtskundiger den Gläubigen keine *ruḫsa* der Sünde erteilen dürfe.[487] Ibn Ḥanbal geht so weit, selbst dann keine *ruḫsa* zu erlassen, wenn eine Notwendigkeit besteht: Als einem jungen Kranken, der die Einnahme eines ihm verschriebenen Betäubungsmittels verweigerte, sein Vater unter Eid befiehlt, daß, wenn er es nicht einnehme, seine Mutter dreimal geschieden werde, meint Ibn Ḥanbal, daß er das Rauschverbot nie mildern wolle.[488] Es könnte sein, daß er das persönliche Interesse des Vaters an der *ruḫsa* berücksichtigte und ansonsten wegen der Notwendigkeit in bezug auf den Sohn die Einnahme zugelassen hätte.

c. *Ḏarīʿa* und *sadd aḏ-ḏarāʾiʿ*: Das, was mit oder ohne Absicht zum Bösen führen kann, und dessen Abwehr

Die systematische Anwendung dieses Prinzips wird üblicherweise auf die Mālikīten und die Ḥanbalīten bezogen. In der Tat wurde bereits im vorangehenden das Wort durch Autoren wie Mālik, Ibn Qudāma, Ibn Qayyim einiges Male erwähnt. Mit *ḏarīʿa* (> pl. *ḏarāʾiʿ*), wörtlich „Weg“, begreift Ibn Qayyim u. a. etwas, das an sich eigentlich erlaubt ist, aber mit oder ohne Absicht meist zum Verbotenen führt, wobei die schädliche Folge des Mittels seinen Nutzen übertrifft. Wenn mit Absicht ausgeführt, wären die Ḥiyal ihm zufolge verboten. Wenn sie, mit oder ohne Absicht, mehr Nutzen als Schaden mit sich

---

[484] Šāṭibī, *Muwāqafāt*, II 285. Cf. Hallaq, *History*, 173.
[485] IQ 296.
[486] *Masāʾil*, 1632.
[487] IB, 25.
[488] *Ṭabaqāt Ḥ*, I 398.

bringen, werden sie je nach der Stufe des Interesses (*maṣlaḥa*) erlaubt oder empfohlen. „Die Wege“ müssen nach seinem Prinzip, daß die Mittel je nach ihrem Ziel beurteilt werden sollen, wenn auch an sich erlaubt und sogar gutgläubig, verboten werden. — Das ist sozusagen „Versperrung der Wege (*sadd aḏ-ḏarā'iʿ*)“. Dafür führt Ibn Qayyim gut 99 Belege an, genauso viele wie die göttlichen Namen aus dem Koran (6;108, 2;104 usw.), aus der Sunna, und die einhelligen Ansichten der Juristen, die seiner Ansicht nach durch dieses Prinzip begründet werden können. Darunter finden sich einige bereits oben erwähnte Fragen wie das Verbot zweier Verträge in einem Handschlag und das *ʿīna*-Verbot als Versperrung der Wege zum *ribā*, das Verbot des Heiratsantrags während der Wartezeit als Verhütung der Lüge der Frau, das Verbot des Waffenverkaufs während einer Unruhe bzw. an jemanden, der damit einen Mord begehen will, und ähnliche Verkaufsverbote (**I. 3. b.** 12.). Diese Argumente erweisen sich bereits bei H̱ als ein Hauptpunkt (**II. 2.**). Daß die Versperrung der Wege neben dem Interesse (*maṣlaḥa*) im Zentrum der Ḥiyal-Kritik steht, wird bei späteren Autoren noch deutlicher.[489]

Aus seiner Bemerkung gehen zwei Hauptpunkte hervor: Erstens bildet die „Versperrung der Wege“ einen Gegenbegriff zu Ḥiyal, die notwendigerweise darin inbegriffen sind. Beides zeigt eine parallele Entwicklung: Wie schon erwähnt, war der Gedanke der Versperrung auch Šaybānī bekannt (**II. 2.**). Viele Gemeinsamkeiten der *Mudawwana* mit ŠH̱ mit meist entgegengesetzten Folgen belegen dies ebenfalls. Zweitens liegt ihr die Auffassung zugrunde, daß das Interesse so bewahrt werden müsse, wie es der Gesetzgeber in jedem Einzelfall vorsieht. Ein ähnlicher Gedanke wurde auch bei den Ḥiyal-Autoren, vor allem den Ḥanafiten, entwickelt, aber mit unterschiedlicher Vorstellung von Interesse und Zweck des Gesetzgebers, mehr zur individuellen Zweckmäßigkeit neigend.

Die Versperrung der Wege, die sich auf das Interesse stützt, ist, trotz der großen Mühe des Ibn Qayyim darum und der theoretischen Systematisierung des Interesses in der späteren Rechtstheorie,[490] eigentlich keine selbständige Rechtsquelle auf der Basis der Klartexte wie der *istiḥsān*. Nur als verneinendes Prinzip kann sie als Antonym zu *istiḥsān* angesehen werden, wie inhaltlich zu Ḥiyal.[491] Es ist bemerkenswert, daß Šāfiʿī in seiner Kritik am *istiḥsān*, unter dem alles andere als die Analogie entweder aus einem Rechtsgrund (*maʿnā*, üblicherweise auch *ʿilla*) oder aus einer reinen Ähnlichkeit (*šubha*) erfaßt wird, seinen Angriff auf die „Versperrung der Wege“ richtet. Betont wird das Prinzip der Erklärungstheorie, daß die Sache nach ihrem Anschein beurteilt wird und daß das durch die Analogie ermöglicht wird. Ein Urteil, das gegen den Anschein spricht, muß auf einem Klartext, einem stärkeren Indiz (*dalīl*) als dem Weg

---

[489] IQ, 147-171. Cf. Fierro, “El principio Mālikī «Sadd al-ḏarā'iʿ» en el-Kitāb al-ḥawādiṯ wal-bidaʿ de al-Ṭurṭūšī„, *Al-Qanṭara: Revista de Estudios Árabes*, II (1981), 69-71, 79-82. M. Y. Izzi Dien, “*Sadd al-ḏarā'iʿ*“, EI², VIII 718.

[490] Vor allem durch Ġazālī und Šāṭibī, s. Hallaq, *History*, 87-90, 168-171.

[491] Fierro, “Sadd aḏ-ḏarā'iʿ“, 71. M. Y. Izzi Dien, EI², VIII 718.

basieren, denn die Befürchtung eines *Wegs* ist nichts mehr als eine Vermutung (*ẓann*). So sind sowohl der Kaufvertrag einer Waffe zum Zweck eines Mordes als auch der Ehevertrag zum Zweck eines zeitweiligen Verhältnisses u. ä. gültig, wobei die Absicht an sich zwar nicht gerechtfertigt ist, aber den Vertrag nicht beeinträchtigt.[492]

Wer ist dann willkürlicher? Wir können uns an einen ähnlichen Vorwurf des Šaybānī gegen die Medinenser erinnern (**II. 2.**): Nach Abū Ḥanīfa ist zulässig, beim Austausch von Gold gegen Gold, bei dem das Tauschobjekt des einen Partners gegenüber dem Tauschobjekt des anderen ein geringes - etwa 1 *miṯqāl* (4,233g) - Defizit an Gewicht aufweist, diesen Mangel an Wert durch ein anderes Gut zu kompensieren, sei es durch ein weiteres Objekt aus Gold, sei es durch Silber oder anderes. Nach der medinensischen Lehre ist dies ein *Weg* zum *ribā*, denn wäre es zulässig, diesen einen Dīnār einmal für seinen Wert zu erwerben, als hätte man ihn allein gekauft, so wäre es auch zulässig, dasselbe (mit Absicht) immer zu wiederholen. Mit diesem Zweifel wird sicherlich auf H̲ 3/6 (s. P 40) angespielt; dort wird die *ʿīna* durch diese Theorie ermöglicht, nach der ein Gläubiger, der dem Schuldner etwas für 1000 Dīnār auf Kredit verkauft, es dann vom letzteren für 800 Dīnār zusätzlich eines Betrages in bar kaufen kann, so daß sich ein Zins von 200 Dīnār ergibt. So erklärt Šaybānī: „Wenn ihr behauptet, wir würden es im Verdacht haben, dürft ihr die Sache nicht wegen des Verdachts allein für nichtig erklären!" In einem anderen, ähnlichen Zusammenhang, daß nach Lehre der Medinenser der Tausch von Gold für Gold plus Weizen nicht zulässig ist, sagt er auch: „Dies ist auch wieder eine euer Vermutungen, mit denen ihr die Händel für nichtig erklärt."[493]

Durch einen Vergleich mit **II. 3. c.** 6. zu P 21 (2) (3) wäre klar, daß die *Wege* dann versperrt werden sollen, wenn der einzelne Sachverhalt es nach der dort üblichen Handlungsweise und der Folge davon vermuten läßt. Die Vermutung beruht sozusagen auf Indizienbeweisen in Einzelfällen. Einige davon werden dann in der Jurisprudenz, die diesem Prinzip folgt, *a priori* als solche kategorisiert, wie Ibn Qayyim feststellt. Aber derartige kategorische Feststellungen einer bösen Folge sind nicht nur bei den Mālikīten und den Ḥanbalīten zu finden. Freilich finden sie keine systematische Anwendung, gelten aber gelegentlich für Einzelfälle auch bei den Šāfiʿīten und den Ḥanafiten.[494] Ein gutes Beispiel dafür wäre die Scheidung während einer Todkrankheit eines Ehegatten, die auch in IQ aufgelistet wird. Die Scheidung durch den todkranken Mann wird schon als Ḥīla für die Enterbung der Frau (P 7) erwähnt (**I. 3. b.** 21. iv). Dieselbe könnte aber auch im gegenteiligen Fall zu ihrer Begünstigung dienen. Beides behandelt Šaybānī:

Was die Enterbung angeht, gilt folgendes: Wenn der Kranke seine Frau in ihrem Auftrag bzw. mit ihrem Einverständnis (*ḫulʿ*) oder in einer Art und Weise,

---

[492] Šāfiʿī, *Umm*, VII 297-8, s. auch 94.
[493] Šaybānī, *Ḥuǧǧa*, II 584-85, 606-8.
[494] Cf. Fierro, "Sadd al-ḏarāʾiʿ", 84.

daß die Scheidung von ihrem Willen abhängt (etwa in Form ihrer Option, wie oben a. 8.), endgültig verstößt und er während ihrer Wartezeit stirbt, hat sie keinen Erbanspruch, weil ihr Einverständnis damit durch ihr Einverständnis mit der endgültigen Scheidung fingiert wird, zumal *ḫulʿ*, Option u. ä. nach der ḥanafitischen Lehre formal von der Scheidung unterschieden werden, die ausschließlich von seiten des Mannes erfolgt. Wenn er sie trotz ihrer Aufforderung zur widerruflichen Scheidung dreimal verstoßen hätte, könnte sie ihn aus dem gegenteiligen Grund beerben.[495] Noch kategorischer ist folgendes: Wenn man in der Todeszelle/an der Front die dreimalige Scheidung seiner Frau ausspricht (und während ihrer Wartezeit stirbt), hat sie keinen Erbanspruch. Wäre es aber auf dem Weg zur Hinrichtung/bei seinem letzten Atemzug gewesen, gälte das Gegenteil. In dieser Diskussion geht es um die Definition eines Todkranken, der üblicherweise an der betreffenden Krankheit stirbt; für den Fall, daß er nicht daran stirbt, besteht an seiner Scheidung in dieser Situation kein Zweifel.[496] Das dritte Beispiel bedarf einer feinen Kategorisierung: Wenn der Kranke die Scheidung unter einer Bedingung, etwa „wenn der Erste des nächsten Monats kommt" oder „wenn N. N. das Mittagsgebet verrichtet/das Haus betritt" schwört und eidbrüchig wird, kann die Frau ihn beerben, solange er in ihrer Wartezeit stirbt. Hätte er dies bei Gesundheit geschworen, gälte das Gegenteil, wenn auch die Bedingung an sich während seiner Krankheit eingetreten wäre. Aber die Bedingung, etwa „wenn ich/du das Haus betrete/betrittst", kann die Frau durch die daraus während der Krankheit folgende Scheidung nicht enterben, wenn auch der Eid an sich bei Gesundheit des Mannes geschworen wurde. Laknawī gibt für das Ganze eine systematische Erklärung: Die Eidesfälle werden zunächst in (i) bei Gesundheit geschworen, treten jedoch während der Krankheit ein, während in (ii) beides während der Krankheit geschieht. (i) und (ii) werden ferner in bezug auf das Subjekt der Bedingung in (a) von einem Dritten abhängig oder vom menschlichen Willen unabhängig, (b) vom Mann und (c) von der Frau abhängig unterteilt. (i)(a) enterbt die Frau. (i)(b), (ii)(a) und (b) kategorisieren den Mann als „den Flüchtigen (*fārr*)" von ihrem Erbanspruch. Bei (i)(c) nach Abū Yūsuf und Abū Ḥanīfa und (ii)(c) ist er dann ebenfalls flüchtig, wenn sie die Handlung gewöhnlich oder zur Zeit des Eides nötig hatte, während Šaybānī in bezug auf (i)(c) gegenteiliger Ansicht ist. Der Mann gilt also allein dadurch als „flüchtig", daß die Scheidung *de facto* in seiner Gewalt liegt.[497]

Was die Begünstigung angeht, wenn der Kranke seine Frau in ihrem Auftrag dreimal verstößt und dann (nach Ablauf ihrer Wartezeit) ihr etwas schuldig anerkennt/vermacht, steht ihr das niedrigere zwischen ihrem bereits verfallenen Erbanteil und der anerkannten Forderung/dem Vermächtnis zu. Dasselbe gilt nach Abū Ḥanīfa auch dann, wenn einem gegenseitigen Anerkenntnis, daß er sie bereits bei Gesundheit verstoßen habe und daß ihre Wartezeit dann abgelaufen

---

[495] Šaybānī, *Ṣaġīr*, 224-25 und Laknawīs Kommentar dazu. Auch *Kabīr*, 107, 187. *Ḥuǧǧa*, IV 94-97.
[496] Šaybānī, *Ṣaġīr*, 226 und dazu Laknawī. Cf. Ǧ 21/1b.
[497] Šaybānī, *ibid.*, 226-67

sei, das Schuldanerkenntnis/Vermächtnis folgt, während nach Abū Yūsuf und Šaybānī beides wirksam ist (vgl. **II. 3. b.** 7. zu P 59). Laknawī schließt sich an Abū Ḥanīfa an. Nach seiner Ansicht ist die von der Frau beauftragte Scheidung im ersten Fall ebenso ihrer Unterdrückung verdächtig, wie im Anerkenntnis der Scheidung im zweiten Fall ein Verdacht (*šubha*) besteht, denn es kann vorkommen, daß jemand seinen Erben enterben oder begünstigen will, und dafür sind ihm die Türen wie Anerkenntnis und Vermächtnis offengehalten.[498]

Für die Ḥanafiten ist charakteristisch, daß sie der Frau auf alle Fälle lediglich insofern den Erbanspruch zuerkennen als der Mann in ihrer Wartezeit stirbt. Das Prinzip wird auch dann eingehalten, wenn die „Flucht" des Mannes festgestellt wird. — Das ist bereits einer der bekanntesten Streitpunkte zwischen der ḥiǧāzischen und der irakischen Lehre, welche bei Šaybānī erhalten sind; die Hauptstütze der ḥiǧāzischen Lehre ist dieselbe Entscheidung des Kalifen ʿUṯmān über die Frau des ʿAbdarraḥmān b. ʿAuf. In einer Variante von Ibn Šihāb az-Zuhrī (124/741), dem Traditionarier und Juristen in Medina, wollte ʿUṯmān damit erreichen, daß man gewöhnlich von der „Flucht vom Koran (d. h. vom koranischen Erbrecht)" abgehalten wird.[499] Nach der mekkanischen Lehre kann die Frau sogar einen Kranken beerben, der nach ihrer Heirat mit einem neuen Mann starb. Dagegen führt Šaybānī neben kūfische Autoritäten wie Ibrāhīm an-Naḫaʿī und Šaʿbī auch ʿAbdallāh b. az-Zubayr an, der auch in ḥiǧāzischen Überlieferungen zur ʿUṯmān-Entscheidung festgestellt haben soll, daß eine Frau, sofern sie eine „endgültig Geschiedene (*mabtūta*)" ist, ihren Mann nicht mehr beerben kann. In dieser Variante Šaybānīs wird ʿUṯmāns Entscheidung an sich auf die Frau während der Wartezeit bezogen, und *mabtūta* auf die endgültige Beendigung des Eheverhältnisses, die juristisch durch Ablauf ihrer Wartezeit erfolgt. Nach Šāfiʿī, der früher dieser Meinung gewesen sein soll, wird *mabtūta* im Sinne der „unwiderruflich Geschiedenen" auf die Natur der Scheidung bezogen, so daß, erfolgt während der Krankheit eine unwiderrufliche Scheidung, der gegenseitige Erbanspruch der Eheleute nicht mehr existiert, wie es auch bei Gesundheit der Fall wäre. Was die Ḥanbaliten angeht, erklärt Ibn Qudāma zwar die Überlieferung von Ibn Ḥanbal für vorherrschend, in der er der Geschiedenen nach Ablauf der Wartezeit den Erbanspruch zuerkennt, solange sie sich noch nicht neu verheiratet hat, er zieht aber persönlich eine seiner anderen Überlieferungen vor, die mit der der Ḥanafiten übereinstimmt.[500] — Insofern ist Šāfiʿī der einzige, der in keiner Weise die „Flucht" berücksichtigt; dagegen stellt Ibn Qudāma die „böse Absicht" des Kranken kategorisch fest und argumentiert, daß er mit der Unwirksamkeit seiner Tat sanktioniert werden soll, wie man auch wegen des Mordes an seinem eigenen Erblasser enterbt wird. Nach Ibn Taymiyya und Ibn Qayyim besteht bereits Übereinstimmung über die Versperrung solcher zum

[498] Šaybānī, *Ṣaġīr*, 225 und dazu Laknawī.
[499] Saḥnūn, *Mudawwana*, III 38.
[500] Šaybānī, *Ḥuǧǧa*, IV 78-94. Šāfiʿī, *Umm*, V 254-55, dazu Muzanı, *Muḫtaṣar*, 194-5. Bāǧī, *Muntaqā*, IV85, 86-87. Ibn Abī Šayba, *Muṣannaf*, IV151, § 200. Ibn Qudāma, *Muġnī*, VI 329-31.

Bösen führenden Wege (*sadd ad-darā'iʿ*). Ibn Taymiyya erkennt ʿAbdallāh b. az-Zubayr in diesem Zusammenhang keine Qualifikation als *muftī* zu; seine juristische Autorität sei erst nach der Herrschaft des Muʿāwiya festzustellen.[501]

Nach Mālik ist das Ganze einfach. Für all diese Fälle gilt die Regel, daß grundsätzlich alle Scheidungen, egal von welcher Art, die während der Todkrankheit des Mannes erfolgen, der Geschiedenen den Erbanspruch zusprechen, ungeachtet des Ablaufs ihrer Wartezeit (nach Bāǧī sogar ihrer neuen Ehe). Derjenige, der sich während seiner Todkrankheit von seiner Frau scheiden läßt, gilt ohnehin als „flüchtig": Wenn er mit ihr zu einer einverständlichen Scheidung (*ḫulʿ*) kommt oder ihr die Option erteilt, wird diese Antwort dadurch begründet, daß dies zwar von seiten der Frau in Kraft tritt, aber von ihm verursacht wird, denn er ist es, der ihren Antrag auf das *ḫulʿ* annimmt oder ihr die Option erteilt. In Eidesfällen kommt bei (c) von (i) und (ii) die Notwendigkeit der Handlung nicht in Betracht, sondern nur der Eintritt der Scheidung während der schweren Krankheit.[502] Was die Begünstigung angeht: Wenn eine Kranke mit ihrem Mann eine einverständliche Scheidung gegen ihr ganzes Vermögen vereinbart, ist das nach Mālik „nicht zulässig", und der Mann verliert seinen Erbanspruch. Nach Ibn al-Qāsim gilt dies für den Fall, daß sie ihm mehr als seinen Erbteil abgilt, ansonsten ist es „zulässig". Somit wird die Unzulässigkeit hier in der späteren Auslegung nicht im Sinne der Unwirksamkeit des *ḫulʿ* an sich, der allenfalls zustande kommt, ausgesprochen, sondern auf die Geltung des Anspruchs bezogen, daß nach Ibn al-Qāsim dem Mann nicht mehr zustehe als sein Erbteil oder nach Mālik eine am Erbteil gemessene durchschnittliche Leistung. Aber Mālik wird nach Bāǧī auch die Unwirksamkeit des *ḫulʿ* zugeschrieben, die Šaybānīs als medinensische Lehre berichtet. Die Ḥanbaliten schließen sich an Ibn al-Qāsim an. Ähnlich steht dem Mann nach Ansicht der Ḥanafiten vom Erbteil, dem Entgelt und dem Drittel ihrer Aktiva das niedrigste zu. — Dies kann jedenfalls auf denselben Gedanken zurückgeführt werden, der in einer Überlieferung in der *Mudawwana* von Rabīʿa b. ʿAbdarraḥmān (136/753), dem Vertreter der medinensischen Schule vor Mālik, am klarsten zum Ausdruck kommt, nämlich: Wäre es erlaubt, würden immer mehr Frauen, wenn sie von ihrem Ende überzeugt sind, ihr Vermächtnis zugunsten ihrer Männer auf diese Weise machen.[503]

Im Vergleich mit der systematischen Anwendung von *sadd ad-darā'iʿ* ist die Beschränktheit der ḥanafitischen Theorie offensichtlich; freilich wird die „Flucht" kategorisch festgestellt, aber mehr mit der Beobachtung, ob im Einzelfall ein begründeter Verdacht (*šubha*) besteht. Dies trifft Verfügungen des Todkranken im allgemeinen, die in Anbetracht des potentiellen Anspruchs der

---

[501] IT 164-65. IQ 155, 185-86. Cf. Modzki, Die *Anfänge der islamischen Jurisprudenz* (Stuttgart: Kommisarverlag Franz Steiner, 1991), 107.
[502] Saḥnūn, *Mudawwana*, II 351, 352, 391. Bāǧī, *Muntaqā*, IV 85-86.
[503] Saḥnūn, *Mudawwana*, II 352. Bāǧī, *Muntaqā*, IV 66-67. Šaybānī, *Huǧǧa*, IV 97-99. *Muḫtaṣar Ḫ*, 151, dazu Ibn Qudāma, *Muġnī*, VII 88-89.

Erben auf sein Vermögen in einen gewissen Verdacht kommen könnten. Dann greifen die Ḥanafiten auf Ḥiyal zurück, die diesen Verdacht theoretisch beseitigen sollen, wie es für ʿīna-Geschäfte gehandhabt wird (cf. **II. 3. b.** 7. zu P 59).

2. Ḥiyal in der Praxis; ihre Anwendbarkeit und Geltung im islamischen Rechtswesen

Bisher habe ich versucht, die Entwicklung der Ḥiyal historisch und theoretisch nachzuvollziehen. Im folgenden wird anhand der Ḥiyal-Literatur ein kurzer Überblick über die Praxis gegeben. Zu behandeln sind Rechtsinstrumente, die zur Schaffung, Sanktion bzw. Zusicherung der Ḥiyal führen sollen. Als erstes kommen Rechtsgutachten(*fatwā*) in Betracht. Das zweite wäre das Gerichtsurteil (*qaḍā*) auf Grund seiner juristischen Autorität. Drittens werden Rechtsurkunden erwähnt, die zwar unter private Angelegenheiten fallen, jedoch in diesem Zusammenhang ebenfalls in Betracht gezogen werden sollen.

a. Rechtsgutachten (*fatwā*) und Ḥiyal

Die Bedeutung von Rechtsgutachten (*fatwā* > pl. *fatāwā*) als aktuelle Quelle des positiven Rechts wird bereits in mehreren Forschungsarbeiten betont.[504] *Fatwā* stellt ein im Prinzip inoffizielles Rechtsgutachten dar, das ein qualifizierter Jurist (*muftī*) auf Antrag (*istiftāʾ*) erteilt. Der Antragsteller, eine private oder öffentliche Person, wird als *mustasfī* bezeichnet. Das Zweck liegt darin, den Gläubigen notwendige Auskünfte darüber zu geben, wie sie sich im Alltag an die Šarīʿa, ein ungeschriebenes Recht, das in einem ständig wachsenden juristischen Komplex dargestellt wird, halten können.[505] Die Form eines *fatwā* ist nichts weiter als Frage (*suʾāl*) und Antwort (*ǧawāb*) in mündlicher oder schriftlicher Ausdrucksweise, und die beiden Komponenten werden bereits im Koran in typischer Form („Man fragt dich nach ... . Sag ... .“) dargestellt, wenn Gott dem Propheten Anweisungen zur Lösung eines Problems erteilt, das die Gläubigen vorbringen würden (z. B. 2;189, 217), neben der ausdrücklichen Verwendung des Wortes *f-t-y* an sich. Wie dort erwähnt wird, ist die Erteilung von *fatāwā* (*iftā*) bereits auf das 1. Jh. der Hiǧra zurückzuführen, in dem sich die frisch gegründete Glaubensgemeinde mit alltäglichen Rechtsproblemen an den Propheten selbst wandte, und dies wurde von seinen Gefährten und ihrer Nachfolgern fortgeführt.

---

[504] Die jüngste und umfangreichste Demonstration dieses Prozesses erhalten wir bei Hallaq, “From *fatwās* to *furūʿ*: growth and change in Islamic substantive law“, *Islamic Law and Society*, 1/1 (1994), 29-65. Für einen Überblick über die bisherigen Forschung, 29-30.

[505] Hallaq, *ibid.*, 31, 59-60. Krüger, *Fetwa und siyar*, 40-42.

Alle juristischen Autoritäten, die Schulbegründer eingeschlossen, mit denen die Anfänge der islamischen Jurisprudenz nachzuvollziehen sind, scheinen als *muftī* tätig gewesen zu sein und werden von späteren Autoren als solche betrachtet.[506] So sprechen z. B. Ibn Taymiyya und Ibn Qayyim wie selbstverständlich mehrmals von einem *fatwā* des Propheten, seiner Gefährten, ihrer Nachfolger und der noch späteren Juristen, u. a. der Schulbegründer. Ferner betrachtet Ibn Qayyim den Koran 38;44 als *fatwā* des Gottes für Ayyūb, indem er ihm einen Ausweg von seinem Eid gab (cf. **II. 2.**).[507]

Die Quellen deuten darauf hin, daß man sich auf diese Weise an Juristen wandte, die Auswege von Rechtsproblemen geben sollten, so daß viele Ḥiyal von Rechtsgutachten stammen. Wie oben erwähnt, stellt die Ḥiyal-Kritik - meist im negativen Sinne - fest, daß *muftī*s viel zu ihrer Verbreitung beigetragen haben sollen; bereits Ibn Baṭṭa tradiert, daß man, wie dort geschildert, üblicherweise *muftī*s verdankte, seinen leichtsinnigen Eiden mit schweren Folgen entkommen zu können (**I. 3. a.** 5.). Somit teilt Ibn Baṭṭa mit früheren Juristen, von denen er ihre Frömmigkeit überliefert, die sie davon abhielt, die erbetene Antwort zu wagen, eine starke Abneigung gegen die spontane Tätigkeit der *muftī*, da diese in die Irre führen könnte; auch kritisiert er seine „verrückten“ Zeitgenossen, die sich auf jede Frage einlassen.[508] Neben dieser charakteristischen Haltung existiert eine andere Ansicht, nach der die Juristen vielmehr spontan diese „kollektive Verpflichtung“ erfüllen sollen.[509] Ibn Taymiyya und Ibn Qayyim berichten viel von Rechtsgutachten, die verbotene Ḥiyal wie P 3 beibringen, und kritisieren sie mit dem Mund der zahlreichen Autoritäten (**II. 1.**). Da solche Rechtsgutachten erst gegen Ende der Nachfolgergeneration festzustellen sind, fallen die verbotenen Ḥiyal unter die *bidʿa*, während die Vorfahren in ihren Rechtsgutachten die erlaubten Ḥiyal beizubringen pflegten (**I. 3. b.** 13., **II. 3. a.**).

Die Hinweise findet sich jedoch nicht nur in der Ḥiyal-Kritik, sondern auch in der Ḥiyal-Literatur selbst. P 38 ist einer davon:

> H̱ 25/17 Ich sagte: „Ein Mann hat eine Frau, jedoch ist sie nun wegen eines Eides [bei Scheidung, den er gebrochen hat] nunmehr von ihm endgültig geschieden. So will er eine neue Ehe mit ihr schließen, ohne sie darüber zu informieren, daß sie bereits nicht mehr seine Frau ist, weil er den Verdacht hegt, daß sie, erfährt sie von ihrer bereits endgültigen Scheidung, ihn nicht heiraten will. Gibt es dafür eine Ḥīla?“
>
> Er sagte: „Ja. Er soll zu ihr sagen: ‚Ich habe einen Eid geschworen und *die Juristen [danach] gefragt. Da haben sie gesagt*: «Schließt mit ihr eine

[506] Hallaq, *ibid.*, 62-65, v.a. 63, Anm. 158 und 159. Powers, “Muftis, Fatwas, and Islamic legal interpretation“, 5-8.
[507] IQ 222-23. Für die anderen Beispiele s. IT 21, 48, 78, 165, 255, 289. IQ 181, 185, 190, 223, 400, 401. IQ² 24, 47, 48, 49, 115, 116.
[508] IB 49-52.
[509] Cf. Hallaq, *ibid.*, 56-57.

neue Ehe, denn die Ehe, wenn die genannte Scheidung über sie geschehen ist, macht sie für dich erlaubt. Selbst wenn die Scheidung nicht über sie geschehen ist, dann schadet dir diese Ehe nicht».' Wenn sie ihm dann positiv antwortet, dann sagt er zu ihr: ,Gib mir die Vollmacht, dich zu verheiraten', und dann stellt er die Zeugen für die Eheschließung. So wird sie [wieder] seine Frau, ohne vom bereits endgültig geschiedenen Zustand zu wissen."

Die folgenden Beispiele wären noch deutlicher:

H̱ 56/6 Ich sagte: „Jemand hat geschworen, daß er nie Baġdād betreten werde, außer unterwegs (*ʿābira sabīl*). Was wäre die Ḥīla dafür?"

Er sagte: „Wenn er sich in einem Bezirk von Mossul befindet, *soll der muftī ihm ein fatwā geben*, daß er sich auf den Weg nach al-Madā'in macht, so daß er unterwegs an Baġdād vorbeikommt. Und der muftī soll zu jemandem sagen, der mit diesem *mustaftī* zusammen reist: ,Wenn er nach Baġdād mit der Absicht losgeht, daran auf dem Weg nach al-Madā'in vorbeizukommen, sag erst dann Bescheid, wenn er Baġdād erreicht, und befiehl ihm den Halt, damit er auf dem Weg nach al-Madā'in Baġdād betritt, wie er geschworen hat...'."

H̱ 56/14 Ich sagte: „Jemand in Baġdād hat einen folgenschweren Eid (*yamīn ʿaẓīm*, z. B. bei Scheidung oder Freilassung) geschworen, daß er ab sofort nach Kufa abreisen werde."

Er sagte: *„Der muftī soll zu ihm sagen*: ,Gehe ab sofort auf Kufa los.' Und zu jemandem, der mit diesem *mustaftī* zusammen reist: ,Wenn er nach Baġdād auf dem Weg nach Kufa losgeht und ein paar Stück, etwa eine Meile, nach Baġdād hineinkommt, dann sag ihm, daß er zurückgehen kann, ohne daß er davon weiß, bis er [auf diese Weise] Baġdād verläßt.' Handelt er so, wird er nicht eidbrüchig."

Interessant ist, daß diese Ḥiyal an die *muftī*s gerichtet sind, die, wie die Juristen überhaupt, mit der *fiqh*-Literatur eigentlich erzielen wollen, auf alle möglichen Fälle vorbereitet zu sein. Ebenfalls in bezug auf einen Eid weist die *Mudawwana* auch darauf hin, daß man oft mit seiner folgenschweren Handlung aus Leichtsinn den *muftī*s Mühe machen mußte.[510] Es wäre nicht zuviel gesagt, daß sich die Ḥiyal-Literatur an die *muftī*s wendet, die sicher mit der Lösung der dort in Frage kommenden Rechtsprobleme beauftragt gewesen sein müssen. Das mag, neben der gegnerischen Darstellung, die manchmal die anzugreifenden Gegenstände selbst geschaffen zu haben scheint **(II. 1.)**, auch eine Erklärung für anscheinend hypothetische Fälle zu sein, mit denen man rechnen muß. Wie schon öfter

[510] Saḥnūn, *Mudawwana*, II 137.

erwähnt, handelt es sich in der Jurisprudenz (*fiqh*) darum, alles, was geschehen wird, auf der Basis des bereits Geschehenen zu erwägen, und dies reflektiert sich in der Art und Weise der juristischen Diskussion an sich, insbesondere in frühen Texten in „*masāʾil* (> s. *masʾala*) -Form, in denen „Fälle“ im Gespräch zwischen einem Fragenden und dem antwortenden Autor nebeneinander aufgestellt werden. Und es war wegen dieser umfassenden Natur der Jurisprudenz, daß die späteren Rechtsbücher immer mehr Rechtsgutachten, die aktuelle Fälle liefern, in sich aufnahmen.[511] Die Feststellung ist aufschlußreich, daß das Wort „*masʾala*“ an sich das Grundverfahren eines *fatwā* schildert, das, wie gesagt, aus Frage und Antwort besteht, und daß in der Tat das *Aṣl* als *fatwa*-Sammlung des Šaybānī und die *Mudawwana* als die des Ibn al-Qāsim betrachtet werden.[512] Aber dann wird das Prinzip, daß sich kein *fatwā* auf die Hypothese bezieht, zumindest in bezug auf die früheren Rechtswerke nicht verallgemeinert.[513] In der *Mudawwana* z. B. tradiert Ibn al-Qāsim Māliks Ansichten manchmal in bezug auf die „echten“ Ereignisse, nach denen eine bestimmte Person außerhalb seines Lehrkreises ihn fragte. Aber dort und in den anderen *masāʾil*-Werken werden die meisten Fälle juristisch und sachlich formuliert. Es ist schwer zu entscheiden, ob sie die Bearbeitung tatsächlicher Ereignisse sind oder aus dem Kolleg stammen, in dem alle möglichen Hypothesen nebeneinander gestellt wurden. Ich schließe die Möglichkeit nicht aus, daß die Juristen manchmal mit dem Wort “*fatwā*“ jede Ansicht bezeichneten, die als Antwort auf eine auf einen konkreten Fall, fiktiv oder real, bezogene Frage geäußert wurde.

Unter diesem Vorbehalt ist festzustellen, daß sich die Ḥiyal-Literatur an diejenigen wendet, die künftig anhand von dieser ihre *fatāwā* abgeben würden, und daß sie auch bereits vorhandene *fatāwā* enthalten kann, wie es in Ǧ der Fall ist (**I. 1. b.**). Die dort behandelten Fälle stammen, wie der Autor angibt, überwiegend aus den *fatāwā* der ihm nahestehenden transoxanischen Ḥanafiten, vor allem in Anlehnung an *al-Fatāwā* des Abūʾl-Layṯ as-Samarqandī. Wenn man eine Niederschrift, in der die *fatāwā* mehr oder weniger originalgetreu erhalten sind, als „primäre *fatwā*-Sammlung“ im Gegensatz zur „sekundären“, die sie in eine den systematischen Anforderungen entsprechende Form umwandelt, bezeichnet, dürfte man wohl Ǧ als „sekundäre *fatwā*-Sammlung“ betrachten, wie die von Abūʾl-Layṯ zusammengestellten *fatāwā* an sich auch als solche galten.[514] So finden sich in Ǧ einige Fälle, in denen die Ḥiyal zuerst dargestellt, dann durch *fatāwā* bestätigt werden, die bereits dafür abgegeben worden waren. Ich nenne ein Beispiel dafür:

Ǧ 7/19 Wenn man dem Bäcker einen bestimmten Betrag von Dirhams bezahlt und sagt: „Ich kaufe von dir 100 Stück Brot“, und dann anfängt,

[511] Hallaq, “From *fatwās* to *furūʿ*“, 55, 48-51.
[512] Hallaq, *ibid.*, 62.
[513] Wie Hallaq, *ibid.*, 37-38.
[514] Hallaq, *ibid.*, 32, 43-44.

vom letzteren 5 Stück pro Tag zu erhalten, ist der Kauf anfechtbar und es ist verwerflich, das, was man ißt, zu verbrauchen. Dann besteht die Ḥīla dafür, daß es erlaubt wird, darin, (dem Bäcker) einige Dirhams zu geben und von ihm ein Stück pro Tag zu bekommen, ohne ihm am Anfang zu sagen: „Ich kaufe von dir." Dann ist dies zulässig und es ist erlaubt, (das Brot) zu verbrauchen, obschon man zum Zeitpunkt der Zahlung den Kauf beabsichtigt, denn es hat nichts zu sagen, wenn man diese Absicht hat, solange sie nicht geäußert wird. So *begutachtete* (*f-t-y* IV) Abū Bakr al-Iskāf, als er nach (diesem Fall) gefragt und um sein Zeugnis dafür gebeten wurde. Und er sagte: „Meinst du nicht etwa, wenn jemand einen Sklaven kauft, um ihn freizulassen, ohne das zu äußern, daß dessen Kauf zulässig ist, und daß die Absicht mit der Vereinbarung im Kaufvertrag gleichgestellt wird? Hier gilt dasselbe." Der Rechtskundige, Abū'l-Layṯ, sagte: „Das ist deshalb, weil sich die Gewohnheit der Allgemeinheit daran schließt." Erwähnt in *al-Fatāwā*. [515]

Der Fall bezieht sich auf einen Terminkauf (*salam*), der aufgrund der Gewohnheit als eine Ausnahme für das *ribā*-Verbot im weiteren Sinne zugelassen wird, weil es sich dort zum Zeitpunkt des Kaufvertrags um ein nicht vorhandenes, unbekanntes Objekt handelt, für das die Vorleistung gemacht wird. Diese Ausnahme wird aufgrund eines Ḥadīṯ dem analogen Verbot eines derartigen Vertrags vorgezogen (*istiḥsān*). Daher werden für den Terminkauf zahlreiche Wirksamkeitsvoraussetzungen aufgestellt, insbesondere in bezug auf die beiden Leistungen, deren Gegenstände in dieser Hinsicht beschränkt werden sollen. Hier geht es darum, ob Brot eine Terminware sein kann. Die authentischen Quellen (*ẓāhir ar-riwāya*) schweigen von den Ansichten der ḥanafitischen Schulmeister über den Fall. Allein Ibn Rustum überliefert in seinen *Nawādir* die ablehnende Ansicht von Abū Ḥanīfa und Šaybānī im Gegensatz zu Abū Yūsuf, der den Terminkauf von Brot unter der Bedingung der Offenbarung der Spezies, des Gewichts und der Frist zuläßt, die in unsrem Fall nicht erfüllt wird.[516] Die Ḥīla besteht wahrscheinlich aus einem Darlehen und den jeweiligen Kompensationen durch den Kauf von Brot.

Zu bemerken ist eine offene, zweckmäßige Anerkenntnis in den obigen *fatāwā* über den Fall, der mangels einer authentischen Überlieferung gewissermaßen neu behandelt wird (cf. **I. 1. b.**), daß die Gewohnheit der Allgemeinheit eine entscheidende Grundlage für die Normfindung ist, obwohl sie dadurch nicht von der ḥanafitischen Lehre abweicht. Ein *muftī* ist an die Rechtsanwendung im Rahmen seiner Schullehre gebunden, so daß seine *fatāwā* den autoritativen Ansichten der Schule entsprechen müssen.[517] Im obigen Fall erklären die Juristen

---

[515] Siehe auch Ǧ 9/31b (Fatwā des Dāwūd b. aẓ-Ẓāhirī), 15/3 (des Naṣīr b. Yaḥyā), 23/10 (nach Ibn Abī Laylā), 38/1c (allgemein), 39/35 (des Ibn Salama).
[516] Samarqandī, *Tuḥfa*, II 3, 17-18.
[517] Hallaq, "From *fatwās* to *furūʿ*", 51-54, 57. Krüger, *Fatwā und siyar*, 41.

das *salam* von Brot nicht etwa für zulässig, ansonsten bräuchte man keine Ḥīla. Sie scheinen persönlich zur Ansicht des Abū Yūsuf zu neigen, halten sich aber an die gegensätzliche Ansicht, die, wenn auch nicht authentisch, dem Schulbegründer zugeschrieben wird. Dieses Prinzip der Rechtsanwendung gilt da, wo die drei Schulmeister uneinig sind, obwohl die noch späteren Juristen dazu neigten, sich dann eher an Abū Yūsuf und Šaybānī als an Abū Ḥanīfa anzuschließen, wenn sich der umstrittene Gegenstand auf die Erfordernisse der Zeit bezieht, ferner sich eine gewisse Abweichung von ihren Ansichten zu erlauben, die zeitgemäß modifiziert werden sollten.[518]

Zu bemerken ist ferner, daß hier um die religiöse Qualifikation gebeten wird, wie das Brot für den Betroffenen *ḥalāl* sein kann (also ein *istiḥsān* im Sinne von **1. a.** oben). Freilich wurden die *muftī*s üblicherweise um eine juristische Beurteilung des Falls gebeten, denn das Interesse der Antragsteller bezieht sich meistens auf einen anhängigen oder künftigen Prozeß, wie das auch oft der Fall war, wenn man bei den *muftī*s seine Ḥiyal suchte, die gerichtlich nicht bestritten werden (das könnte bereits im Titel der Ǧ, „Schirm der Justiz und Schutz der Prozeßparteien" impliziert sein). Jedoch scheint es auch nicht selten gewesen zu sein, daß man sich an die *muftī*s um eine religiöse Qualifikation seiner Handlung wandte, zumal sich diese, selbst die amtlichen *muftī*s unter den Osmanen, als individuelle Experten der Šarīᶜa vom juristischen Organ unterschieden, das an die säkulare Rechtsprechung gebunden war.[519] Das Konzept der institutionellen Rollenverteilung zwischen dem Richter, der substantielles Recht (*ḥukm*) spricht, und dem *muftī*, der die religiösen Aspekte des Rechts (*diyāna*) interpretiert, ist relativ früh festzustellen und wird in der mamlūkischen und osmanischen Zeit üblich.[520] Und die Anwendungsbereiche der Ḥiyal erstrecken sich auf die ganze Šarīᶜa, die die säkulare Rechtsprechung nicht deckt. In bezug auf die Gültigkeit der Behauptung des geheimen Vorbehaltes in einem unpräzisen oder unbedingten Eid, etwa daß man ein bestimmtes Haus nie betreten werde, meint Ibn al-Qāsim für den Fall, daß jemand nach dem Eidbruch behauptet, er habe damit einen Monat gemeint, daß das an den juristischen Folgen, bei denen man geschworen hat, nichts ändere, dann jedoch für wahr erachtet werde, wenn auf das *fatwā* mit der religiösen Qualifikation Bezug genommen werde.[521]

In der Tat sind trotz der aktuellen Teilname der *muftī*s am praktischen Rechtsleben als juristische Berater sowohl für Private wie auch für Richter ihre Rechtsgutachten an sich theoretisch nicht verbindlich. Wie sie in der Praxis zur Geltung kommen, hängt von der zeitlich und örtlich unterschiedlichen Entwicklung ab, die ihnen die Wege dazu bereiten könnte. So kommt im Rahmen eines privaten Auftrags der Schiedsspruch in Betracht, zumal sich die damit Beauftragten wie die Betroffenen selbst an die *muftī*s wandten. Ein Schiedsrichter

---

518 Hallaq, *ibid.*, 49-50.
519 Tyan, *Histoire*, 221, s. auch 222-24.
520 Johansen, "Die sündige, gesunde Amme", 278-79. Ders., "Truth and Validity", 6.
521 Saḥnūn, *Mudawwana*, II 137.

(*ḥakam*) ist Zuständigkeitsbeschränkungen unterworfen, und sein Schiedsspruch gilt zwar als verbindlich für die Parteien, jedoch nicht für den offiziellen Richter, der ihn aufheben kann, wenn ein entsprechender Antrag gestellt wird, weil eine Schiedsbarkeit ähnlich ein Vergleichsvertrag zwischen den Parteien erachtet wird (Schiedsvereinbarung: *taḥkīm*).[522] In bezug auf die *muzāraʿa*, die wegen unterschiedlicher Meinungen über ihre Gültigkeit vor Gericht bestätigt werden soll, stellt ʿA angesichts einer rigorosen Ansicht, die in Sachen der umstrittenen Fälle (*muǧtahadāt*) lediglich das Urteil eines offiziellen Richters als verbindend für die Parteien betrachtet, die Verbindlichkeit des Schiedsspruchs für sie selbst fest, mahnt jedoch die *muftī*s, den Laien diese Ansicht mitzuteilen, damit sich die letzteren die Beurteilung solcher Angelegenheiten nicht anmaßen (cf. unten **b.** § 1.).

Andererseits war es auch im Streitfall vor Gericht zur weitverbreiteten Praxis geworden, daß die Parteien juristische Gutachten der *muftī*s zu ihren Gunsten anführten und daß sich die Richter selbst vor der Urteilsverkündung von diesen über den Fall beraten ließen. Derartige Beratung wird auch in theoretischem Rahmen zumindest empfohlen, wenn auch nicht systematisiert wie im Maghreb.[523] Insofern soll der Richter lediglich im Rahmen seines offiziellen Auftrags den Rechtsgutachten folgen. Die Praxis der *fatwā*-Erteilung variiert mit der zeitlich sowie örtlich veranlaßten Entwicklung und Systematisierung, die in der modernen Zeit sogar ein verbindliches *fatwā* liefern konnte, und auch im klassischen Kontext ist eine starke Mitwirkung des *fatwā* an der Rechtspraxis festzustellen.[524] Unter den Osmanen war eine Abweichung des Urteils vom *fatwā* in der Praxis nicht häufig festzustellen. Aber das kann auch auf die gesellschaftliche Wirkung des Verstoßes gegen die von der religiösen Autorität eines *muftī* als Hüter der Šarīʿa sowie auf seinen persönlichen Einfluß, und zwar z. T. auf den Einfluß der Politik zurückgeführt werden.[525]

Wie kann jemand nun sicher sein, daß die Ḥīla, die ihm der *muftī* beigebracht hat, vom Richter akzeptiert wird? Die ḥanafitische Ḥiyal-Literatur geht vom objektiven Standpunkt aus, daß das *fatwā*, das eine dort beschriebene Ḥīla - schließlich die Ansicht des *muftī* als Juristen - liefern soll, der des Richters als Juristen widersprechen kann. Welche Ansicht zählt also? Die *muftī*s sind daran gebunden, im Rahmen ihrer Schullehren ihre Entscheidung zu treffen, so daß ihre Rechtsgutachten die theoretisch festgestellten Schullehren praktisch umsetzen werden.[526] Dies ist nicht nur juristisch, sondern auch politisch von Bedeutung; die Feststellung einer anerkannten Schullehre heißt nichts anderes als die Feststellung

---

[522] Ḫaṣṣāf, *Adab*, § 675, 678.
[523] Siehe über die Praxis im Nordmaghreb des 14. Jh. unter den Mārīnīden z. B., Powers, "Kadijustiz or *qāḍī*-justice? A paternity dispute from fourteenth-century Morocco", *Islamic Law and Society*, 1/3 (1994), 332-66.
[524] Cf. Hallaq, *ibid.*, 56.
[525] Krüger, *Fetwa und Siyar*, 54-56.
[526] Hallaq, *ibid.*, 57-58.

eines Rechts, das die meisten Richter anwenden und das in der Praxis breite Anerkennung findet:

> Ǧ 15/3 Jemand hat sich einem anderen für das Erscheinen einer Person unter der Bedingung verbürgt, daß, würde sie [nicht] am Tag ×× an den letzteren übergeben, das, was dieser von ihr zu fordern hat, (er selbst tragen soll).[527] Aber dann ist der Gläubiger unerreichbar geworden. Die Ḥīla für den Bürgen besteht darin, sich an den Richter zu wenden, damit er amtlich einen Stellvertreter (des Abwesenden) bestellt und er dann dem Stellvertreter den Schuldner übergibt. So wird der Bürge befreit, ähnlich wie in dem Fall, daß bei einem Verkauf unter der Bedingung einer Rücktrittsoption des Käufers sich der Käufer dann, wenn der Verkäufer unerreichbar geworden ist, sich an den Richter wendet, damit dieser amtlich einen Stellvertreter des Verkäufers bestelle, dem er dann das Objekt zurückgibt. So begutachtete Naṣīr b. Yahyā die beiden Fälle ... . Der Rechtskundige (=Abū'l-Layṯ) sagte: „Diese Ansicht weicht von der Ansicht unserer Schulgenossen (= Abū Ḥanīfa, Abū Yūsuf und Šaybānī) in den offenkundigen Überlieferungen ab, während dieselbe in einigen Überlieferungen Abū Yūsuf zugeschrieben wird. Jedoch wenn Richter das tun, ist das gut.“

Die dieser Ḥīla zugrunde liegende Vereinbarung in der persönlichen Bürgschaft (*kafāla bin-nafs*), daß der Bürge, der sich eigentlich zur Übergabe eines Schuldners an seinen Gläubiger in einer bestimmten Frist verpflichtet, bei der Nichterfüllung für die Schuld haftet, ist nach der Mehrheit der Ḥanafiten zulässig; eine Ausnahme bildet Ibn Abī Laylā, der die Analogie vertritt, daß das Eingehen einer Verpflichtung von keiner Bedingung abhängig gemacht werden darf. Die persönliche Bürgschaft dieser Art wird im Interesse des Gläubigers legitimiert, der schließlich seine Forderung befriedigen will, und wird an sich bei ŠḪ als eine Ḥīla dargestellt, die als Alternative zur umstrittenen Strafklausel, daß der Bürge bei Nichterfüllung ein bestimmtes Bußgeld bezahlen soll, fungiert. Diese Strafklausel ist nach Šaybānī nichtig, so daß sich der Bürge bei der Nichterfüllung lediglich zur Übergabe der Person des Schuldners verpflichtet, während er nach Abū Ḥanīfa (und Abū Yūsuf, nach Saraḫsī; er soll seine erste, mit Šaybānī übereinstimmende Ansicht geändert haben, obwohl ŠḪ darüber nicht informiert sind) neben der bestehenden Bürgschaftshaftung für das Erscheinen anstatt des Bußgeldes für die Schuld haftet.[528] Unsere Frage bezieht sich jedoch darauf, wann und wie der persönliche Bürge von der Übergabepflicht befreit werden kann, zumal im obengenannten Bürgschaftsvertrag die Erfüllung der persönlichen Bürgschaft für die Befreiung von der Schuld vorausgesetzt wird. Theoretisch wird

[527] In die originalen Stelle springt die erste Person ein: „..das trage ich.“

[528] Š 8/28-30. Ḫ 43/9-10, 70/29-31. Saraḫsī, *Mabsūṭ*, XIX 176-78. Cf. Šaybānī, *Ṣaġīr*, 369-70.

der persönliche Bürge lediglich durch die unmittelbare Übergabe an die Person des Gläubigers befreit, die zwar in Art und Weise erfolgen muß, daß das Ziel des Gläubigers, dem Schuldner gegenüber höchstpersönlich die Forderung geltend zu machen, ohne faktische Schwierigkeiten (z. B. in einem abgelegenen Ort, wo Fluchtgefahr besteht) erreicht werden kann. In dieser Hinsicht ist die Übergabe des Schuldners an einen Stellvertreter des Gläubigers, wenn dieser auch sein Prozeßvertreter wäre, der ihn an seinen Mandanten weitergeben soll, nicht ausreichend, es sei denn, daß der Bürge mit dem Stellvertreter den Vertrag geschlossen hat.[529] Diese Auffassung wäre jedoch nicht zweckmäßig, denn die persönliche Bürgschaft erzielt die Sicherung der Verfolgungsmöglichkeit des Schuldners, die durch seine Übergabe an den Vertreter des Gläubigers bereits erfolgen soll, und das ist wohl der Gedanke, der dem genannten *fatwā* zugrunde liegt.

Die letzte Bemerkung des Abū'l-Layṯ könnte heißen, daß der Richter, wenn man sich diesem *fatwā* zufolge an ihn wendet, das Gesuch zurückweisen kann, weil es sich dort um eine nach der Rechtsanwendung der ḥanafitischen Schule minderwertige Ansicht handelt, die von der authentischen Lehre abweicht. Gleichzeitig weist er aber darauf hin, daß, insofern es eine Überlieferung gibt, die, wenn auch schwach, im Rahmen der Schullehre bleibt, sich der Richter darauf stützen soll, denn der Jurist findet es „gut". Anscheinend neigt Abū'l-Layṯ wegen deren Zweckmäßigkeit selbst zu dieser Abū Yūsuf zugeschriebenen Ansicht. Die Überlieferung, sofern solche existiert, wird als Stütze des Arguments zitiert, wobei ihre Schwäche keine wesentliche Rolle spielt. Abū'l-Layṯ scheint in Hinblick auf die Praxis mit der großen Wahrscheinlichkeit gerechnet zu haben, daß der Richter dies und ähnliches nicht als traditionsbewußter Ḥanafiter, sondern in seiner Eigenschaft als Rechtsorgan im speziellen sowie allgemeinen Interesse ausführen werde, wie in **b.** § 3 behandelt wird. In der Tat reflektiert sich in der Ḥiyal-Literatur die Praxis, daß der Richter im Interesse der Betroffenen agiert und daß ihm in diesem Zusammenhang ziemlich freies Ermessen zusteht. Seine Verfügungen in diesem Rahmen stellen unsere Autoren als Ḥiyal dar.

Die *fatāwā* waren auf diese Weise ein vitales Instrument, durch das sich die Ḥiyal, wie die islamische Jurisprudenz überhaupt, entwickelten und Anwendung fanden. Die Ḥiyal-Literatur richtet sich an die *muftī*s und enthält z. T. auch ihre *fatwā*. Eben deshalb geht es aber ferner darum, wie die dort vertretenen einzelnen Ansichten sich praktisch durchsetzen können. Darüber würden die *muftī*s die Betroffenen ggf. auch informieren, wie in der Ḥiyal-Literatur angegeben: Sie mögen sich an denjenigen Richter wenden, der ihre Ansichten vertritt.

---

[529] Saraḫsī, *ibid.*, XX 10. Cf. Vom Stellvertreter sind der Testamentsvollstrecker bzw. die Erben des inzwischen verstorbenen Gläubigers zu unterscheiden. *Ibid.*, XIX 175-76, 185-86. Cf. Ḫaṣṣāf, *Adab*, § 123/235-36.

b. Der Richter (*qāḍī*) und sein Urteil (*qaḍā*)

In der Tat spielen die Richter und ihre Urteile in der Ḥiyal-Literatur eine erhebliche Rolle. Dies zeigt sich in drei Punkten: Erstens, wie bereits erwähnt, muß die juristische Autorität eines Gerichtsurteils in Betracht gezogen werden, die einzelne Ḥiyal sanktioniert und somit den Betroffenen ihre Rechtssicherheit verschafft. Zweitens verpflichten sich die Richter als Justizvertreter andererseits zur Verhütung der Umgehungen, die von den Parteien unternommen werden können, insofern in der Ḥiyal-Literatur davon die Rede ist. Drittens, wie ebenfalls bereits erwähnt, werden die richterlichen Verfügungen im Interesse der Betroffenen als Ḥiyal betrachtet. In diesem Zusammenhang sind H̱ und Ǧ aufschlußreich. Insbesondere beweist H̱ seine Originalität und Bedeutung in praktischer Hinsicht mit den Beispielen, die Š nicht enthält. Daraus geht hervor, daß sich in der Praxis Abū Ḥanīfas Ansichten oft gegen die seiner beiden Schüler nicht behaupten konnten.

§ 1 Autorität des Gerichtsurteils zur Sicherung der Ḥiyal

Die Problematik der Autorität eines Gerichtsurteils (*qaḍā* bzw. *ḥukm*), die in der religiösen sowie formaljuristischen Verbindlichkeit eines „falschen" Urteils für die Betroffenen zum Ausdruck kommt, wurde bereits im Vorangehenden z. T. erwähnt. Zusammengefaßt kommt zuerst die Natur des Streitpunktes, faktisch oder juristisch, in Betracht. Wenn ein Urteil in der Feststellung der Tatsache, z. B. aufgrund ein falschen Zeugnisses, irrt, ist die Mehrheit der Juristen darüber einig, daß es auf der religiösen Ebene nicht verbindlich sei, während Abū Ḥanīfa ihm sowohl religiöse wie auch juristische Verbindlichkeit zuspricht (**II. 1.**). Andererseits behaupten die Ḥanafiten, die jedem dafür qualifizierten Juristen (*muǧtahid*) das Bestreben, sein eigenes Urteil zu bilden (*iǧtihād*), einräumen (*muǧtahadāt*), in bezug auf umstrittene Fälle die absolute Verbindlichkeit des Urteils sowohl für die Privaten wie auch für die andersdenkenden *muǧtahid*s. Für die letzteren bildet das Urteil eine wichtige Ausnahme von der Maxime, daß jeder *muǧtahid* recht hat (*kull muǧtahid muṣīb*), so daß ihre *iǧtihād* wechselseitig nicht annulliert werden. Die Regel gilt nur für die Urteile gegeneinander (oben **1. a.** 8.). Während nach den Ḥanafiten das Urteil seine Gewalt, einen privaten *iǧtihād* zu annullieren, der politischen Autorität des Kalifen verdankt, stammt sie in der šāfiʿītischen sowie späteren mālikītischen Lehre von Gott, der solche Fälle durch die Rechtsprechung regeln läßt, ohne dafür eine bestimmte Vorschrift zu erlassen.[530]

Gerade diese Ranggleichheit der Urteile führt ferner zur Anerkennung der Autorität eines Urteils, nämlich seiner Rechtskraft, die in den juristischen Texten

[530] Johansen, "Truth and Validity", 7-9.

als Frage der Kompetenz des Richters selbst, seines Amtsnachfolgers bzw. eines Revisionsrichters für seine Aufhebung diskutiert wird. Ein „falsches“ Urteil eines qualifizierten Richters kann zwar zurückgenommen oder aufgehoben werden, aber die Fehler in der Tatsache werden ausgeschlossen. So kommen lediglich die juristischen Fehler in Betracht. Was für einen juristischen Fehler die Aufhebung/Zurücknahme eines Urteils begründet, ist umstritten: Für die Ḥanbaliten und Šāfiʿī ist es der Verstoß gegen einen klaren Text (den Koran, die Sunna und die Übereinstimmung der Juristen).[531] Nach Abū Ḥanīfa und Mālik geht es um den Verstoß gegen die Übereinstimmung, wobei sie in Sachen der *muǧtahadāt* die Rechtskraft des Urteils derart rigid festhalten, daß der Richter selbst sein eigenes Urteil nicht zurücknehmen soll, auch wenn er dafür nachher eine bessere Lösung findet oder wenn es auf einer anderen Ansicht als seiner basiert, da sein Urteil recht hat.[532] Der Umfang der *muǧtahadāt*, also die Feststellung einer zählenden Übereinstimmung, ist jedoch auch nicht definitiv.[533] Was die Ḥanafiten angeht, betrachtet Ḫaṣṣāf einen Fall als *muǧtahad*, in dem die Ansicht des Richters außerhalb der Schule Vertreter (meist mit Anspielung auf die Šāfiʿīten) findet, auch wenn sie eine grundlegende Abweichung von der innerhalb der Schule allgemein anerkannten Lehre darstellt. Der andersdenkende Nachfolger/Revisionsrichter darf es nicht aufheben, weil es an sich keinen juristischen Fehler darstellt. Wenn er jedoch die Aufhebung wagt und das zweite Urteil fällt, verpflichtet sich der dritte Richter, das zweite aufzuheben und das erste zu vollstrecken, weil ein umstrittener Fall als einem unumstrittenen ähnlich, also als Übereinstimmung gilt, sofern ein Urteil darüber gefällt wird, so daß der zweite Richter das beurteilt hat, was er eigentlich nicht mehr beurteilen darf.[534] Es kann jedoch von Bedeutung sein, ob die beiden Richter gleicher Schule sind oder nicht. Ḫaṣṣāf setzt zumindest für die Revision den Unterschied der Schulen zwischen den beiden voraus, so daß ein ḥanafitische Revisionsrichter das Urteil des Šāfiʿīten vollstrecken muß, oder besser, daß er in diesem Zusammenhang von der Lehre seiner Schule abweichen *darf*, während bei Abūʾl-Layṯ der zweite Richter sowieso ein Ḥanafit, der erste ein Šāfiʿīt ist.[535] Die Frage stellt sich nämlich, ob selbst zwischen den ḥanafitischen Richtern einem von der einhelligen Ansicht der Schule abweichenden Urteil solche Rechtskraft zuerkannt wird. Zu berücksichtigen ist dabei die historische Bedingung, daß, ist eine bestimmte Schule in einem Ort dominant, die dort dominanten Ansichten das einzig anzuwendende Recht darstellen sollen.[536] Die Rechtskraft eines Urteils, die ein zweites ausschließt, würde sich dann auf den Fall beschränken, daß die beiden Richter unterschiedlicher Schulen sind.

---

[531] Ḫiraqī, *Muḫtaṣar*, 227, dazu Ibn Qudāmạ, *Muġnī*, IX 56-57. Cf. Powers, “On judicial review in Islamic law“, *Law and Society Review*, 26/2 (1992), 320-24.

[532] Ḫaṣṣāf, § 417-18. Saḥnūn, *Mudawwana*, V 144. Ibn Qudāma, *ibid.*, 56.

[533] Tyan, “L'autorité de la chose jugeé en droit Musulman“, *Studia Islamica*, 17 (1962), 81-86.

[534] Ḫaṣṣāf, *Adab*, § 320, 386.

[535] Abūʾl-Layṯ, *Ḫizāna*, 403-5.

[536] Tyan, *ibid.*, 86.

Darauf deutet die Ḥiyal-Literatur dort hin, wo die Rechtssicherheit der Betroffenen in Sachen der *muǧtahadāt* auf der Basis eines Urteils aufgebaut wird: Die einfachste Ḥīla für die *muzāraʿa* (cf. P 23) z. B., die nach Abū Ḥanīfa ungültig ist, wäre, daß die Vertragsparteien eine fiktive Streitigkeit aus ihrer Obligation vor einen Richter bringen, der nach Abū Yūsuf und Šaybānī diesen Vertrag an sich für gültig hält, so daß die *muzāraʿa* im Urteil für verbindend erklärt wird, denn sie ist dann gültig, wenn ein Richter (*qāḍī*) darüber ein Urteil verkündet.[537] Zu bemerken ist H̱alwānīs Kommentar, daß H̱aṣṣāf auf einen offiziellen Richter hinweist, so daß das Urteil eines Schiedsrichters (*ḥakam*) nicht gelten würde.[538] Dasselbe betont H̱aṣṣāf in einigen anderen Fällen, über die ebenfalls die Schulmeister nicht einig sind, noch ausdrücklicher mit der Formulierung: „irgendein Richter der Moslems" (*qāḍī min quḍāt al-muslimīn*).[539] Zu bemerken ist noch, daß man oft auf eine fiktive Streitigkeit wie im obigen Fall zurückgreift, um eine günstigere Rechtslage zu schaffen oder ein unbeweisbares Recht zu bestätigen, wie unten erwähnt. Jedenfalls ist der Fall ein einziges Beispiel für diese einfache Methode bei H̱, das bei Š jedoch fehlt. In diesem Zusammenhang kommt in Betracht, daß ŠH̱ im allgemeinen den Meinungsunterschied zwischen den ḥanafitischen Meistern — neben Abū Ḥanīfa, Abū Yūsuf und Šaybānī werden noch Ibn Abī Laylā sowie weniger oft Zufar erwähnt — dann ins Visier faßt, wenn viele Ḥiyal so aufgebaut werden, daß sie bei jedem Richter Anerkennung finden können.[540] Insofern zur Zeit der beiden Autoren auch praktisch die ḥanafitischen Richter allein in Betracht kamen, sollte man mit großer Wahrscheinlichkeit damit rechnen, daß sie in erster Linie die Lehre des Abū Ḥanīfa befolgen, wenn er von den Ansichten seiner beiden Schüler abweicht. In dieser Situation mag diese Methode nicht unbedingt anwendbar gewesen sein. H̱ läßt vermuten, daß in bezug auf die *muzāraʿa* jedoch das absolute Verbot des Abū Ḥanīfa angesichts eines großen Bedarfs sowie einer bereits weithin verbreiteten Praxis von der Mehrheit der Ḥanafiten nicht vertreten wurde. Andererseits macht H̱ in bezug auf P 128 (s. unten § 3) deutlich, daß sich eine Verfügung des Richters, nämlich die Quasi-Entmündigung, die Abū Ḥanīfa überhaupt nicht zuläßt, kraft seines Erklärungsurteils durchsetzt; ʿA deutet jedoch darauf hin, daß diese Ansicht praktisch als isoliert betrachtet werden kann.

Über die Zufluchtnahme der Betroffenen zu dem für sie günstigsten Richter ist bei Ǧ häufiger die Rede. Ferner fügt ʿA den Ḥiyal bei H̱ in bezug auf einen Todkranken, der seine Schuld bei einem Erben anerkennen will (P 62), diese Ḥīla hinzu: Er soll sich an einen Richter wenden, der sein Schuldanerkenntnis für gültig erklären wird, weil ein Urteil über die *muǧtahadāt* eine fiktive Übereinstimmung darüber mit sich bringt. ʿA weist jedoch darauf hin, daß der Richter ein Šāfiʿīt sein wird, denn die ḥanafitischen Schulmeister sind über die

537 H̱ 19/41.
538 ʿA 431-32.
539 H̱ 11/29, 31, 9/9, 30/1.
540 H̱ 4/18 (22/13), 35/8-9, 44/5-6 (71/13-14).

Ungültigkeit dieses Anerkenntnisses einig.[541] Ebenfalls spricht Ǧ auch von dieser Ḥīla in bezug auf die Fragen, die in den ḥanafitischen Texten auf die gegenteiligen Ansichten des Šāfiʿī bezogen werden, wie die Verpfändung eines ungeteilten Gemeingutes, die nach einhelliger Ansicht der Schule nicht zustande kommt, sowie auf die Scheidung eines Betrunkenen, die nach Ansicht der Ḥanafiten wirksam ist.[542] Dies weist darauf hin, daß sich Betroffene, denen mehrere Auswahlmöglichkeiten zur Verfügung standen, beliebig an eine bestimmte Schule anschlossen und jeweils den günstigsten Gerichtsstand aussuchten. Der Meinungsunterschied der konsultierten Richter ist nicht nur im materiellen Recht von Bedeutung, sondern auch im Prozeßrecht, weil bereits über die Formeln des beim Mangel an belastenden Zeugen dem Angeklagten auferlegten Eides, die je nach der Natur der Klage bestimmte Elemente abstreiten sollen, Uneinigkeit besteht, so daß sich jede Partei möglichst an einen Richter zu wenden versucht, bei dem sie der Verfolgung des Gegners entkommen oder dessen Verteidigung sie zu Fall bringen kann.[543] Der Beklagte, der aus gutem Grund eine Ḥīla sucht, aber sich vor Gericht mit einem belastenden Eid konfrontiert findet, wird als „Unterdrückter (*maẓlūm*)" erachtet, der durch einen geheimen Vorbehalt seinen Eid umgehen darf (cf. **II. 2.**).

Genau genommen, basiert ein rechtskräftiges Urteil auf dem durch den Kläger beigebrachten Zeugenbeweis, während ein obsiegendes Urteil für den Beklagten in dem Sinne als provisorisch gilt, daß es eine künftige Verfolgung des Klägers mit einem Zeugenbeweis nicht ausschließt. Gleichzeitig bedeutet das jedoch, daß der Kläger dem Beklagten für denselben Fall keinen Eid mehr auferlegen kann, weil eines der alternativen Rechte des Klägers entweder auf die Beweisführung oder auf den Eid des Beklagten bereits ausgeübt wird. Folglich kann der Beklagte eine Einrede, wahr oder nicht, erheben, daß er bereits vor einem Richter gegen dieselbe Klage den Eid geleistet habe, und kann seinerseits dem Kläger einen Eid auferlegen, daß er ihn nie gegen seine Klage schwören ließ, in der Hoffnung, daß dieser den Eid verweigert.[544] In diesem Sinne kann es in einer Ḥīla, die auf Treu und Glauben der Beteiligten angewiesen ist, vorkommen, daß eine Partei vor Zeugen ihren künftigen Verfolger anerkennen läßt, daß er sie wegen der Sache bereits verklagt habe, wogegen sie vor einem offiziellen Richter den Eid geleistet habe, insofern sicher ist, daß keine Zeugen auftauchen würden.[545]

Nach Ǧ scheint die Praxis weit verbreitet gewesen zu sein, so daß man auf diese Weise in einer Urkunde ein bereits darüber gefälltes Urteil vermerkt, wobei das genannte Urteil meist fiktiv ist. Darauf weist Ǧ mit den Worten hin: „Die Ḥīla dafür besteht darin, daß, wenn möglich, ein Richter das Urteil darüber fällt und es am Ende der Urkunde vermerkt", während es ansonsten im Anerkenntnis allein

---

541 ʿA 434.
542 Ǧ 9/10, 26/1b. Cf. Samarqandī, *Tuḥfa*, II 268-69, III 36.
543 Ḫ 25/4, 53/1 ff, 44/11-14.
544 Cf. Ḫaṣṣāf, *Adab*, § 188, 190.
545 Ḫ 11/29.

existieren soll.[546] Ebenfalls erwähnt H̱ solch ein Anerkenntnis mit der Bemerkung: „... obwohl es etwas von Lüge in sich hat."[547]

§ 2 Ḥiyal in der Prozeßleitung des Richters; Abwehr und Anwendung

H̱aṣṣāf, selbst Autor eines *K. al-ḥiyal*, warnt die Richter dennoch in seinem *Adab al-qāḍī* mehrfach vor Ḥiyal durch die Prozeßparteien und verpflichtet sie zu einer umsichtigen Prozeßleitung, die alle mögliche Umgehungen ausschließt. So soll er in einer Eigentumsklage an einer unbeweglichen Sache gegen einen Besitzer, selbst wenn dieser geständig ist, sowohl bei der Klageerhebung wie auch bei der Beweisführung die Beweislast in bezug auf den augenblicklichen Besitz des Beklagten auf den Kläger legen, denn es kann eine Ḥīla der beiden sein, die im Unwissen des wahren Eigentümers eine Streitigkeit inszenieren, um ihm das Vermögen wegzunehmen.[548] Bei einer Bevollmächtigung vor Gericht soll der Richter den Mandanten mit Gesicht, Vollnamen und Herkunft identifizieren, weil sonst die Gefahr der Ḥīla besteht, daß er durch den Bevollmächtigten die Schuldner eines Gleichnamigen verfolgen läßt.[549] Wenn er auf Antrag eines Berechtigten seine Zeugen gegen einen Abwesenden, der sich in einem anderen Gerichtsbezirk befindet, dessen entfernte Lage die dortige Beweisführung erschwert, vor Ort vor Zeugen anhört und mit ihnen das Zeugenprotokoll an den zuständigen Richter schickt, der die beiden Parteien vorlädt und mit der Vernehmung der Zeugen für das Protokoll des originären Zeugnisses dem Kläger sein Recht zuspricht (sog. *kitāb al-qāḍī ilā al-qāḍī*, das ähnlich wie *šahāda ʿalā šahāda*, d. h. die Zeugenaussage vom Hörensagen, sowie nach Ansicht der Ḥanafiten als Ausnahme von der Anwesenheit des Beklagten bei der Zeugenvernehmung unter zahlreichen Bedingungen zugelassen wird),[550] soll er, falls der Begünstigte den Verlust der Urkunde behauptet und ihn um eine neue ersucht, diesen Sachverhalt in der zweiten Urkunde vermerken, weil das Vortäuschen des Verlustes dessen Ḥīla sein könnte, mit deren Hilfe er seinen Anspruch zweimal geltend macht.[551]

Entsprechend sind in der Ḥiyal-Literatur zahlreiche Umgehungen des Beklagten vor Gericht zu finden, die sich auf die Passivlegitimation und den Eid, der ihm bei einem Mangel an Belastungszeugen vom Kläger auferlegt wird, beziehen.

---

[546] Ǧ 5/1, cf. 16/3 ("Richter oder selbst"). Andere Beispiele, 8/8c, 8e. 9/4, 10, 30b. 13/1. 16/5c. 39/1c, 3, 13

[547] H̱ 43/8. Dazu Š 8/15.

[548] H̱aṣṣāf, *Adab*, § 170, 441.

[549] *Ibid.*, § 588.

[550] *Ibid.*, § 474-533.

[551] *Ibid.*, § 483.

Die erste Kategorie ist nach Ǧ mit dem Namen „der fünffache Fall (*al-mas'ala al-muḫammasa*)“ bekannt, weil es darüber fünf verschiedene von Juristen vertretene Ansichten geben soll:[552] Wenn der Besitzer gegen eine unbeschränkte Eigentumsklage, in der keine Ursache genannt wird, seinerseits nicht sein Eigentum am Streitobjekt, sondern seinen Besitztitel behauptet und dafür Zeugen beibringt, hat er keine Passivlegitimation. Er braucht nur nach einhelliger Ansicht der ḥanafitischen Schulgründer die Ursache eines Besitzübergangs von seiten eines Dritten an ihn - rechtmäßig (Miete, Verwahrung, Pfand) oder unrechtmäßig (z. B. Usurpation) - zu beweisen, während nach Ibn Abī Laylā eine bloße Einrede ohne Zeugen genügt. In einer beschränkten Eigentumsklage, in der der Kläger z. B. seinen Kauf des Objekts von einem Dritten behauptet, kann der Besitzer mit der Einrede, daß dieser das Objekt bei ihm deponiert habe, von sich die Passivlegitimation abwenden.[553] Die Schulgründer sind jedoch darüber nicht einig, in welchem Maße der Dritte, auf den der Besitzer die Passivlegitimation von sich abwälzen will, identifiziert werden soll. Nach Abū Ḥanīfa müssen ihn die Zeugen nicht beim Namen kennen, während nach Šaybānī sie seinen Vollnamen mit seiner Herkunft angeben müssen. Abū Yūsuf überläßt dies dem Ermessen des Richters und seiner freien Beweiswürdigung, so daß, verdächtigt er den Besitzer einer Ḥīla, seine Zeugen abgelehnt werden sollen.[554] In der Tat verwendet Ḫ diesen „fünffachen Fall“ als Ḥīla für denjenigen, der, wohl aus gutem Grund, eine künftige Vindikation befürchtet:

Ḫ 6/1 Ich sagte: „Jemand hat ein Grundstück und ein Haus. Da er jedoch befürchtet, daß jemand ihn deswegen verklagt, will er der Anklage entkommen. Was wäre die Ḥīla dafür?“

Er sagte: „Wenn er sie vor Zeugen an einen bestimmten Menschen verkauft und dann der letztere sie ihm vor Zeugen übergibt und ihn zu ihrer Aufbewahrung bevollmächtigt, und falls dann jemand kommt, um ihm sie streitig zu machen, kommt zwischen ihm und diesem keine Streitigkeit zustande, wenn er zwei Zeugen für ihre Übergabe an ihn sowie seine Bevollmächtigung zu ihrer Aufbewahrung durch diesen Menschen beibringt.“

6/3 Ich sagte: „Gilt das auch, wenn dieser Mensch sie bei ihm verpfändet und vor Zeugen an ihn übergibt?“

Er sagte: „Ja, es gibt keine Streitigkeit zwischen ihm und demjenigen, der ihn verklagt.“

6/4 Ich sagte: „Gilt das auch, wenn dieser Mensch, der von seiner Seite geschickt wird (? sic.), sie ihm vermietet und vor Zeugen an ihn übergibt?“

---

552 Ǧ 22/8b.

553 Abū Yūsuf, *Iḫtilāf*, 58-59. Samarqandī, *Ḫizāna*, 381-82. Ǧ 22/9-9b. Šaybānī, *Ṣaġīr*, 385-86 sowie *Kabīr*, 109-10.

554 Ḫaṣṣāf, *Adab*, § 472. Abū Yūsuf, *ibid.*. Ǧ 22/9.

Er sagte: „Ja. Nötig ist lediglich, daß die Zeugen zu seinen Gunsten aussagen, daß dieser Mensch die Sache an ihn übergeben hat und daß sie von seiten dieses Menschen in einer anderen Art und Weise als der Eigentumsübertragung von diesem in seinen Besitz genommen wurde. Wenn so, besteht zwischen ihm und niemandem eine Streitigkeit."

Ǧ bringt dem Kläger, der solch eine Ḥila des Besitzers abwehren will, die Lehre bei, daß, beschuldigt er den Besitzer der Usurpation oder des Diebstahls von ihm selbst, der letztere mit dem Zeugenbeweis für seinen Besitzerwerb vom Dritten die Passivlegitimation nicht von sich abwenden kann.[555]

Die zweite Kategorie wird in die Umgehung der Eidespflicht und die Umgehung des Eides an sich eingeteilt. Hier wird im Zusammenhang mit der Prozeßleitung des Richters die letztere erwähnt, vor der als *„taʾwīl"* H̱aṣṣāf die Richter des Beklagten warnt, während davon auch in ŠH̱ viel die Rede ist. H̱aṣṣāf meint damit im negativen Sinne dieses Wortes eine „willkürliche Interpretation" des Beklagten, der mit dem Wortlaut des ihm auferlegten Eides etwas anderes meint, das er für sich behält. Da der geheime Vorbehalt unter Druck zulässig ist, muß der Richter - weil es davon abhängt, mit welchem Wortlaut er ihm den Eid auferlegt - darauf achten, daß der Beklagte auf diese Weise den wahren Rechtsinhaber nicht unterdrücken kann. So formuliert H̱aṣṣāf einen exemplarischen Eid, den der Richter dem Besitzer des Streitobjekts auferlegen soll, mit einem umsichtigen Wortlaut, der ungefähr so lautet: „Ich habe es nicht, auch keinen Teil davon, bei mir für ihn (*laysa lahu ʿindī*) und ihm auch nichts zu zahlen (*laysa lahu ʿalayya*)." Das Wort „ihm nichts zu zahlen", das auf eine Obligation bezogen wird, ist, auch wenn es sich um ein materielles Objekt handelt, in Hinblick auf die augenblickliche Möglichkeit erforderlich, daß sich der dingliche Anspruch durch den inzwischen unerwartet erfolgten Untergang des Objekts in den obligatorischen Anspruch auf seinen Marktwert verwandelt hat, weil ansonsten z. B. ein Usurpator, der es bereits konsumiert hat, die Aussage: „Ich habe es nicht bei mir" in seinem wortwörtlichen Sinne interpretieren und leicht schwören könnte. Ebenfalls setzt „überhaupt" den Fall voraus, daß der Beklagte am Streitobjekt Anteil hat; er würde dann den Eid: „Ich habe es nicht für ihn" unter dem geheimen Vorbehalt „nicht das Ganze" aussprechen.[556]

Dabei wird jedoch gleichzeitig ebenfalls das Interesse des Beklagten in Betracht gezogen. Auf diese Weise soll ein Eid möglichst auf eine abstrakte Obligation bezogen werden, nicht auf die ursprüngliche Tatsache, ob man sie getan hat oder nicht, denn auch wenn es stimmt, kann sie nachträglich erlöschen. So soll der Richter in einer Rückforderung eines Darlehens oder des Marktwertes eines untergegangenen Objekts der Usurpation den Beklagten nicht schwören lassen, daß er es nicht geborgen oder usurpiert habe, weil er es möglicherweise geborgen oder usurpiert, aber dann zurückgegeben oder einen Erlaß bekommen

---

[555] Ǧ 22/9d. Šaybānī, *Kabīr*, 110.
[556] H̱aṣṣāf, *Adab*, § 135-36.

hat. „Der Eid der entscheidenden Tatsache (*yamīn al-batt*)" belastet somit den Beklagten, der in diesem Fall entweder einen Meineid leisten oder den Eid verweigern muß, womit er geständig ist, es dem Kläger schuldig gewesen zu sein.[557] Es ist jedoch meistens der Fall, daß er die nachträgliche Ursache — Erfüllung, Erlaß, Aufschub usw. — nicht beweisen kann und daß sich der Kläger dies zunutze macht. Das Bestreiten der augenblicklichen Obligation erweist sich in der Tat als Ḥīla dafür (P 72). Abū Yūsuf spricht sich in bezug auf die Synallagmen für den Eid der Tatsache aus, so daß der Käufer/Verkäufer „nicht gekauft/verkauft" schwören soll, weil es dort um das Bestehen oder Nichtbestehen des Vertrags geht. Da jedoch auch dort das nachträgliche Erlöschen in Betracht kommt, schließt sich die Mehrheit der Ḥanafiten an al-Ḥasan b. Ziyād al-Luʾluʾī, auch Verfasser eines *Adab al-qāḍī* (**I. 2. b.**), an, der in dieser Hinsicht ein milderes Formular entwickelt, das das augenblickliche Fortbestehen berücksichtigt: „Im Moment besteht zwischen ihm und mir kein vollkommen abgeschlossener Kaufvertrag fort, den er für sich behauptet." Nach Ḫaṣṣāf soll der Richter diese Formel nur dann verwenden, wenn sich der Angeklagte vor dem Eid der Tatsache scheut, während al-Ḥasan gesagt haben soll, daß er ihn immer so schwören lassen würde.[558] Mālik ist gleicher Ansicht mit Abū Yūsuf: In bezug auf einen Käufer, der seinen Kauf bestreitet und schwören will, daß er dem Verkäufer nichts zu zahlen habe, meint Mālik, daß er schwören müsse, er habe es von ihm nicht gekauft, weil er sonst „*ilġāz*", d. h. eine mehrdeutige Sprache verwenden könnte.[559]

Wird dieses Formular auf die Ehe und Scheidung verwendet, so schwört der Mann gegen seine angeblich dreimal geschiedene Frau, sie sei keine endgültig Geschiedene, wie sie behaupte. Wenn er auch seine Scheidung an sich bestreiten soll, wird diese auf die im Augenblick nicht bestehende Ehe bezogen; er habe sie in der Ehe, die nach ihrer Behauptung bestanden haben soll, nie verstoßen.[560] Ebenfalls schwört der Angeklagte einer Tötung/Körperverletzung um das augenblickliche Nichtbestehen des Vergeltungsrechts des Anklägers sowie seiner Forderung aus diesem Grund (d. h. Blutgeld), ohne die Tat an sich abzustreiten. Nach Abū Yūsuf soll er jedoch bei einer fahrlässigen Tat, für die nicht er selbst, sondern sein blutrechtlicher Verband (*ʿāqila*) büßen muß, die Tat abstreiten, weil sich er ansonsten *taʾwīl* erlauben würde, daß er in der Tat nichts zu zahlen habe.[561]

Der Richter soll auf diese Weise im Interesse der beiden Parteien eine angemessene Prozeßleitung führen. Die obigen Verhaltensregeln sind aber darauf zurückzuführen, daß das, was der Beklagte schwören soll, dem freien Ermessen eines Richters überlassen wird, das ihm als solchem selbstverständlich mehr oder

---

[557] Ḫaṣṣāf, *Adab*, § 136.
[558] Ḫaṣṣāf, *Adab*, § 140-41. ʿU 1090-91.
[559] Saḥnūn, *Mudawwana*, V 198.
[560] Ḫaṣṣāf, *Adab*, § 142-43. ʿU 1092.
[561] Ḫaṣṣāf, *Adab*, § 144-46. ʿU 1094.

weniger zusteht. Sein prozessuales Verhalten war für die Betroffenen wohl weniger voraussehbar als seine materiellrechtliche Ansicht über den Fall. Dazu kommt manchmal auch, daß der Ankläger, der sich im Recht auskennt — wahrscheinlich ein Prozeßvertreter —, die Initiative ergreift und dem Richter einen Eid vorschlägt, der sich als Suggestivfrage erweist und den Beklagten in die Enge drängt, wie aus H̲ 52/17 gleich unten zu sehen sein wird.[562] Gerade deshalb tritt in der Ḥiyal-Literatur der Richter, selbst oder mittels des schlauen Klägers, oft als „Unterdrücker" auf, gegen den der geheime Vorbehalt des Beklagten zugelassen wird:

H̲ 53/1 Ich sagte: „Was meinst du dazu: Jemand hat von jemandem ein Haus oder ein Grundstück oder etwas anderes gekauft, und dann wurde der Kauf zwischen ihnen durch eine einverständliche Rückgängigmachung usw. aufgehoben, aber dann hat der Verkäufer den Käufer dahingehend verklagt, daß er es von ihm gekauft habe und ihn vor einen Richter gebracht, der meint, daß er ihn schwören läßt: ‚Bei Gott habe ich es von ihm nicht gekauft.' Der Verkäufer unterdrückt ihn mit dieser Klage."

Er sagte: „Er soll schwören, daß bei Gott er dieses Grundstück für 1000 Dīnāre von ihm gekauft habe, womit er meint, daß er es nicht in Jemen/Mekka/Medina/irgendeinem muslimischen Land außer dem Vertragsort gekauft hat."

H̲ 52/16 (31/1) Ich sagte: „Ein Mann hat seine Frau dreimal verstoßen, es jedoch bestritten, denn er will mit ihr die Ehe fortsetzen."

Er sagte: „Sie soll die [augenblickliche] Ehe abstreiten, ohne zu sagen: ‚Ich war seine Frau, aber er hat mich verstoßen.' Denn erkennt sie es (die vergangene Ehe) an, macht der Richter die Ehe für sie verbindlich und verpflichtet sie dazu, die angebliche Scheidung zu beweisen."

52/17 (31/2-4) Ich sagte: „Aber falls sie ein Kind von ihm hat und er zum Richter sagt: ‚Laß sie bei Gott schwören, daß weder sie meine Frau noch dieses mein Sohn ist!', wobei er sie mit seiner Klage, daß sie seine Frau sei, unterdrückt?"

Er sagte: „Die Ḥīla dafür wäre: Wenn er sie mit der Beschuldigung der Unzucht belastet hat, dann soll sie für ihn schwören. Wenn also der Richter zu ihr sagt: ‚Sag: Bei Gott...(*wa-Allahi*)', sagt sie mit *hā'* vor *wāw*: ‚Er ist Gott (*huwa Allāh*)', ohne daß der Richter es bemerkt. Wenn sie so sagt, hat sie keine Schuld daran."

H̲ 52/18 Ich sagte: „Was meinst dazu: Der Mann hatte sie dreimal verstoßen und sie hatte dann, da ihre Wartezeit von ihm abgelaufen war, einen anderen geheiratet und der letztere hatte die Ehe vollzogen, dann kam sie zu ihm (dem Exmann) zurück, da er sie wieder geheiratet hat. Daraufhin erhob sie gegen ihn die Klage, daß er sie dreimal verstoßen habe, womit sie

[562] Solche Initiative des Anklägers zeigt sich auch in H̲ 23/12-15, 29/3.

die Scheidung meint, die einst von ihm zustande gebracht worden war, und brachte ihn vor einen Richter, der meint, daß er ihn schwören lassen solle, daß er sie nicht dreimal verstoßen habe, ohne ihn so schwören zu lassen: ‚Bei Gott ist sie keine von mir dreimal Geschiedene, wie sie behauptet.'?"
Er sagte: „Er soll für sie schwören, daß er sie nicht dreimal verstoßen habe, wie sie behauptet, womit er ‚in dieser Ehe, in der er sie zuletzt geheiratet hat' meint. Dann gilt das, was er meint, und er begeht keine Sünde mit seinem Eid."

H̱ 53/1 ist ein typisches Beispiel für den geheimen Vorbehalt, und dasselbe gilt auch im gegenteiligen Fall, in dem der Käufer „Unterdrücker" ist (H̱ 53/3). H̱ 52/16 deutet darauf hin, daß die Frau das Formular des Ḥasan b. Ziyād al-Luʾluʾī verwenden soll, wenn der Richter nichts dagegen hat. In H̱ 52/18 belastet der Richter den Mann mit einem tatsachenbezogenen Eid, zu dem der Mann heimlich das hinzufügen soll, worum sich der Richter eigentlich kümmern sollte, so daß das Ganze in den Bereich des Ḥasan-Formulars fällt.

Aber der Beklagte kann seinerseits auch aus der Defensive zur Offensive übergehen. Das islamische Prozeßsystem wird durch die wechselnden Rollen beider Parteien charakterisiert, die mit ihrer Behauptung eines neuen Elements einen Nebenprozeß einleiten können, in dem sie als Kläger gelten.[563] In diesem Zusammenhang kann der Beklagte die Initiative ergreifen und von dem Richter fordern, dem Kläger eine Suggestivfrage zu stellen. Diese Technik ist auch eine wichtige Ḥīla, insbesondere für den Angeklagten, der unter Druck steht:

Ğ 29/31 [Gefragt] nach einem Mann, der seine Frau dazu gezwungen hat, ihm ihre Brautgabe von ihm zu schenken: Ist es für sie erlaubt, [vor Gericht] zu schwören, daß sie nie geschenkt habe? ... Abūʾl-Layṯ sagte: „Die Frau soll zum Richter sagen: ‚Frag ihn, ob er eine Schenkung ohne Zwang oder mit Zwang behauptet.' Wenn er [dennoch] eine freiwillige Schenkung behauptet, dann kann sie schwören, daß sie ihm die Gabe nicht freiwillig geschenkt hat."[564]

Eine angemessene Prozeßleitung fordert vom Richter, seinerseits den Betroffenen eine gewisse „Ḥīla" zu verschaffen. Dies zeigt sich auch im folgenden Beispiel:

Ğ 22/14 Wenn die Frau den Ehemann vor den Richter bringt und die Ehe behauptet, während der Mann die Ehe abstreitet und der Richter nach der

[563] Cf. Schacht, Anm. zu Q I 17, IV 23, V 10, 19.
[564] Siehe auch H̱ 15/5 (zu P 67).

Ansicht derjenigen, die es vertreten,[565] ihn das Abstreiten bei Gott schwören läßt, ist das keine Scheidung. Wenn sie aber dann ihm entkommen will, besteht die Ḥīla dafür darin, daß der Richter nach der Vereidigung des Mannes erklärt: „Ich scheide euch." — So sagte Muḥammad b. Azhar.[566]

22/14b Eine andere Ḥīla wäre es, daß der Richter zu ihm sagt: „Wenn sie deine Frau gewesen wäre, dann ist sie bereits geschieden!", worauf der Mann mit „Ja!" antwortet. Wenn er so sagt, kann sie ihm entkommen. — So tradiert Bišr b. al-Walīd (238/852) von Abū Yūsuf. Aus *Al-fatāwā*.

Dies ist auf den bereits erwähnten Fall, in dem die Ehe oder Scheidung auf der Basis eines falschen Zeugenbeweises vor Gericht bestätigt wird, und auf die damit verbundene Frage der Verbindlichkeit des Urteils auf religiöser Ebene zurückzuführen (**II. 1.**). Zumindest im obigen Fall ist für den Richter sicher, daß die eine Partei lügt. — Der Fall an sich deutet auf die Lüge des Mannes hin, da es um die Rettung der Frau geht; insofern sie weiß, daß sie in der Tat seine Frau ist und daß er lügt, darf sie in *forum internum* keinen anderen heiraten. In einem Zweifelsfall wie diesem sollte der Richter das Recht nicht nur in *forum externum*, sondern auch in *forum internum* sprechen, so daß der Rechtsstreit für die Betroffenen in jeder Hinsicht geregelt wird. Die zweite Ḥīla wird in bezug auf die Frage des falschen Zeugenbeweises von Šāfiʿī vorgeschlagen, wie Johansen erwähnt. Aber Šāfiʿī war wohl nicht der einzige, der den Richter prozeßrechtlich dazu verpflichtet, wie er feststellt. Aus Ǧ 22/14b geht hervor, daß dasselbe im Mund des Abū Yūsuf auch bei den Ḥanafiten als Verhaltensregel des Richters erachtet wurde, obwohl es sich dort um eine nicht authentische Überlieferung handelt.[567]

§ 3 Verfügungen des Richters im Interesse der Betroffenen

Die ordentliche Funktion des Richters umfaßt sowohl die kontradiktorische Streitbeilegung, wie auch die freiwillige Gerichtsbarkeit, wie die Vormundschaft der Geschäftsunfähigen, die Vollstreckung der testamentarischen Verfügungen und die Vermögensverwaltung der Stiftungen, der besitzlosen oder aufgegebenen Sachen sowie die Aufgabe, im Interesse der Abwesenden zu handeln.[568] In der Ḥiyal-Literatur werden solche Verfügungen des Richters, die er im Rahmen seiner Funktion im Interesse der Betroffenen vollstreckt, als Ḥiyal dargestellt. In

[565] Das bedeutet die mehrheitliche Ansicht bei den Ḥanafiten gegen Abū Ḥanīfa, nach dem über die Ehe kein Eid auferlegt wird.

[566] Wohl M. b. al-Azhar Abū ʿAbdallāh al-Ḫurasānī (251/865 oder nach Abū l-Layṯ 278/892). Laknawī, 160.

[567] Johansen, "Truth and validity", 16-17. Šāfiʿī, *Umm*, VII 41.

[568] Tyan, *Histoire*, 357-359.

einigen Fällen wird ihnen einfach geraten, sich an den Richter zu wenden: Wenn zwei Testamentsvollstrecker, die als solche, ähnlich wie die Bevollmächtigten, in bezug auf die ihnen in Auftrag gegebenen Angelegenheiten zugunsten ihrer Mandanten nicht aussagen können, jedoch selbst Zeugen für die Forderungen des Verstorbenen sind, soll der Richter „die Ḥīla“ verwenden, daß er die beiden zunächst entläßt und zwei andere an ihrer Stelle ernennt, damit sie als Zeugen für den Anspruch der Erben aussagen können (P 78). Das Unterhaltsurteil, das der Ehefrau einen bestimmten Unterhalt zuweist, gilt für sie als Ḥīla, durch die sie ihren Anspruch darauf gegenüber dem Mann geltend machen kann.[569] Wenn man ohne Zustimmung seiner Gegenpartei einen Prozeßvertreter stellen will, soll man sich an den Richter wenden und bei ihm vor Zeugen jemanden dazu bevollmächtigen, so daß die gerichtliche Anerkennung die Einwände der Gegenpartei zurückweist.[570] Das wäre auch ein Beispiel dafür, daß die Praxis von Abū Ḥanīfa abweicht. Die Bestellung eines Vertreters wird nach Abū Ḥanīfa lediglich mit Zustimmung der Gegenpartei zulässig, während sie nach Abū Yūsuf und Šaybānī im Grunde jeder Partei freisteht. Angesichts der Tatsache, daß die Mitwirkung der professionellen Prozeßvertreter immer üblicher wurde, setzte sich in der Gerichtspraxis die Ansicht des Abū Ḥanīfa wohl nicht durch. Nach Ansicht der späteren Ḥanafiten kann der Richter - nach Abū Ḥanīfa selbst, dann von Amts wegen - einen Prozeßvertreter bestellen, wenn die Ablehnung der Gegenpartei einen Rechtsmißbrauch darstellen soll. Nach Abū Yūsuf und Šaybānī kann er umgekehrt ebenfalls dann die willkürlich erwählten Vertreter entlassen, wenn ihre Bestellung als prozeßbehindernd bzw. die Gegenpartei schädigend erachtet wird, ferner dann, wenn der Mandant selbst dreimal vor Gericht erscheint. Jedenfalls behält der Richter die Genehmigung der Prozeßvertretung.[571]

Dieselbe Frage stellt P 128 in bezug auf die Quasientmündigung (*ḥaǧar*), die nach Abū Ḥanīfa nicht vorkommen darf, sofern der Betroffene ein geistig gesunder Volljähriger im freien Stand ist:

> H̲ 8/1 Ich sagte: „Was meinst dazu: Jemand hat eine Forderung ohne Zeugen an jemanden, dann lehnt der Schuldner ab, ihm die Schuld anzuerkennen, es sei denn, daß er ihm eine Stundung gewähren würde, oder sagt: ‚Komm mit mir zu einem Vergleich.‘ So will der Gläubiger eine Ḥīla, so daß ihm der Schuldner die Schuld anerkennt, ohne daß seine Stundung sowie sein Vergleich gültig wird.“
>
> Er sagte: „Die Ḥīla dafür besteht darin, daß der Gläubiger vor Zeugen anerkennt: Die Forderung gehört einem anderen, dem er vertraut, und sie lautet lediglich auf seinen Namen, und er ist zu ihrem Empfang bevollmächtigt. Dann erscheinen der Begünstigte sowie der Anerkennende vor dem Richter, und der erste sagt zum Richter: ‚Ich habe im Namen

[569] Ǧ 25/14.
[570] Ǧ 18/1.
[571] Tyan, *Histoire*, 264-66.

dieses Mannes eine Forderung im Betrag von ×× an N. N. Wenn der letztere dies vor dem Richter anerkennt, sagt der Begünstigte zum Richter: ‚Verbiete diesem, diese Forderung zu empfangen sowie über sie zu verfügen, und entmündige ihn in diesen Angelegenheiten.' Der Richter wird das vor Zeugen zu seinen Gunsten erklären, dahingehend ... (Es folgt ein ausführliches Formular des Urteils). Als der Richter das tut, kommt der Titelgläubiger zum Schuldner und gewährt ihm eine Stundung oder kommt mit ihm zu einem Vergleich, wie er will, und der letztere soll in der Urkunde die Schuld voll anerkennen, damit sein Anspruch darauf zu beweisen ist. Als dies vor Zeugen anerkannt wird, tritt der Begünstigte auf, dem [vom Gläubiger] die Schuld voll zuerkannt wurde, um sie vom Schuldner zu fordern, und bringt den Zeugenbeweis für das Anerkenntnis des Titelgläubigers sowie das Urteil des Richters darüber bei, so daß er sie vindiziert. Sowohl der Vergleich wie auch die Stundung werden für nichtig erklärt, und die Forderung gehört dem Begünstigten."

H̱ 8/2 Ich sagte: „Aber wieso hältst du das für gültig zuungunsten des Schuldners?"

Er sagte: „Weil der Richter bereits ein Urteil dafür gefällt hat. Wenn also der Richter dafür ein Urteil fällt, gilt das zuungunsten des Schuldners ..."

H̱aṣṣāf erwähnt dann den Meinungsunterschied zwischen Abū Ḥanīfa, nach dem die Quasi-Entmündigung durch den Richter nichtig ist,[572] so daß die Verfügungen des Titelgläubigers über die Forderung, die er einem anderen bereits zuerkannt hat, wie vor der richterlichen Erklärung auf seinen Kosten wirksam sind, und Abū Yūsuf, der in seiner letzten Ansicht (er soll zuerst gleicher Ansicht mit Abū Ḥanīfa gewesen sein)[573] eine derartige Quasientmündigung für gültig hält, und Zufar, nach dem selbst ohne sie der Anerkennende über die Forderung nicht verfügen kann. Nach Abū Ḥanīfa kommt die Ḥīla nicht zustande, weil der Schuldner durch die Erfüllung an den Anerkennenden unter diesen günstigen Bedingungen, die er wollte, bereits befreit wird, so daß der Begünstigte auf den Anerkennenden Regreß nehmen soll, was aber ihrem Plan nicht entspricht, daß danach der erste dem letzteren, d. h. dem eigentlichen Gläubiger, alles zurückgibt. Nach Abū Yūsuf kann vor der Quasientmündigung der Anerkennende neben dem Begünstigten die Forderung empfangen, so daß der Schuldner dadurch befreit wird, aber sein Schuldenerlaß, seine Stundung sowie Schenkung der Forderung nicht wirksam sind. Mit anderen Worten vertreten Zufar in bezug auf den Umfang der wirksamen Verfügungen des Anerkennenden über das Objekt und Abū Ḥanīfa in bezug auf die Zulässigkeit der richterlichen Quasientmündigung jeweils eine extreme Ansicht. Insofern man auf Zufar nicht zurückgreift, kann der Anerkennende zumindest die Forderung empfangen und dadurch den Begünstigten schädigen, damit wird eine derartige Verfügung des Richters

---

572 Siehe H̱^{2} 19-20.

573 Ǧ 14/2. Saraḫsī, *Mabsūṭ*, XVIII 145-46.

begründet, wenn er darum ersucht wird. ʿA stellt aber diesen Fall, den „nicht Š sondern lediglich H̱ erwähnt", in Frage, dahingehend, daß der Richter dort über den Anerkennenden keine Quasientmündigung verhängen solle, weil sie zuungunsten des Schuldners wirke, der das Recht darauf habe, sowohl durch den Begünstigten wie auch den Anerkennenden von seiner Schuld ganz oder teilweise befreit zu werden, obwohl ʿA darauf hinweist, daß eine Ansicht wie die Abū Ḥanīfas jedoch in der Minderheit sei. Ǧ erwähnt ebenfalls diesen Meinungsunterschied: Nach Abū Yūsuf und Šaybānī haben die Gläubiger eines Schuldners während seiner Untersuchungshaft zur Feststellung seiner Vermögenslage dieselbe Ḥīla zu verwenden und den Richter um seine Quasientmündigung zu ersuchen, um möglichen Forderungsverletzungen Einhalt zu bieten. Der Richter kann ferner auf Antrag des Gläubigers dann das Vermögen des Quasientmündigten ohne seine Zustimmung liquidieren, sofern es von gleicher Kategorie wie die Forderung ist.[574] Für H̱aṣṣāf gehört dies zu den Aufgaben des Richters, der dazu verpflichtet ist, den Rechtsinhabern zu ihrer Rechtsverwirklichung zu verhelfen.[575] Ṭaḥāwī spricht sich ebenfalls dafür aus.[576] So scheint sich die Ansicht Abū Ḥanīfas auch in diesem Zusammenhang nicht in der Gerichtspraxis behauptet zu haben.

Der Bedarf einer bestimmten richterlichen Verfügung führt sogar zu einer Scheinstreitigkeit, wie in P 135:

H̱ 15/15 Ich sagte: „Jemand besitzt ein Grundstück/Haus als Pfand, während der Pfandgeber abwesend ist. Doch will er dies vor Gericht beweisen, damit sein Recht beurkundet sei, und das Urteil fällt, daß es sein Pfandbesitz ist."

Er sagte: „Die Methode dafür besteht darin, daß er jemanden dazu anstiftet, gegen ihn eine Eigentumsklage auf dieses Grundstück zu erheben und daß dieser den Pfandnehmer deswegen vor den Richter bringt. Wenn dann der Richter ihn nach der Klage dieses Mannes fragt, sagt er zum Richter: ‚Dieses Grundstück gehört N. N., der es für meine Forderung an ihn im Betrag von ×× verpfändet hat.' Dann wird der Richter fragen: ‚Hast du dafür deine Zeugen? Ansonsten werde ich dich zur Gegenpartei dieses Anklägers machen.' Dann bringt er seine Zeugen, und sie legen vor dem Richter das Zeugnis dafür ab. So wird der Richter das Urteil fällen, daß das Grundstück von N. N. bei ihm verpfändet wurde, und er wendet damit die Verfolgung des Anklägers von sich ab.

Wenn jemand sagen würde: ‚Aber wieso machst du mit diesem Zeugenbeweis das Pfandrecht für den Abwesenden verbindlich?', dann würde ich ihm so antworten, denn dieser Pfandnehmer kann die Verfolgung lediglich von sich abwenden, indem er die Verpfändung von seiten des

---

[574] Ǧ 14/2-2c.

[575] H̱aṣṣāf, *Adab*, § 274, 287, 291.

[576] Ṭaḥāwī, *Muḫtaṣar*, 95-97.

Abwesenden beweist. Meinst du etwa nicht, daß, behauptet jemand den Sklavenstand eines anderen, dahingehend: ‚Dieser ist mein Sklave', worauf der Angeklagte antwortet: ‚Ich war tatsächlich Sklave des N. N., aber dann hat er mich freigelassen', und dafür Zeugen beibringt, ich das Urteil für seine Freilassung von seiten des Abwesenden fällen, ihn für frei erklären und diesen Ankläger von ihm abhalten werde? ... In diesem Zusammenhang gibt es viele Dinge, die diesem oder jenem ähneln."

Der Streitpunkt ist das Urteil gegen den Abwesenden (*qaḍā ʿalā al-ġāʾib*), gegen das die Ḥanafiten eine starke Abneigung zeigen. Die Frage geht dahin, ob die Belastungszeugen gegen den abwesenden Angeklagten ohne Prozeßvertreter im Interesse des Anklägers vernommen werden, dessen Recht sonst schwer zu verwirklichen ist. Im Gegensatz zu Šāfiʿī, Mālik und der Mehrheit der Ḥanbaliten ist das nach Ansicht der Ḥanafiten mit Ausnahme der Vaterschaftsfeststellungsklage nicht zulässig, insofern der Abwesende unmittelbar betroffen ist, es sei denn, wie erwähnt, daß es sich um die Zusendung eines Zeugenprotokolls an den Richter des Aufenthaltsorts des Angeklagten wegen der erheblichen Schwierigkeit der Beweisführung im Gerichtsort (*kitāb al-qāḍī ilā al-qāḍī*) handelt.[577] Nur dann, wie Ḫaṣṣāf im letzten Abschnitt erklärt, wenn eine Partei ein materielles Interesse daran hat, mit dem sonst nicht festzustellenden Rechtsverhältnis zwischen ihr und ihrer Gegenpartei einen abwesenden Dritten in Zusammenhang zu bringen und somit in bezug auf seine Beweisführung den Abwesenden zu vertreten hat, wird sein Zeugenbeweis vernommen, mit dem ein relevantes Rechtsverhältnis zwischen ihm und dem Ankläger/Angeklagten nachgewiesen wird. Das Urteil bestätigt es jedoch lediglich im relevanten Maße, also ohne Rechtsfolgen, die gegen den Willen des Abwesenden nicht eintreten dürfen, wie z. B. seinen Rechtsverfall. Wenn dies der Fall ist, gilt es als ein Urteil zuungunsten des Abwesenden.[578] Unsere Ḥīla basiert auf dem „fünffachen Fall", in dem der Besitzer lediglich dadurch der Verfolgung des angeblichen Eigentümers entkommen kann, daß er den Besitzübergang von seiten eines Dritten beweist. Aber aus gleichem Grund stellt ʿA diese Ḥīla von Ḫ wiederum in Frage - in Anlehnung an Saraḫsī, der meint, daß der Pfandnehmer, der in diesem Fall lediglich seinen Besitztitel beweisen muß, keinen Bedarf daran habe, sein Pfandrecht nachzuweisen und daß, sofern somit die Pfandschuld bewiesen werde, das Urteil zuungunsten des Abwesenden wirke und daher nicht zulässig sei.[579] Ǧ erwähnt sie jedoch unbesorgt und bemerkt dazu, daß die gleiche Ḥīla für alle anderen im „fünffachen Fall(*al-masʾala al-muḫammasa*)" in Frage kommenden Besitzer, also für Depositar, Leihenden und Mieter anwendbar ist, die in Abwesenheit des Eigentümers ihren Titel gerichtlich nachweisen wollen. Die

[577] Ibn Qudāma, *Muġnī*, IV 109-110 zu Ḫiraqī, *Muḫtaṣar*, 236.
[578] Ḫaṣṣāf, *Adab*, § 164-65, 621. Siehe auch § 210.
[579] ʿA 431.

Scheinstreitigkeit zu diesem Zweck scheint nach Ǧ ziemlich oft praktiziert worden zu sein.[580]

[580] Ǧ 13/7b. 22/18-18c, 22.

Schlußbemerkung

Die Ḥiyal entwickelten sich in und mit der Jurisprudenz: Das ist in bezug auf die Ḥanafiten u. a. überlieferungsgeschichtlich nachzuweisen, wie Ǧ darstellt. Das intensive Sammeln von Rechtsmaterialien, aus denen eine Jurisprudenz unter dem Namen Abū Ḥanīfas entstand, wurde bereits seinem Schüler Abū Yūsuf zugeschrieben. Diese Materialien wurden jedoch in den Werken seines bedeutendsten Mitschülers, des letzteren Šaybānī, die als die maßgebenden Lehrbücher der Schule galten, erstmalig festgehalten. Diese Werke wurden ihrerseits in verschiedener Art und Weise bearbeitet und weitergegeben. So entstand auch die Ḥiyal-Literatur, die als Darstellung der gleichen Materialien anzusehen ist, die in anderen Literaturgattungen, vor allem in den „normalen" *fiqh*-Büchern anders behandelt und formuliert werden. Aus diesem Grund zeigt die Ḥiyal-Literatur das Problembewußtsein der Autoren in einer besonderen Weise der Behandlung von Rechtsmaterialien viel deutlicher als die „normalen" Texte; sie wurde jedoch aus den letzteren geboren. In diesem Zusammenhang kamen die ḥanafitischen Ḥiyal im Konzept der „Auswege (*maḫāriǧ*)", nach denen ihre Fachbücher benannt wurden, am deutlichsten zum Ausdruck. Es ist etwas schwierig, die Idee historisch auf eine frühere Autorität als Abū Ḥanīfa zurückzuführen. Gewisse Einflüsse des kūfischen Rechtsgedankens sollen in Betracht gezogen werden, er diente aber in erster Linie als Argument für das, was für die Ḥanafiten auf Abū Ḥanīfa zurückzuführen war, und dies war die Arbeit seiner Schüler. Die Ḥanafiten insgesamt gelten insofern als die Schöpfer der Ḥiyal, als sie bestimmte Fälle von ihrem besonderen Standpunkt aus als solche behandelten.

Die anderen Schulen standen jedoch nicht außerhalb dieser Entwicklung. Die Materialien, von denen die Ḥiyal einen „integralen Bestandteil" ausmachten, stammten aus der formativen Periode der islamischen Jurisprudenz überhaupt, in der die *fuqahā'* über die regionalen Unterschiede hinaus vieles gemeinsam hatten. In diesem Zusammenhang erscheint die Ḥiyal-Kritik, die bereits im *Ṣaḥīḥ* des Traditionariers Buḫārī zu finden ist, als eine Fortsetzung der alten Debatte; dort zeigen sich bekannte Streitpunkte aus der Frühzeit, die nun in Form eines konkreten Rechtsfalls mit den Ḥiyal in Verbindung gebracht wurden. Einige Ḥiyal scheinen den Ḥanafiten von ihren Gegner zugeschrieben worden zu sein mit der Absicht, die ihnen zugrunde liegenden Lehren anzugreifen, obwohl sie eigentlich, zumindest nicht offensichtlich, als Ḥiyal behandelt wurden. In diesem Zusammenhang kommt jedoch die Art und Weise einer juristischen Diskussion vor allem in Frühwerken in Betracht; man stellt nacheinander hypothetische Fragen, um für alle möglichen Fälle eine Lösung finden zu können, und in einer bestimmten Gedankenlinie, die sich daraus entwickelt, wird eine Lehre in verschieden Rechtsfällen dargestellt. Das ist genauso an den ḥanafitischen Texten zu erkennen, die auf diese Weise die gleichen Fälle wie die Ḥiyal-Literatur behandeln, ohne sie jedoch als solche zu bezeichnen. So präsentierten auch die Gegner eine Lehre in einem bestimmten Fall, auf den sie typisch angewandt werden soll. Die Sache verhielt sich jedoch gerade im Zusammenhang mit der gegnerischen Absicht etwas problematisch.

Der Ḥiyal-Kritik liegen die traditionalistischen Strömungen zugrunde, die als eine synthetische Erscheinung des islamischen Gedankengutes, die zur Festlegung der Orthodoxie im 10. Jh. führte, zu charakterisieren ist. Die Kritik steht somit mit den damaligen Gedankenproblemen in engem Zusammenhang, die in der theologischen Kontroverse zum Ausdruck kamen, in welche die Ḥanafiten verwickelt waren. Die juristischen Zusammenhänge wurden dabei auch theologisch thematisiert, etwa der Rechtsformalismus, besser die Beurteilung der Sachen nach ihrem Anschein, die als ein charakteristisches Merkmal der *murǧiʾa* galt. Sie bildete bereits bei Buḫārī den Hauptpunkt der Ḥiyal-Kritik¯. Der zeitgenössische Ḥiyal-Verfasser Ḫaṣṣāf machte seinerseits neben dem Konzept der *maḫāriǧ* den Rechtsformalismus zum Hauptargument für die Ḥiyal. Seitdem sorgten die Ḥanafiten für eine systematische Argumentation, die diese Grundideen auf Basis der Klartexte — des Korans, der prophetischen Ḥadīṯe (*sunna*) und der Übereinstimmung (*iǧmā*) — belegen soll, welche Ibn Qayyim in seiner Streitschrift aufzählt. Gleichzeitig wurde das Prinzip der Unterscheidung zwischen den rechtsvernichtenden, verwerflichen Ḥiyal einerseits und den erlaubten Ḥiyal andererseits, das die späteren wie Ǧ, S und ʿA zu erwähnen pflegten, den früheren Autoritäten in den Mund gelegt.

Der Rechtsformalismus war nicht den Ḥanafiten allein eigen. Šāfiʿī vertrat ebenfalls, vor allem von seinem methodologischen Standpunkt aus, die formale Beurteilung. Es ist schwer zu belegen, daß er wie Ibn Ḥanbal die Ḥiyal generell ablehnte, obwohl er sowohl innerhalb wie auch außerhalb der Schule als Ḥiyal-Gegner betrachtet wurde. Zu beachten sind seine methodische Einwände gegen „die Versperrung der Wege zum Bösen (*sadd aḏ-ḏarāʾiʿ*)", die er als ein *isitḥsān* im Gegensatz zum Analogieschluß (*qiyās*) betrachtet. Die Analogie, die er systematisiert, soll die einzige Methode sein, die aus dem Sichtbaren regelmäßig den entsprechenden voraussehbaren, gesunden Schluß ziehen kann. Das führte auf religiöser Ebene zu der konservativen Haltung, nach der die Muslime und ihre Handlungen lediglich nach ihrem Anschein beurteilt werden dürfen, was sich auch auf die juristische Präsumtion auswirkt; auf juristischer Ebene kommt aber vor allem die Rechtssicherheit in Betracht. Bereits Šaybānī widerlegt in diesem Sinne die *sadd aḏ-ḏarāʾiʿ* der Mālikīten.

Diese Mālikīten waren, wie sich gerade in der Anwendung dieser Methode zeigt, sicherlich an den Ḥiyal interessiert, die durch den umfassenden Begriff der „Wege (*ḏarāʾiʿ*> *ḏarīʿa*)", die mit oder ohne Absicht zum Bösen führen können, abgedeckt werden. Interessanterweise gingen auch die Ḥanafiten gegen einige mögliche Ḥiyal ähnlich vor, jedoch viel weniger systematisch und ohne

Verwendung dieses Terminus. Die Mālikīten scheinen sich ihrerseits der ḥanafitischen Ḥiyal ganz bewußt gewesen zu sein, die sie auf diese Weise zu „versperren" versuchten, wie aus den parallelen Diskussionen der *Mudawwana* hervorgeht. Somit zeigt sich in diesem Frühwerk, wie die Juristen mit den gemeinsamen Materialien umgingen. Zu bemerken ist, daß es sich dort nicht nur um die „Versperrung" der Ḥiyal handelt, sondern auch um die ähnlichen oder alternativen Lösungen aus dem gleichen Problembewußtsein, die jedoch nicht als Ḥiyal bezeichnet wurden — was ja sogar bei den Ḥanafiten in ihren *fiqh*-Büchern passierte. Es geht dabei um unsere Feststellung, wie Šaybānī von ihrer Ḥīla sprach. Festzustellen ist ferner die Vielfalt der sich überschneidenden Methoden und Begriffe, mit denen die Juristen im Rahmen ihrer Jurisprudenz doch mehr oder weniger ähnliche „Wege" finden könnten, wie sie diese auch nannten.

Die ḥanbalītische Streitschriften sind von diesem Standpunkt aus eine Analyse wert. Sie sind einerseits von traditionalistischer Ausprägung, wie bei Ibn Baṭṭa und Ibn Taymiyya. Andererseits begann mit Abū Yaʿlā eine neue Entwicklung in der juristischen Analyse der Ḥiyal als Rechtsmaterialien, verbunden mit dem Versuch, dadurch die Problematik der sich widersprechenden oder mangelnden Überlieferungen Ibn Ḥanbals in den einzelnen Punkten zu klären und „die ḥanbalītische Jurisprudenz" festzulegen. Seine verlorene Ḥiyal-Kritik scheint etwa ein ḥanbalītischer Kommentar über die ḥanafitische Ḥiyal-Literatur, vor allem Ḫ, gewesen zu sein. Dies wurde von Ibn Qayyim weiterentwickelt, aber einige seiner wichtigsten Einsichten nahm Ibn Taymiyya vorweg: Die allgemeine Ablehnung der Ḥiyal durch Ibn Ḥanbal wurde darauf zurückgeführt, daß ihm zufolge die *„maḫāriǧ"* nach den Ḥanafiten, die sich auf alle gesetzlich vorgeschriebenen Instrumente erstrecken, nicht als die Ḥiyal gelten, die er meinte. Diese sind nach Ibn Qayyim das Produkt eines falschen *iǧtihād* („Bestreben" durch den dazu Berechtigten, im Rahmen der Šarīʿa eigene Urteile zu bilden). Das Ziel des *iǧtihād* liegt vor allem darin, das gesetzgeberische Ziel zu treffen und das Interesse (*maṣlaḥa*) zu verwirklichen. Mit einem richtigen *iǧtihād* braucht man eigentlich keine Ḥīla; — das will Ibn Qayyim mit seiner Feststellung der maßgebenden Ansichten der Schule darlegen, die man nur anzuwenden brauche, um das Ziel der Ḥiyal, auf die die Andersdenkenden zurückgreifen müssen, zu erreichen. Im gleichen Sinne müssen die Ḥiyal aber auch erlaubt werden, wenn sie dem Ziel des *iǧtihād* entsprechen. Für Ibn Qayyim ist selbstverständlich, daß die letztere Kategorie der Ḥiyal auf diese Weise mit der Entwicklung der Jurisprudenz seit ihrer frühesten Phase tief verbunden war.

Andererseits weisen die Ḥanbalīten auch darauf hin, daß Ḫ als ein Standardwerk für die Ḥiyal bei den Praktikern allgemeine Anerkennung gefunden haben soll. Im Vergleich mit Ḫ erscheint Š, bei dem es sich hauptsächlich um die Überlieferung von Šaybānīs Ansichten handelt, eher dogmatisch. In diesem Zusammenhang ist zu beachten, daß auch die ḥanafitische Ḥiyal-Literatur solche Fälle enthält, in denen es sich nicht um die Anwendung der jeweiligen Ḥiyal handelt, sondern vielmehr darum, die dort in Frage kommenden Rechtsgeschäfte in bezug auf ihre Natur, Voraussetzungen oder Rechtsfolgen genau zu definieren und voneinander zu unterscheiden, also um eine wertvolle Übung für Jurastudenten. Im großen und ganzen enthält sie aber zahlreiche Informationen, welche beim Umgang mit historischen Quellen, wie Gerichts- und Privaturkunden, wohl in Betracht gezogen werden sollen: das Interesse der Betroffenen, ihre üblichen Strategien, das, was sie dabei beachten müssen, usw.

Dies ist auch im Rechtsanwendungssystem, das aus der Ḥiyal-Literatur hervorgeht, nachvollziehbar, wobei nicht die Betroffenen allein als Träger der Ḥiyal erscheinen. Zu bemerken ist die Tätigkeit der *muftī*s, die durch ihre Rechtsgutachten (*fatāwā* > s. *fatwā*) den Betroffenen die entsprechenden Lösungen antrugen. Die Ḥiyal-Literatur war an die *muftī*s gerichtet, an die sich die letzteren wenden würden, dementsprechend enthält sie auch ihre *fatāwā*. Als Rechtsorgan spielen jedoch die Richter (> s. *qāḍī*) dort eine besonders große Rolle, vor allem durch ihre Urteile, von denen die Geltung der Ḥiyal abhängt. In diesem Sinne geht die Ḥiyal-Literatur, auf einem realistischen Standpunkt beruhend, über die theoretischen Diskussionen über die Verbindlichkeit des Gerichtsurteils hinaus, so daß die einfachste Ḥīla darin besteht, den günstigsten Richter aufzusuchen, wenn man nur überhaupt solche Auswahlmöglichkeiten hätte. Die Rolle der Richter ist jedoch noch vielfältiger: Sie sind diejenigen, die sich vor den Ḥiyal hüten sollen, wie die Verhaltensregel der Richter (*adab al-qāḍī*) warnt, während sie selbst als „Unterdrücker (*ẓālim*)“ gelten können, gegen die man die Ḥiyal anwenden darf. Die guten Richter sollen auch ggf. „Ḥiyal“ im Interesse der Betroffenen anwenden.

Index

Appendix

Ğ	fol./Zeile	Ğ	fol./Zeile	Ğ	fol./Zeile
1/1	1a/1-4	**3/10b**	3b/22-4a/3	**6/8**	8a/14-21
1/2	1a/4-5	**3/11**	4a/3-10	**6/9**	8a/21-8b/1
1/3	1a/5-6	**3/12**	4a/10-21	**6/10**	8b/1-5
1/4	1a/6-9	**3/13**	4a/21-4b/4	**7/1**	8b/6-15
1/4b	1a/9-10	**3/14**	4b/4-8	**7/1b**	8b/15-21
1/5	1a/10-14	**3/15**	4b/9-13	**7/1c**	8b/21-9a/1
1/6	1a/14-17	**3/16**	4b/13-5a/1	**7/2**	9a/1-11
1/7	1a/17-19	**3/17**	5a/1-6	**7/2b**	9a/11-12
1/8	1a/19-23	**3/18**	5a/6-10	**7/2c**	9a/12-9b/12
1/9	1a/23-1b/2	**3/19**	5a/10-13	**7/2d**	9b/12-14
1/10	1b/2-4	**3/20**	5a/14-17	**7/2e**	9b/15-18
1/11	1b/4-5	**4/1**	5a/18-19	**7/3**	9b/19-23
1/12	1b/5-9	**4/2**	5a/19-5b/1	**7/4**	9ba/23-10a/4
1/13	1b/9-10	**4/3**	5b/1-5	**7/5**	10a/4-11
1/14	1b/10-15	**4/4**	5b/5-21	**7/5b**	10a/11-15
1/15	1b/15-18	**4/4b**	5b/21-23	**7/6**	10a/15-22
2/1	1b/19-2a/1	**4/4c**	5b/23-6a/3	**7/7**	10a/22-10b/2
2/2	2a/1-3	**4/4d**	6a/3-5	**7/7b**	10b/2-5
2/2b	2a/3-8	**4/5**	6a/6-17	**7/8**	10b/5-20
2/3	2a/8-13	**5/1**	6a/18-6b/1	**7/9**	10b/20-11a/2
3/1	2a/14-23	**5/1b**	6b/1-6	**7/10**	11a/2-12
3/2	2a/23-2b/6	**5/2**	6b/6-15	**7/10b**	11a/12-17
3/3	2b/6-13	**5/3**	6b/15-20	**7/11**	11a/17-11b/1
3/4	2b/13-19	**5/4**	6b/21-7a/5	**7/12**	11b/2-4
3/4b	2b/19-3a/3	**5/5**	7a/5-12	**7/12b**	11b/4-7
3/4c	3a/3-8	**6/1**	7a/13-19	**7/12c**	11b/7-9
3/5	3a/9-15	**6/2**	7a/19-23	**7/13**	11b/9-14
3/6	3a/15-3b/3	**6/3**	7a/23-7b/8	**7/14**	11b/15-19

Ğ	fol./Zeile	Ğ	fol./Zeile	Ğ	fol./Zeile
3/7	3b/3-10	**6/4**	7b/8-17	**7/15**	11b/19-12a/1
3/8	3b/10-13	**6/5**	7b/17-23	**7/16**	12a/1-4
3/9	3b/13-16	**6/6**	7b/23-8a/7	**7/16b**	12a/4-9
3/10	3b/16-22	**6/7**	8a/7-14	**7/17**	12a/9-12
7/18	12a/12-21	**8/1d**	16a/22-16b/13	**9/5b**	21b/7-9
7/18b	12a/21-23	**8/1e**	16a/13-17a/5	**9/5c**	21b/9-11
7/19	12a/23-12b/10	**8/1f**	17a/5-21	**9/6**	21b/11-15
7/19b	12b/10-22	**8/2**	17a/21-17b/7	**9/7**	21b/15-23
7/19c	12b/23-13a/3	**8/3**	17b/7-12	**9/8**	22a/1-16
7/20	13a/3-8	**8/4**	17b/12-21	**9/9**	22a/16-22b/1
7/21	13a/9-13	**8/5**	17b/21-18a/1	**9/9b**	22b/2-7
7/22	13a/13-17	**8/6**	18a/1-4	**9/10**	22b/7-10
7/23	13a/17-23	**8/7**	18a/4-12	**9/11**	22b/10-13
7/23b	13a/23-13b/5	**8/7b**	18a/12-14	**9/12**	22b/13-17
7/23c	13b/5-9	**8/8**	18a/14-20	**9/13**	22b/17-23
7/23d	13b/9-13	**8/8b-1**	18a/20-18b/6	**9/14**	22b/23-23a/3
7/23e	13b/14-23	**8/8b-2**	18b/6-14	**9/14b**	23a/3-5
7/24	14a/1-5	**8/8c**	18b/14-19a/3	**9/15**	23a/5-7
7/25	14a/5-12	**8/8d**	19a/3-6	**9/16**	23a/7-12
7/26	14a/12-14	**8/8e**	19a/6-14	**9/17**	23a/12-15
7/27	14a/14-17	**8/8f**	19a/14-16	**9/18**	23a/15-18
7/28	14a/17-21	**8/8g**	19a/16-19	**9/19**	23a/18-23b/2
7/29	14a/21-14b/5	**8/8h**	19a/19-22	**9/19b**	23b/2-3
7/29b	14b/5-13	**8/8i**	19a/22-19b/4	**9/20**	23b/4-5
7/29c	14b/13-16	**8/8j**	19b/4-7	**9/21**	23b/5-8
7/29d	14b/16-15a/9	**8/8k**	19b/7-8	**9/21b**	23b/8-11
7/29e	15a/9-23	**8/8 l**	19b/8-10	**9/22**	23b/11-20
7/30	15a/23-15b/2	**8/9**	19b/10-15	**9/23**	23b/20-24a/2
7/31	15b/2-4	**8/9b**	19b/15-17	**9/24**	24a/2-6
7/31b	15b/4-5	**8/9c**	19b/17-20a/4	**9/25**	24a/7-10
7/32	15b/5-10	**9/1**	20a/5-9	**9/26**	24a/11-18

Ğ	fol./Zeile	Ğ	fol./Zeile	Ğ	fol./Zeile
7/32b	15b/10-16	**9/2**	20a/9-20b/5	**9/27**	24a/18-20
7/33	15b/16-18	**9/3**	20b/5-17	**9/28**	24a/20-24b/3
7/33b	15b/18-16a/1	**9/3b**	20b/17-21	**9/29**	24b/3-6
7/34	16a/1-7	**9/3c**	20b/21-21a/4	**9/30**	24b/6-12
8/1	16a/8-10	**9/4**	21a/4-11	**9/30b**	24/12-14
8/1b	16a/10-13	**9/4b**	21a/11-17	**9/31**	24b/14-25a/3
8/1c	16a/13-22	**9/5**	21a/17-6	**9/31b**	25a/3-10
9/32	25a/10-13	**12/1**	29a/22-29b/5	**13/5**	33a/5-9
9/33	25a/13-19	**12/2**	29b/5-9	**13/6**	33a/9-12
9/34	25a/19-25b/4	**12/3**	29b/9-19	**13/7**	33a/12-17
9/35	25b/4-8	**12/3b**	29b/19-23	**13/7b**	33a/17-19
9/36	25b/8-10	**12/4**	29b/23-30a/4	**13/8**	33a/19-22
9/37	25b/11-12	**12/5**	30a/4-8	**14/1**	33a/23-33b/3
9/38	25b/12-16	**12/5b**	30a/8-10	**14/1b**	33b/3-9
9/39	25b/16-20	**12/6**	30a/10-15	**14/1c**	33b/9-11
10/1	25b/21-26a/1	**12/6b**	30a/16-17	**14/2**	33b/11-23
10/2	26a/1-2	**12/7**	30a/17-20	**14/2b**	33b/23-34a/12
10/3	26a/2-7	**12/8**	30a/20-30b/7	**14/2c**	34a/12-21
10/3b	26a/8-14	**12/9**	30b/7-10	**14/3**	34a/21-34b/4
10/3c	26a/14-20	**12/10**	30b/11-13	**14/4**	34b/4-7
10/4	26a/20-26b/3	**12/11**	30b/13-21	**14/5**	34b/7-14
10/5	26b/3-8	**12/12**	30b/21-31a/4	**14/5b**	34b/14-16
10/5b	26b/8-13	**12/13**	31a/4-8	**14/5c**	34b/16-19
10/5c	26b/13-15	**12/14**	31a/8-12	**14/6**	34b/19-21
10/6	26b/15-20	**12/15**	31a/12-20	**14/7**	34b/21-35a/3
10/7	26b/20-27a/7	**12/16**	31a/20-21	**14/8**	35a/3-11
10/7b	27a/7-15	**12/17**	31a/21-31b/6	**14/9**	35a/11-23
10/8	27a/15-21	**12/18**	31b/6-9	**14/9b**	35b/1-4
10/8b	27a/21-27b/7	**12/19**	31b/9-14	**14/9c**	35b/4-8
10/9	27b/7-11	**12/20**	31b/14-20	**14/10**	35b/8-15

Ğ	fol./Zeile	Ğ	fol./Zeile	Ğ	fol./Zeile
10/10	27b/12-16	**12/21**	31b/20-23	**15/1**	35b/15-18
10/11	27b/16-19	**12/22**	31b/23-32a/6	**15/2**	35b/18-21
11/1	27b/20-28a/1	**13/1**	32a/7-10	**15/2b**	35b/21-36a/6
11/1b	28a/2-9	**13/2**	32a/11-14	**15/3**	36a/6-15
11/1c	28a/9-12	**13/2b**	32a/14-19	**15/4**	36a/15-22
11/1d	28a/12-15	**13/2c**	32a/19-23	**16/1**	36a/23-36b/6
11/2	28a/15-28b/2	**13/3**	32a/23-32b/4	**16/1b**	36b/7-10
11/2b	28b/2-16	**13/3b**	32b/4-10	**16/2**	36b/10-18
11/2c	28b/16-29a/1	**13/4**	32b/10-14	**16/2b**	36b/18-21
11/3	29a/1-4	**13/4b**	32b/14-33a/1	**16/2c**	36b/21-22
11/3b	29a/4-21	**13/4c**	33a/1-4	**16/2d**	36b/23-37a/3

16/2e	37a/3-11	**17/25**	40a/20-40b/10	**20/2b**	45b/10-22
16/2f	37a/11-16	**18/1**	40b/11-16	**20/2c**	45b/22-46a/2
16/3	37a/16-19	**18/2**	40b/16-21	**20/2d**	46a/3-4
16/4	37a/19-37b/5	**18/2b**	40b/21-41a/1	**20/3**	46a/5-9
16/5	37b/5-9	**18/3**	41a/1-3	**20/4**	46a/10-11
16/5b	37b/9-12	**18/4**	41a/4-7	**20/5**	46a/11-14
16/5c	37b/12-14	**18/5**	41a/7-11	**20/6**	46a/15-46b/10
17/1	37b/15-19	**18/6**	41a/12-15	**20/7**	46b/11-47a/11
17/2	37b/19-38a/3	**18/7**	41a/15-22	**20/8**	47a/12-19
17/3	38a/3-7	**18/8**	41a/22-41b/7	**20/9**	47a/19-47b/2
17/4	38a/7-12	**18/8b**	41b/7-12	**20/10**	47b/2-8
17/5	38a/13-17	**18/8c**	41b/12-21	**20/11**	47b/9-12
17/6	38a/18-20	**18/8d**	41b/21-42a/4	**20/12**	47b/12-14
17/7	38a/20-38b/4	**18/8e**	42a/4-14	**20/13**	47b/14-18
17/8	38b/4-8	**18/9**	42a/14-15	**20/14**	47b/18-23
17/9	38b/8-12	**18/10**	42a/15-42b/6	**20/15**	47b/23-48a/3
17/10	38b/12-14	**18/11**	42b/6-11	**20/16**	48a/3-6
17/11	38b/14-17	**18/12**	42b/11-43a/10	**21/1**	48a/6-13
17/11b	38b/17-18	**18/13**	43a/10-21	**21/1b**	48a/13-21

Ğ	fol./Zeile	Ğ	fol./Zeile	Ğ	fol./Zeile
17/11c	38b/18-39a/4	**18/14**	43a/21-43b/1	**21/2**	48a/21-23
17/12	39a/4-7	**18/14b**	43b/1-3	**21/3**	48a/23-48b/4
17/13	39a/7-8	**18/15**	43b/3-5	**21/4**	48b/4-11
17/14	39a/8-10	**18/16**	43b/5-11	**21/5**	48b/11-22
17/15	39a/10-17	**19/1**	43b/12-44a/1	**21/6**	48b/22-49a/2
17/16	39a/17-21	**19/2**	44a/1-13	**21/7**	49a/3-4
17/17	39a/21-23	**19/2b**	44a/13-21	**21/7b**	49/5-6
17/18	39a/23-39b/5	**19/3**	44a/22-44b/2	**21/8**	49a/6-8
17/19	39b/5-6	**19/4**	44b/2-9	**21/9**	49a/8-13
17/20	39b/7-13	**19/4b**	44b/9-16	**21/10**	49a/13-16
17/20b	39b/13-20	**19/5**	44b/16-19	**21/11**	49a/16-21
17/21	39b/20-23	**19/6**	44b/19-21	**21/12**	49a/21-23
17/21b	39b/23-40a/5	**19/7**	44b/21-45a/12	**21/12b**	49a/23-49b/4
17/22	40a/5-8	**19/8**	45a/12-19	**21/13**	49b/4-6
17/23	40a/8-14	**20/1**	45a/20-45b/1	**21/14**	49b/6-12
17/24	40a/14-20	**20/2**	45b/1-10	**21/15**	49b/12-18
22/1	49b/19-50a/1	**22/15d**	56a/23-56b/6	**22/37**	59a/9-16
22/1b	50a/1-6	**22/15e**	56b/6-12	**22/38**	59a/16-20
22/1c	50a/6-14	**22/16**	56b/12-15	**22/39**	59a/20-23
22/2	50a/14-18	**22/17**	56b/15-20	**23/1**	59b/1-3
22/2b	50a/18-23	**22/17b**	56b/20-57a/2	**23/1b**	59b/3-10
22/2c	50a/23-50b/10	**22/18**	57a/3-6	**23/1c**	59b/11-19
22/2d	50b/10-51a/13	**22/18b**	57a/6-11	**23/2**	59b/19-60a/7
22/2e	51a/13-19	**22/18c**	57a/11-15	**23/3**	60a/7-9
22/2f	51a/19-51b/3	**22/19**	57a/15-18	**23/4**	60a/9-14
22/2g	51b/3-19	**22/20**	57a/18-20	**23/5**	60a/14-19
22/2h	51b/19-52b/11	**22/20b**	57a/20-21	**23/6**	60a/19-60b/7
22/3	52b/11-16	**22/21**	57a/22-57b/2	**23/7**	60b/7-12
22/4	52b/16-23	**22/22**	57b/2-7	**23/7b**	60a/12-22
22/5	52b/23-53a/6	**22/23**	57b/7-17	**23/7c**	60a/22-61a/2
22/5b	53a/6-8	**22/23b**	57b/17-18	**23/8**	61a/2-11

Ğ	fol./Zeile	Ğ	fol./Zeile	Ğ	fol./Zeile
22/6	53a/8-53b/8	**22/24**	57b/19-20	**23/9**	61a/11-18
22/7	53b/8-11	**22/25**	57b/20-58a/1	**23/10**	61a/18-61b/1
22/7b	53b/11-54a/7	**22/25b**	58a/1-3	**23/10b**	61b/1-20
22/8	54a/7-16	**22/25c**	58a/3-5	**23/10c**	61b/20-62a/2
22/9	54a/16-54b/13	**22/25d**	58a/6-8	**23/10d**	62a/2-4
22/9b	54b/13-19	**22/26**	58a/8-11	**23/11**	62a/4-5
22/9c	54b/19-20	**22/27**	58a/11-15	**23/12**	62a/5-11
22/9d	54b/20-55a/1	**22/27b**	58a/15-18	**23/13**	62a/11-15
22/10	55a/1-3	**22/28**	58a/18-20	**23/14**	62a/15-20
22/11	55a/3-13	**22/28b**	58a/20-23	**23/15**	62a/20-23
22/11b	55a/13-20	**22/29**	58a/23-58b/3	**23/15b**	62a/23-62b/13
22/11c	55a/20-55b/1	**22/30**	58b/3-6	**23/15c**	62b/13-15
22/12	55b/1-10	**22/31**	58b/6-10	**23/16**	62b/15-17
22/13	55b/10-14	**22/32**	58b/10-13	**23/17**	62b/17-22
22/14	55b/14-18	**22/33**	58b/13-16	**23/18**	62b/22-63a/3
22/14b	55b/18-21	**22/34**	58b/16-19	**23/18b**	63a/4-11
22/15	55b/21-56a/8	**22/35**	58b/19-59a/1	**23/18c**	63a/11-13
22/15b	56a/8-18	**22/35b**	59a/1-3	**23/19**	63a/13-17
22/15c	56a/18-23	**22/36**	59a/3-9	**23/20**	63a/17-22
23/21	63a/22-63b/1	**24/17**	66b/13-15	**25/13b-2**	70b/14-18
23/22	63b/2-4	**24/18**	66b/15-18	**25/13c**	70b/18-19
23/23	63b/5-8	**24/19**	66b/18-22	**25/13d**	70b/20-71a/1
23/24	63b/8-10	**24/20**	66b/23-67a/4	**25/14**	71a/2-17
23/24b	63b/10-16	**24/21**	67a/4-9	**25/15**	71a/17-71b/2
23/25	63b/16-22	**24/22**	67a/9-16	**25/16**	71b/2-12
23/26	63b/22-64a/2	**24/23**	67a/16-19	**25/17**	71b/12-21
23/27	64a/2-4	**24/24**	67a/20-67b/1	**25/18**	71b/22-72a/4
23/28	64a/4-9	**24/25**	67b/1-5	**25/19**	72a/4-5
23/29	64a/10-13	**25/1**	67b/6-10	**25/20**	72a/6-13

Ğ	fol./Zeile	Ğ	fol./Zeile	Ğ	fol./Zeile
23/30	64a/13-17	**25/1b**	67b/10-13	**25/21**	72a/13-19
24/1	64a/18-21	**25/1c**	67b/13-16	**25/22**	72a/20-23
24/1b	64a/21-64b/2	**25/1d**	67b/17-68a/1	**25/23**	72a/23-72b/1
24/1c	64b/2-9	**25/2**	68a/1-8	**25/24**	72b/1-6
24/1d	64b/9-12	**25/3**	68a/8-9	**25/25**	72b/6-10
24/1e	64b/12-15	**25/4**	68a/10-14	**25/26**	72b/10-13
24/2	64b/15-22	**25/4b**	68a/14-18	**25/27**	72b/13-15
24/3	64b/22-65a/3	**25/4c**	68a/19-68b/7	**25/28**	72b/15-18
24/3b	65a/4-12	**25/5**	68b/7-18	**25/29**	72b/18-22
24/4	65a/12-15	**25/5b**	68b/18-20	**25/30**	72b/22-73a/5
24/5	65a/16-65b/2	**25/5c**	68b/20-69a/1	**25/31**	73a/5-7
24/6	65b/2-5	**25/6**	69a/1-17	**25/32**	73a/7-10
24/7	65b/6-10	**25/6b**	69a/17-20	**25/33**	73a/10-12
24/7b	65b/10-12	**25/7**	69a/20-69b/8	**25/34**	73a/12-16
24/7c	65b/12-21	**25/8**	69b/8-10	**25/35**	73a/16-20
24/8	65b/21-66a/1	**25/9**	69b/10-12	**25/36**	73a/20-73b/3
24/9	66a/1-6	**25/10**	69b/13-16	**25/37**	73b/3-5
24/10	66a/6-14	**25/11**	69b/16-18	**25/38**	73b/5-9
24/11	66a/14-17	**25/12**	69b/18-21	**25/38b**	73b/9-14
24/12	66a/17-19	**25/12b**	69b/21-70a/3	**25/38c**	73b/14-16
24/13	66a/20-23	**25/12c**	70a/3-11	**25/38d**	73b/17-74a/2
24/14	66b/1-3	**25/12d**	70a/12-15	**25/39**	74a/2-8
24/15	66b/3-6	**25/13**	70a/15-22	**25/39b**	74a/8-9
24/16	66b/6-13	**25/13b-1**	70a/22-70b/14	**25/40**	74a/9-15

25/41	74a/15-20	**26/12c**	79b/15-16	**26/32**	82b/16-18
25/42	74a/20-74b/1	**26/12d**	79b/16-19	**26/32b**	82b/18-19
25/43	74b/1-4	**26/12e**	79b/19-80a/1	**26/33**	82b/19-23
26/1	74b/5-8	**26/13**	80a/1-4	**26/34**	82b/23-83a/3
26/1b	74b/8-75a/1	**26/13b**	80a/5-7	**26/35**	83a/3-5

Ğ	fol./Zeile	Ğ	fol./Zeile	Ğ	fol./Zeile
26/1c	75a/1-6	**26/13c**	80a/8-11	**26/36**	83a/5-8
26/2	75a/6-10	**26/14**	80a/11-15	**26/37**	83a/8-11
26/2b	75a/10-11	**26/14b**	80a/15-19	**26/38**	83a/11-17
26/2c	75a/12-16	**26/14c**	80a/20-23	**26/39**	83a/17-20
26/3	75a/16-75b/4	**26/15**	80a/23-80b/4	**26/40**	83a/20-83b/1
26/3b	75b/4-11	**26/15b**	80b/4-7	**26/41**	83b/1-4
26/3c	75b/11-20	**26/15c**	80b/7-13	**26/42**	83b/4-6
26/3d	75b/20-76a/1	**26/16**	80b/13-19	**26/43**	83b/6-8
26/3e	76a/2-3	**26/17**	80b/19-81a/3	**26/43b**	83b/8-9
26/4	76a/3-9	**26/18**	81a/3-10	**26/43c**	83b/9-15
26/5	76a/9-20	**26/19**	81a/10-13	**26/44**	83b/15-18
26/6	76a/20-76b/4	**26/20**	81a/13-18	**26/45**	83b/19-22
26/7	76b/4-7	**26/20b**	81a/19-23	**26/46**	83b/22-84a/7
26/7b	76b/7-10	**26/21**	81b/1-2	**26/47**	84a/7-10
26/7c	76b/10-15	**26/22**	81b/2-5	**26/48**	84a/10-14
26/7d	76b/15-19	**26/22b**	81b/5-6	**26/49**	84a/15-17
26/8	76b/20-77a/17	**26/23**	81b/6-8	**26/50**	84a/17-19
26/8b	77a/17-77b/3	**26/23b**	81b/8-10	**26/51**	84a/19-22
26/8c	77b/3-16	**26/24**	81b/10-17	**26/52**	84a/22-84b/3
26/8d	77b/16-20	**26/25**	81b/17-19	**26/53**	84b/3-7
26/8e	77b/20-78a/3	**26/26**	81b/19-23	**26/54**	84b/7-12
26/9	78a/3-21	**26/26b**	81b/23-82a/3	**26/55**	84b/12-17
26/9b	78a/21-78b/15	**26/26c**	82a/3-7	**26/56**	84b/17-22
26/10	78b/15-21	**26/27**	82a/7-9	**26/57**	84b/22-85a/3
26/11	78b/21-79a/4	**26/28**	82a/10-19	**26/58**	85a/3-6
26/11b	79a/5-10	**26/29**	82a/19-82b/4	**26/59**	85a/6-10
26/11c	79a/10-13	**26/30**	82b/4-7	**26/60**	85a/10-13
26/12	79a/13-79b/5	**26/30b**	82b/7-12	**26/61**	85a/13-18
26/12b	79b/5-15	**26/31**	82b/12-16	**26/62**	85a/18-23

26/63	85a/23-85b/4	**27/9b**	88b/8-11	**29/15**	92a/17-20

Ğ	fol./Zeile	Ğ	fol./Zeile	Ğ	fol./Zeile
26/64	85b/4-10	**27/9c**	88b/11-14	**29/16**	92a/21-23
26/65	85b/10-17	**27/10**	88b/15-20	**29/17**	92a/23-92b/1
26/66	85b/17-23	**27/11**	88b/20-22	**29/18**	92b/2-4
26/67	85b/23-86a/2	**27/12**	88b/22-89a/2	**29/19**	92b/4-8
26/68	86a/2-3	**27/13**	89a/2-17	**29/20**	92b/8-11
26/69	86a/4-6	**28/1**	89a/18-89b/2	**29/21**	92b/11-13
26/70	86a/6-12	**28/1b**	89b/2-10	**29/22**	92b/13-17
26/71	86a/12-16	**28/1c**	89b/10-20	**29/23**	92b/17-20
26/72	86a/16-19	**28/2**	89b/20-90a/5	**29/24**	92b/20-23
26/73	86a/19-22	**28/3**	90a/5-10	**29/25**	93a/1-6
26/74	86a/22-86b/5	**28/4**	90a/10-14	**29/26**	93a/6-9
26/75	86b/5-11	**28/5**	90a/14-16	**29/27**	93a/9-11
26/76	86b/11-16	**28/6**	90a/16-18	**29/28**	93a/12-13
26/77	86b/16-18	**29/1**	90a/19-90b/3	**29/29**	93a/13-18
26/78	86b/18-23	**29/2**	90b/3-12	**29/30**	93a/18-20
26/79	86b/23-87a/3	**29/2b**	90b/12-14	**29/31**	93a/20-93b/1
26/80	87a/3-13	**29/2c**	90b/14-22	**29/32**	93b/2
27/1	87a/14-17	**29/2d**	90b/22-91a/3	**29/33**	93b/3-8
27/1b	87a/17-87b/4	**29/2e**	91a/3-13	**29/34**	93b/8-13
27/1c	87b/4-6	**29/3**	91a/13-18	**29/35**	93b/13-15
27/2	87b/6-9	**29/3b**	91a/18-91b/5	**29/36**	93b/15-18
27/2b	87b/9-11	**29/4**	91b/5-9	**29/37**	93b/18-22
27/2c	87b/11-17	**29/5**	91b/9-13	**29/38**	93b/23-94a/4
27/3	87b/18-20	**29/6**	91b/13-15	**30/1**	94a/5-6
27/4	87b/20-88a/1	**29/7**	91b/15-18	**30/1b**	94a/6-12
27/4b	88a/1-5	**29/7b**	91b/18-20	**30/1c**	94a/12-17
27/4c	88a/5-9	**29/8**	91b/20-21	**30/1d**	94a/17-23
27/4d	88a/9-10	**29/9**	91b/21-92a/1	**30/2**	94a/23-94b/3
27/5	88a/10-12	**29/10**	92a/1-7	**30/2b**	94b/3-10
27/6	88a/12-15	**29/11**	92a/7-10	**30/3**	94b/10-16
27/7	88a/16-20	**29/12**	92a/10-12	**30/3b**	94b/16-95a/2

Ğ	fol./Zeile	Ğ	fol./Zeile	Ğ	fol./Zeile
27/8	88a/21-88b/1	**29/13**	92a/12-15	**30/4**	95a/2-9
27/9	88b/1-8	**29/14**	92a/15-17	**30/5**	95a/9-12

30/5b	95a/12-13	**33/5**	98b/14-18	**35/15**	102a/23-102b/12
30/6	95a/14-17	**33/6**	98b/18-21	**36/1**	102b/13-21
30/7	95a/17-95b/11	**33/7**	98b/21-99a/1	**36/2**	102b/21-103a/6
31/1	95b/12-18	**33/8**	99a/1-7	**36/3**	103a/6-12
31/1b	95b/18-19	**33/9**	99a/7-12	**36/4**	103a/12-15
31/1c	95b/19-21	**34/1**	99a/12-23	**36/5**	103a/15-17
31/1d	95b/21-96a/1	**34/1b**	99a/23-99b/14	**36/6**	103a/17-103b/1
31/2	96a/1-6	**34/2**	99b/14-22	**36/7**	103b/1-6
31/3	96a/6-11	**34/3**	99b/22-100a/2	**36/8**	103b/6-11
31/3b	96a/11-16	**34/3b**	100a/2-7	**36/9**	103b/11-13
32/1	96a/17-23	**34/3c**	100a/7-11	**36/10**	103b/13-19
32/2	96a/23-96b/4	**34/4**	100a/11-14	**36/11**	103b/19-104a/4
32/3	96b/4-8	**34/5**	100a/14-19	**36/12**	104a/4-7
32/4	96b/8-12	**34/6**	100a/19-100b/1	**36/13**	104a/7-10
32/4b	96b/12-16	**34/7**	100b/1-2	**36/14**	104a/11-14
32/5	96b/16-22	**34/8**	100b/2-6	**37/1**	104a/15-19
32/6	96b/22-97a/5	**34/9**	100b/6-7	**37/1b**	104a/19104b/5
32/7	97a/5-6	**34/10**	100b/8-12	**37/2**	104b/6-10
32/8	97a/6-12	**34/11**	100b/12-15	**37/2b**	104b/10-14
32/9	97a/12-18	**35/1**	100b/16-21	**37/3**	104b/14-18
32/10	97a/18-97b/2	**35/2**	100b/21-101a/2	**37/3b**	104b/19
32/11	97b/2-5	**35/3**	101a/2-8	**37/3c**	104b/20-23
32/12	97b/5-7	**35/4**	101a/8-14	**37/3d**	104b/23-105a/2
33/1	97b/8-9	**35/5**	101a/14-16	**37/3e**	105a/2-5
33/1b	97b/9-14	**35/5b**	101a/16-21	**37/3f**	105a/5-8
33/1c	97b/15-17	**35/6**	101a/21-101b/2	**37/3g**	105a/8-13
33/1d	97b/17-21	**35/7**	101b/2-5	**37/4**	105a/13-105b/1

Ğ	fol./Zeile	Ğ	fol./Zeile	Ğ	fol./Zeile
33/1e	97b/21-98a/9	**35/8**	101b/5-9	**37/5**	105b/1-4
33/1f	98a/9-10	**35/9**	101b/9-14	**37/5b**	105b/4-11
33/1g	98a/11-13	**35/10**	101b/14-20	**37/5c**	105b/11-17
33/1h	98a/13-98b/1	**35/11**	101b/20-102a/1	**37/6**	105b/17-106a/1
33/2	98b/1-8	**35/12**	102a/2-9	**37/7**	106a/1-6
33/3	98b/8	**35/13**	102a/9-14	**37/7b**	106a/6-8
33/4	98b/9-14	**35/14**	102a/15-23	**37/7c**	106a/8-16

37/7d	106a/17-106b/15	**39/17**	110b/3-7
37/8	106b/15-16	**39/18**	110b/7-12
37/9	106b/16-23	**39/19**	110b/12-16
38/1	106b/23-107a/3	**39/20**	110b/16-111a/1
38/1b	107a/3-15	**39/21**	111a/1-5
38/1c	107a/15-23	**39/22**	111a/6-10
38/1d	107a/23-107b/2	**39/23**	111a/11-12
38/1e	107b/2-14	**39/24**	111a/12-16
38/2	107b/14-19	**39/25**	111a/16-23
38/3	107b/20-23	**39/26**	111a/23-111b/14
38/4	107b/23-5	**39/27**	111b/14-19
38/5	108a/5-7	**39/28**	111b/19-112a/2
38/6	108a/7-10	**39/29**	112a/3-6
38/7	108a/10-14	**39/30**	112a/6-10
39/1	108a/15-23	**39/31**	112a/10-13
39/1b	108a/23-108b/3	**39/32**	112a/13-18
39/1c	108b/3-10	**39/33**	112a/18-21
39/1d	108b/10-16	**39/34**	112a/21-112b/4
39/2	108b/16-18	**39/35**	112b/5-10
39/3	108b/18-109a/6	**39/36**	112b/10-15
39/4	109a/6-14	**39/36b**	112b/15-21

Ğ	fol./Zeile	Ğ	fol./Zeile	Ğ	fol./Zeile
39/5	109a/14-18	**39/36c**	112b/21-113a/1		
39/6	109a/18-20	**39/36d**	113a/2-4		
39/7	109a/20-109b/1	**39/37**	113a/4-7		
39/8	109b/1-3	**39/38**	113a/8-21		
39/9	109b/3-6				
39/10	109b/6-10				
39/11	109b/10-22				
39/12	109b/22-110a/5				
39/13	110a/5-7				
39/13b	110a/7-14				
39/14	110a/14-16				
39/15	110a/16-20				
39/16	110a/20-110b/3				

Literaturverzeichnis

ᶜAynī (al-, Badr ad-dīn Abū M. Maḥmūd b. Aḥmad), *ᶜUmdat al-qāri᾽: Šarḥ al-Buḫārī*, 20 Bde., hrsg. von Muḥammad Maḥmūd al-Ḥalabī, Ägypten: al-Ḥalabī, 1392/1972.

Abū᾽l-Layṯ → s. Samarqandī

Abū Yūsuf, *Iḫtilāf Abī Ḥanīfa wa-Ibn Abī Laylā* (*Iḫtilāf*), hrsg. von Abū᾽l-Wafā᾽ al-Afġānī, Kairo, 1357/1938.

ders., *K. al-ḫarāǧ* mit Ibn Rağab, *Al-istiḫrāǧ li-aḥkām al-ḫarāǧ*, Beirut: Dār al-Maᶜrifa, o. J. .

ders., *K. al-āṯār* (*Āṯār*), hrsg. von Abū᾽l-Wafā᾽ al-Afġānī, Beirut: Dār al-Kutub al-ᶜIlmmiyya, o.J. .

Ali Khan, M. S., "Mohammedan laws against usury and how they are evaded", *Journal of Comparative Law*, 1929, 233-44.

Baġdādī, al-Ḫaṭīb al-, *Ta᾽rīḫ Baġdāda*, 15 Bde. und 1 *fahāris*, Beirut: Dār al-Kutub al-Ilmiyya, 1986.

Bāǧī (al-, Abū᾽l-Walīd Sulaymān b. Ḫalaf), *K. al-muntaqā: Šarḥ Muwaṭṭa᾽* , 7 Bde. in 4, Kairo: Maṭbaᶜat as-Saᶜāda, 1332/1913-14

Baḥīrī (al-, Muḥammad ᶜAbd al-Wahhāb), *Al-ḥiyal fī᾽š-šarīᶜa al-islāmiyya wa-šarḫ mā wurida fīhā min al-āyāt wa᾽l-aḥādīṯ*, Kairo: Maṭbaᶜa as-Saᶜāda, 1394/1974.

Baz, Jean, *Essai sur la fraude à la loi en droit musulman*, Paris; Librairie du Recueil Sirey, 1938.

Brockelmann, C., *Geschichte der arabischen Literatur* (*GAL*), 2 Bde., Leiden, 1943, 1949. 3 Supplementbde., Leiden, 1937-42.

Buḫārī (al-, Abū ᶜAbdallāh Muḥammd b. Ismāᶜīl), *Ṣaḥīḥ al-Buḫārī*, Matābiᶜ ash-Shaᶜb, 1378/1972, 9Bde in 3, IX 29-37.

Calder, Norman, *Studies in Early Muslim Jurisprudence*, Oxford: Clarendon Press, 1993.

Chehata, Chafik, *Théorie générale de l'obligation en droit musulman hanéfite*, Paris: Éditions Sirey, 1969.

ders., "La théorie de l'abus des droits chez les jurisconsultes musulmans", *Revue International de Droit Comparé* (1957), 217-24.

Dimitroff, Iwan, *Abū ᶜAbdallāh Muḥammad ibn al-Ḥasan Asch-Schaibānī und sein corpus juris »al-ǧāmiᶜ aṣ-ṣaġīr«*, Diss., MSOS, 9 (1908), 60-208.

Ḏuhnī (ᶜAbdassalām, Bek), *Al-ḥiyal: maḥẓūr minhā wa᾽l-mašrūᶜ*, Kairo, 1946.

Encyclopedia of Islam, new edition (EI²) Leiden, 1954 ff.

Fierro, Isabel, "El prinzipio Mālikī «Sadd al-ḏarā᾽iᶜ» en el-Kitāb al-ḥawādiṯ wal-bidaʾ de al-Ṭurṭūšī„, *Al-Qanṭara: Revista de Estudios Árabes*, II (1981), 67-87.

Flügel, Gustav, „Die Classen der hanefitischen Rechtsgelehrten“, *Abhandlung der Königlichen Sächsischen Gesellschaft der Wissenschaften*, 8, 1861, 269-358.

Ḥāǧǧ Ḫalīfa (Muṣṭafā b. ʿAbdallāh Kātib Çelebī), *Kašf aẓ-ẓunūn ʿan asāmī al-kutub waʾl-funūn*, 2 Bde. + Supplement, Istanbul: Maarif matbaasi, 1360-66/1941-47.

Hallaq, Wael B., *A History of Islamic Legal Theories*, Cambridge University Press, 1999.

ders., “Development of logical Structure in Sunnī legal theory“, *Der Islam*, 64 (1987), 42-67.

ders., “From fatwās to furūʿ: Growth and change in Islamic substantive law“, *Islamic Law and Society*, 1/1 (1994), 29-65.

ders., “Non-analogical arguments in Sunnī juridical *qiyās*“, *Arabica*, 36 (1989), 286-306.

Handbuch der Orientalistik, Abteilung 1: Der Nahe und mittlere Osten, Ergänzungsband III, Orientalisches Recht, Leiden, Köln: E.J. Brill, 1964.

Ḫaṣṣāf (al-, Abū Bakr Aḥmad b. ʿAmr b. Muhayr aš-Šaybānī) *K. al-ḥiyal waʾl-maḫātiǧ*, hrsg. von Josepf Schacht, Hannover, 1923.

ders. *K. al-Ḫaṣṣāf fīʾl-ḥiyal*, Kairo, 1314/1896.

Ḫaṭīb s. Baġdādī

Hilāl b.Raʾy (H. b. Yaḥyā b. Salama), *K. al-aḥkām al-waqf*, Hayderabad: Maṭbaʿ at Maǧlis Dāʾirat al-Maʿārif al-ʿUṯmāniyya, 1355

Ḫiraqī (al-, ʿUmar b. al-Ḥusayn), *Muḫtaṣar al-Ḫiraqī*, Damaskus: Manšūrāt al-Maktab al-Islāmī, 1384/1964.

Ibn Abī Šayba (ʿAbdallāh b. Muḥammad b. Abī Šayba), *K. al-muṣannaf fīʾl-aḥādīṯ waʾl-āṯār liʾl-Ḥāfiẓ*, 9 Bde., Beirut: Dār al-Fiqr, 1409/1989.

Ibn Abī Yaʿlā (Abūʾl-Ḥusayn Muḥammad), *Ṭabaqāt al-Ḥanābila wa-yalih aḏ-Ḏayl ʿalā Ṭabaqāt al-Ḥanābila li-Ibn Raǧab* (*Ṭabaqāt Ḥ*), 4 Bde., Beirūt: Dār al-Maʿrifa, o.J. (1997?).

Ibn al-ʿImād (Abūʾl-Falaḥ ʿAbdalḥayy), *Šaḏarāt aḏ-ḏahab fī aḫbār min ḏahab*, 8 Bde. in 4, Beirut: al-Maktab at-Tiǧārī, 1969.

Ibn Baṭṭa (Abū ʿAbdallāh ʿUbaydallāh al-ʿUkbarī), *Ǧuzʾ fīʾl-ḫulʿ wa-ibṭāl al-ḥiyal* (IB) in *Min dafāʾin al-kunūz*, hrsg. von Muḥammad Ḥāmid al-Fīqī, Kairo, um 1980, nachgedruckt von 1349/1930, 19-53.

Ibn Ḥaǧar al-ʿAsqalānī, *Tahḏīb at-tahḏīb*, 12 Bde., Maṭbaʿat Maǧlis Dāʾirat al-Maʿārif al-ʿUṯmāniyya, 1327/1969.

ders., *Fatḥ al-bārīʾ bi-šarḥ Ṣaḥīḥ al-Buḫārī*, 14 Bde., Beirut,

	1991.
Ibn Ḫallikān,	*Wafayāt al-aʿyān*, Beirut, 1977.
Ibn Ḥanbal (Abū ʿAbdallāh Aḥmad b. Muḥammad),	*Masāʾil al-Imām Aḥmad b. Ḥanbal riwāyat ibunihi ʿAbdallāh b. Aḥ*mad(*Masāʾil*), 3. Auflage, Beirut: al-Maktab al-Islāmī, 1408/1988
Ibn Qayyim al-Ǧawziyya,	*Iʿlām al-muwaqqiʿīn*, 4 Bde., Kairo: Maṭbaʿat as-Saʿāda, 1374/1955.
Ibn Qudāma (Abū Muḥammad Abudallāh b. Aḥmad),	*Al-muġnī li-Ibn Qudāma*, 9 Bde., hrsg. von Muḥammad Rašīd Riḍā, 3. Auflage, Kairo: Dār al-Manār, 1367/1947.
Ibn Rušd (al-Ḥafīd, Abūʾl-Wālid Muḥammad b. Aḥmad),	*Bidāyat al-muǧtahid wa-nihāyat al-muqtasid* (*Bidāya*), 2 Bde., in 1, Kairo: Idārat Šarikat al-Maṭbūʿāt al-ʿArabiyya, 1856.
Ibn Saʿd,	*Kitāb aṭ-ṭabaqāt al-kabīr* (*Ibn Saad: Biographien*), 9 Bde., hrsg. von Eduard Sachau, Leiden: E. J. Brill, 1399/1921.
Ibn Taymiyya, Aḥmad,	*Al-fatāwā al-kubrā*, 6Bde., Beirut, 1408/ 1987.
ʿĪsā b. al-Mālik al-ʿĀdil (Abūʾl-Muẓaffar Sayf ad-Dīn Abū Bakr b. Ayyūb),	*Kitāb radd ʿalā al-Ḫaṭīb* im Ergänzungsband zu *Ḫaṭīb*, XIII.
Johansen, Baber,	„Die sündige, gesunde Amme“, *Die Welt des* Islams, 28 (1988), 264-82.
ders.,	“Le jugement comme preuve. Preuve juridique et vérité religieuse dans le droit Islamique Ḥànéfite“, *Studia Islamica*, 72 (1990), 5-17.
ders.,	*The Islamic Law on Land Tax and Rent*, London, New York, Sydney; Croom Helm, 1988.
ders.,	„Eigentum, Familie und Obrigkeit: Das Verhältnis der privaten Rechte zu den Forderungen der Allgemeinheit in ḥanafitischen Rechtskommentaren“, *Die Welt des Islam*, 19 (1979), 1-73.
ders.,	“Truth and validity of the Qādīs judgement. A legal debate among Muslim Sunnite jurists from the 9th to the 13th centuries“, *Recht van de Islam*, 14 (1997), 1-20.
Kāsānī (al-, Abū Bakr b. Masʿūd),	*Al-badāʾiʿ aṣ-ṣanāʾiʿ fī tartīb aš-šarāʾiʿ*, 7 Bde., 2. Auflage, Beirut, 1306/1986.
Krüger, Hilmar,	Fetwa und Siyar: Zur internationalrechtlichen Gutachtenpraxis der osmanischen Şeyhül-Islām vom 17. bis 19. Jh. unter besonderen Berücksichtigung des “Behcet ül-fetāvā„, Wiesbaden: Harrassowitz, 1978.
Laknawī (al-, Abūʾl-Ḥasanāt ʿAbdʾ l-Ḥayy),	*K. al-fawāʾid al-bahiyya fī tarāǧim al-Ḥanafiyya*, Kairo: Maṭbaʿat as-Saʿāda, 1324/1906.
Laoust, Henri,	“Le Hanbalisme sous le califat de

	Bagdad" (Hanbalisme I), *Revue Etude Islamique*, 27 (1959), 67-128.
ders.,	"Le Hanbalisme sous les Mamlouks Bahrides" (Hanbalisme II), *Revue Etude Islamique*, 28 (1960), 1-71.
ders.,	*Profession de foi d'Ibn Baṭṭa*, 1958.
Linant de Bellefonds, Y.,	"*Volonté interne et volonté decrerée en droit musulman*", *Revue International de Droit Comparé*, 1 (1958), 510-12.
Masud, Messick, Powers,	"Muftis, Fatwās, and Islamic Legal Interpretation", *Islamic Legal Interpretation: Muftis and their Fatwas*, hrsg. von Muḥammad Khalid Masud, Brinkley Messick, David S. Powers, Cambridge, Massachusetts, London: Harvard Univ. Press, 1996.
Matern, Georg,	*Ibn Abī Laylā: Ein Jurist und Traditionarier des frühen Islam*, Diss., Bonn: Rheinische Friedrich-Wilhelms-Universität Bonn, 1968.
Melchert, Christopher,	*The Formation of the Sunnī Schools of Law*, Leiden, New York, Köln: E. J. Brill, 1997.
Mizzī (al-, Ǧamāl᾽d-dīn Abū᾽l-Ḥaǧǧāǧ Yūsuf),	*Tahḏīb al-kamāl fī asmā᾽ ar-riǧāl*, 35 Bde., Beirut: Mu᾽assasat ar-Risāla, 1406/1985.
Motzki, Harald,	Die *Anfänge der islamischen Jurisprudenz*, Stuttgart: Kommissionsverlag Franz Steiner, 1991.
Muḥammad b. Ibrāhīm	*Al-ḥiyal al-fiqhiyya fī᾽l-muʿāmalāt al-māliyya*, Kairo, ad-Dār al-ʿArabiyya li᾽l-Kitāb, 1983.
Muzanī (al-, Ismāʿīl b. Yaḥyā),	*Muḫtaṣar al-Muzanī*, in Šāfiʿī, *K. al-umm*, Ergänzungsband.
Paret, Rudi,	Der Koran: Übersetzung, 5. Auflage, Stuttgart, Berlin, Köln: Kohlhammer, 1993.
Powers, David S.,	"Kadijustiz or *qāḍī*-justice? A paternity dispute from fourteenth-century Morocco", *Islamic Law and Society*, 1/3 (1994), 332-66.
ders.,	"On judicial review in Islamic law", *Law and Society Review*, 26/2 (1992), 315-41.
Qazwīnī (al-, Abū Ḥātim Maḥmūd b. al-Ḥasan),	*K. al-hiyal fī᾽l-fiqh*, hrsg. von Joseph Schacht, Hannover, 1924.
Šāfiʿī (aš-, Muḥammad b. Idrīs),	*K. al-umm*, 8 Bde. in 4, hrsg. von Muḥammad Zuhrī an-Naǧǧār, Beirut: Dār al-Maʿrifa, n.d.
Šaḏarāt → s. Ibn al-ʿImād	
Saḥnūn (Abū Saʿīd ʿAbdassalām b. Saʿīd),	*al-Mudawwana al-Kubrā*, 6 Bde., Kairo: Dār as-Ṣādir, 1323/1905.
Samʿānī (as-, ʿAbdalkarīm b. Muḥammad),	*K. al-ansāb*, 13 Bde., Hayderabad: Osmania Univ., 1402/1982.
Samarqandī (as-, ʿAlā᾽ ad-Dīn	*Tuḥfat al fuqahā᾽*, 3 Bde., Damaskus: Dār al-Fikr,

al-Manṣūr Muḥammad b. Aḥmad), 1364/1984.

Samarqandī (as-, Abū'l-Layṯ Muḥammad b. ʿAbdallāh), *Ḫizānat al-fiqh wa-ʿUyūn al-masā'il*, 2 Bde., hrsg. von Ṣalaḥ ad-dīn an-Nāhī, Dirāsa islāmiyya, Baġdād; Maṭbaʿa Asʿad, 1386/1967.

Samarqandī (as-, Saʿīd b. ʿAlī), *Ǧannat al-aḥkām wa-ǧunnat al-ḫuṣṣām* (Ǧ), MS., Kairo, *fiqh Ḥanafī*, Nr. 24.

Saraḫsī (as-, Šams ad-Dīn Muḥammad b. Abī Sahl), *K. al-ḥiyal min K. al-mabṣūṭ*, hrsg. von Joseph Schacht in Šaybānī, *K. al-maḫāriǧ fī'l-ḥiyal.*

ders., *K. al-mabsūṭ* (*Mabsūṭ*), 30 Bde., Beirut: Dār al-Maʿrifa, 1406/1986.

Šāṭibī (aš-, Abū Isḥāq Ibrāhīm b. Mūsā al-Laḫmī), 55-56 *Al-muwāqafāt*, 4 Bde., Kairo: Maktabat wa-Maṭbaʿat Muḥammad ʿAlī Ṣabīḥ wa Awlādihi, 1974.

Šaybānī (aš-, Muḥammad b. al-Ḥasan), *Al-ǧāmiʿ al-kabīr* (*Kabīr*), hrsg. von Abū'l-Wafā' al-Afġānī, 2. Auflage, Beirut: Dār li-Iḥyā' at-Turāṯ al-ʿArabī, 1399/1979

ders., *Al-ǧāmiʿ aṣ-ṣaġīr maʿ šarḥihi an-Nāfiʿ al-kabīr li'l-ʿAllāmat aš-Šahīr Abī'l-Ḥasanāt ʿAbd'l-Ḥayy al-Laknawī* (*Ṣaġīr*), Beirut: ʿĀlam al-Kutub, 1406/1986.

ders., *Ǧuz' min al-Amālī* (*Amālī*), Hayderabad: Maṭbaʿat Dā'irat al-Maʿārif al-ʿUṯmāniyya, 1360/1964.

ders., *K. al-aṣl* (*Aṣl*), hrsg. von Abū'l-Wafā' al-Afġānī, 6 Bde., Hayderabad: Maṭbaʿat Dā'irat al-Maʿārif al-ʿUṯmāniyya, 1391/1971.

ders., *K. al-ḥuǧǧa ʿalā ahl al-Madīna*, 4 Bde., hrsg. von Abū'l-Wafā' al-Afġānī, Hayderabad: Maṭbaʿa al-Maʿārif aš-Šarqiyya, 1385/1963.

ders., *K. al-maḫāriǧ fī'l-ḥiyal*, hrsg. von Joseph Schacht, Leipzig, 1930.

Šayḫ Niẓām, *al-Fatāwā al-ʿĀlamġīriyya*, 6 Bde., Būlāq: al-Maṭbaʿa al-Kubrā al-Amīriyya, 2. Auflage, 1310.

Schacht, Joseph, *An Introduction to Islamic Law*, 2. Auflage, Oxford; Clarendon Press, 1984

ders., „Die arabische *ḥijal*-Literatur", *Der Islam* 15 (1926), 211-32.

Subkī (as-, Tāǧ ad-dīn), *Ṭabaqāt aš-Šāfiʿīyya* (*Ṭabaqāt Š*), 10 Bde., Kairo: Maṭbaʿat ʿĪsā al-Babī al-Ḥalabī wa-Šurakāhi, 1383/1964-1396/1976

Ṭabaqāt Ḥ → s. Ibn Abī Ya'lā

Ṭabaqāt Š → s. Subkī

Ṭaḥāwī (aṭ-, Abū Ǧaʿfar Aḥmad b. Muḥammad), *Muḫtaṣar aṭ-Ṭaḥāwī*, hrsg. von Abūʾl-Wafāʾ al-Afġānī, Kairo, Maṭbaʿat al-Kitāb al-ʿArabī, 1370/1950-51.

Tahḏīb → s. Ibn Ḥaǧar

Tyan, Emile, "L'autorité de la chose jugeé en droit Musulman", *Studia Islamica*, 17 (1962), 81-90.

ders., *Histoire de l'Organisation Judiciaire en Pays d'Islam*, 2. Auflage, Leiden: Brill, 1960.

Udovitch, Abraham L., *Partnership and Profit in Medieval Islam*, Princeton, New Jersey; Princeton Univ. Press, 1970.

Wichard, Johannes Christian, *Zwischen Markt und Moschee: Wirtschaftliche Bedürfnisse und religiöse Anforderungen im frühen islamischen Vertragsrecht*, Paderborn, München, Wien, Zürich: Ferdinand Schöningh,1995

FSC
www.fsc.org
MIX
Papier | Fördert gute Waldnutzung
FSC® C083411

Kolibri 360 GmbH
Ferdinand-Jühlke-Straße 7
99095 Erfurt, Deutschland
produktsicherheit@kolibri360.de